네거티브
아나토미

네거티브 아나토미

피할 수도 피해서도 안 되는 선거 캠페인

배철호 · 김봉신 지음

Negative Anatomy

글항아리

1987년 민주화 이후 전국 단위 선거를 크게 가른 것은 이른바 '지역 균열'인 '동서 투표'와 '이념 균열'인 '남북 투표'라고 할 수 있다. 최근에는 '계층 균열'이라고 부를 수 있는 '상하 투표'와 '세대 균열'인 '노소 투표'도 뚜렷이 나타나고 있다. 과거에는 지역주의와 '북풍'이 자기 지지층을 결집하고 상대를 때리는 데 맹위를 떨쳤다면, 최근에는 계층과 연령(세대), 문화, 성, 교육, 환경 등의 변수도 복합적으로 작용하는 이른바 '다중 균열 구조' 시대를 맞았다. 지극히 바람직하고, 당연한 현상이다.

　　1987년 이전에는 여당은 농어촌 야당은 도시라는 '여촌야도'나 주변을 따라가거나 쫓아가는 '준봉 투표conformity votes'도 우리 투표 행태를 설명하는 이론으로 높은 설득력이 있었다. 이는 아무래도 산업화, 도시화의 영향이나 문맹률, 학력 등 투표자의 수준, 미디어 보급 등의 영향과 깊은 연관이 있다.

한국은 아직 다른 나라처럼 종교나 인종 같은 변수가 선거에서 중요하게 작용하고 있지 않다. 하지만 곧 이주 노동자와 다문화 가정, 탈북민의 증가 등 인구 구성의 변화, 인터넷과 소셜 미디어 등 미디어 이용 행태의 변화는 선거 캠페인 전략과 전술 등의 운용 방식은 물론 선거 성격 그 자체에도 영향을 미칠 것이다. 아울러 유동성과 불확실성도 점차 늘 것으로 전망된다. 전문화된 시민단체나 스마트폰과 인터넷으로 네트워크화된 유권자들을 정당 조직이 제대로 설득할 수 있을지 우려된다. 다른 한편으로는, 디지털 중우정치mobocracy의 등장과 맹목적 승리 지상주의의 결합으로 선거 본연의 존재 이유와 기능이 위협받는 것도 경계해야 한다.

또한 다른 각도에서 보자면 투표 행태 이론이나 선거 관련 기술과 관련된 논의 및 역사적 의미에 대한 정리는 네거티브 기술의 진화 과정에 대한 서술이라고 해도 과언이 아닐 것이다. 사전 투표, 3인조 투표 등 국가 기관의 노골적 개입, "우리가 남이가?" 등 지극히 원초적인 감정 자극 등을 거쳐 '가짜 뉴스fake news'의 등장까지 버전을 업그레이드하며 발전한 네거티브 기술이 또 하나의 장르로 자리 잡고 있음을 인정하지 않을 수 없다.

정치의 본령이 세상을 올바로 다스리고 국민을 제대로 이끈다는 '경세제민'에 있다고 했을 때 선거는 이를 구현하고 설득하고자 하는 각 정당 및 후보의 치열한 경연의 장이어야 한다. 따라서 선거는 민초의 권리를 지키는 호민관을 선출함과 동시에 그들의 삶의 문제나 가치에 대한 동의 및 지지를 확보하는 장이기에 매스미디어와 유권자들의 책임 또한 정당과 후보 못지않게 크다.

선거란 무엇인가? 이 글을 쓰면서 필자들 스스로에게 질문을 던져본다. 이것은 선거를 치를 때마다 고민하는 문제다. 변화하는 유권자들의 이해와 요구 및 빛의 속도로 발전하는 정보통신 기술을 선거판에 적용시키는 기술적인 문제에서 오는 어려움이 아니다. 과연 우리가 하고 있는 일이 유권자인 국민에게 제대로 그 의미가 전달되고 있으며, 역사 발전에 기여하고 있는가에 대한 책임의식 때문일 것이다.

필자들은 이 글을 쓰면서 지난 십수 년간 작성했던 보고서와 자료, 선거 관련 통계학, 심리학, 커뮤니케이션학 등 기술적인 서적들뿐만 아니라 『논어』와 『무경십서』, 『전쟁론』이나 『군주론』 등 동서양을 가로지르는 고전을 통해서도 정치와 선거 본연의 맥을 찾고자 했다.

이 책은 선거 기획자나 후보자들을 주 대상으로 쓴 것이다. 이 책은 후보를 당선시켜주는 비급이 아니다. 단언컨대 세상에 그런 책은 없다. 당선은 좋은 책(?)을 읽고, 토론하고, 고민하는 것의 산물이 아니다. 선거는 '서류 더미 위에서 논의되는 형이상학적 논의'가 아니기 때문이다. 선거는 철저히 현장에서 미디어, 소셜 미디어, 사람을 통해 우리 말과 너희의 말이, 우리의 세와 너희의 세가, 기와 기가, 지략과 지략이, 돈과 돈이 맞붙는 유혈이 낭자한 난타전이다. 단순히 책 몇 권 읽고, 전문가를 만나서 이야기를 나눈 뒤 단박에 그 맥락과 흐름을 알 수 있는 성질의 문제가 아니다.

이 책의 가치는 당연히 현실에서 유용하게 쓰이면서도 '쉬쉬했던' 네거티브 선거에 대한 실증적인 자료와 현장에서의 경험, 객관적인 관찰과 분석을 통해 네거티브 캠페인에 대해 개념화, 유형화를 했다는 데 있다. 이를 통해 후보나 참모 등 독자들이 선거판에서 속절없이 당하는 것을 방지하는 데 많은 도움이 되리라 생각한다. 그럼으로써 자신의 비전이나 방향을 효율적으로 전달하는 데 시간과 공력을 쓰기를 바란다. 아울러 냉정한 선거판의 현실을 이야기함으로써 선거 본래의 작동 원리와 현실에 대한 이해를 높여 처녀 출마자나 초심자들이 선거에 대한 개념을 잡는 데 도움을 주는 게 이 책의 집필 의도다.

선거 캠페인에서 네거티브는 한 요소이며, 동시에 필수적인 술책이라고 생각한다. 그렇다고 필자들이 네거티브 캠페인을 옹호하거나 권유, 조장하는 것은 아니다. 당선되지 말아야 할 사람들이 당선되어서는 안 되며, 문제가 있는 후보들에게 문제를 제기하는 것은 당연하다. 단, 그것이 사실에 기반하고, 우리 공동체의 보편적 윤리와 가치에 부합해야 한다는 규범에 충실함을 전제로 한다. 네거티브도 품격이 있으며, 나름의 원칙을 지킬 때 그 가치는 충분하다고 생각한다.

선거에 꼼수는 없다. 그것은 당한 사람(진영)의 구차한 변명일 뿐이다. 이는 '붓을 들어 칼과 맞서려는' 순진함에 다름 아니다. 네거티브를 정확하게 이해하는 것, 그것이 곧 선거를 정확히 이해하는 길이다. 여야와 좌우를 떠나 우리 공동체를 제대로 발전시키는 합리적 방법과 도구로서 선거를 생각할 때, 네거티브를 반드시 정확하게 이해하고 체득해야 함을 거듭 밝힌다.

이 책의 특징은 다음과 같다. 첫째, 구체적인 사례를 고찰하면서 그 맥락과 관련 이론을 살펴보았다. 이른바 사리병중事理并重적 접근이다. 선거와 관련된 책들을 보면 어떤 유의 책들은 포괄적이고, 어떤 것은 학술적·이론적 논의에 중점을 두고 있다. 이와 반대로 네거티브 캠페인 관련 서적을 보면― 특히 외국 서적―사례 중심의 해설서에 가깝다는 인상을 지울 수 없다. 이를 두고 문제를 삼을 순 없다. 각각의 특성으로 이해하면 된다. 하지만 선거 본연의 의미와 속성, 그 역학dynamics에 대한 정확한 개념 정립과 함께, 실제 할 수 있고 해야 할 일들을 정리한 자료나 책에 대한 아쉬움은 늘 갈증으로 남았다. 총론과 각론, 이론과 현실, 추상과 구체의 변증법적 이해를 하지 않으면 선거에 대하여 관념적·사변적 이해로 흐르거나, 단편적 기교와 기술을 습득하는 데 그치고 만다. 정치와 선거 본래의 의미(병도兵道)와 ― 어떻게 치를 것인지에 대한 제반 준비(전도戰道) ― 실제 현장에서의 대응(쟁도爭道)을 반드시 통시적으로 이해해야 한다. 그런 측면에서 이 책은 선거에 대한 인식의 지평을 넓히는 데 도움이 되리라 생각한다.

둘째, 현장에서 꼭 필요한 내용만 뽑았다. 이른바 실사구시적 접근이다. 이 책은 후보자와 선거 스태프를 주 독자로 상정하고 만들었다. 선거를 제대로 진행하기 위해서 후보와 스태프는 관련 법령에 대한 교육과 이해가 필요하다. 선거관리위원회 등에서 나오는 자료(『후보자의 선거운동 방법』『알기 쉬운 선거운동 길잡이』 등)는 초보자라도 선거를 이해하는 데 많은 도움을 준다. 선관위에서 진행하는 교육 프로그램도 있다. 아울러 각 정당에서 나오는 교육 자료나 지침서 등의 매뉴얼 북은 실무에 있어 큰 도움을 준다. 하지만 구체적인 응용에서 일정한 한계가 있는 것은 사실이다. 이 책은 앞의 자료에서 언급하지 않은, 그렇지만 실제 선거 현장에서 가장 많이 부딪히고, 중요하게 논의되며, 실제적인 효과를 주는/받는 '네거티브'를 다루고 있다. 중요한 것은 두루 살펴보고, 폭넓은 이해를 하는 것이다.

셋째, 과거의 사례에서 교훈을 찾아보자는 취지를 강조했다. 이른바 반면교사적 접근이다. 제왕학의 교범이라고 할 수 있는『정관정요』에 다음과 같은 구절이 있다. "구리를 거울로 만들면 의관을 단정하게 할 수 있고, 역사를 거울로 삼으면 천하의 흥망과 왕조 교체의 원인을 찾을 수 있으며, 사람을 거울로 삼으면 자신의 득실을 분명히 알 수 있다." 역사는 되풀이된다. 오늘 접하는 현실은 비록 똑같지는 않더라도 분명히 이전에도 유사하게 작동했을 것이다. 또한 지금 이 순간, 현실 속의 나(우리)에게 작용할 것이다. 이 점이 역사를 공부하는 이유다. 역사서는 결코 한가하게 소일거리나 교양으로 읽을 성격이 아니다. 그런 측면에서 이 책은 현재 발생하는 문제를 해결하기 위한 하나의 유용한 소재가 될 것으로 생각된다.

이 책은 다음과 같이 구성했다. 첫 번째 상은 네거티브 캠페인 고찰에 관한 글로, 긍정적인 면과 함께 부정적인 면을 살펴보았다. 아울러 네거티브 캠페인과 관련된 연구 흐름을 정리했다. 이어서 네거티브 이슈를 사실 여부와 공익 부합 여부로 매트릭스를 구성하여 영역별 특징을 살펴보았다. 그리고 네거티브 이슈를 제기하는 주체와 제기한 내용에 따라 이슈 특성과 진행되는 양상을 분류했다.

두 번째 장은 네거티브에서 캠페인 공방의 원칙과 기술에 관한 내용을 다루었다. 수명 주기 개념을 이용하여 네거티브 이슈 진행을 단계별로 살펴보았다. 또한 이슈 수명 주기와 함께 검색량과 언급량을 이용하여 유권자 행태 변화를 감안한 이슈 수명 주기를 설명했다. 그리고 네거티브 공방의 원칙과 관련하여 속성 및 원칙을 병서에서의 전쟁 개념을 차용하여 해설했다. 제대로 된 네거티브를 진행하기 위해 기본 6대 요소로 A·C·T·I·V·E라는 개념과 공격 5대 기술로 S·P·E·A·R, 방어 5대 기술로 A·E·G·I·S를 제안하고 있다.

세 번째 장은 네거티브를 고려한 선거 캠페인 전략을 마련하는 데 있어 각종 여론조사와 소셜 빅데이터 분석이 어떻게 활용될 수 있는지를 살펴보았다. 선거 캠페인에서 여론조사의 필요성과 조사 방법별 특징을 정리했으며 후보자나 선거 캠프가 체크해야 할 요소를 제시하고 있다. 또한 PI President Identity 조사 등 후보 전략의 핵심에 대해 살펴보았다.

네 번째 장은 선거 캠페인 툴과 네거티브에 관한 글이다. 이 장에서는 선거 캠페인과 커뮤니케이션 간의 관계와 의미에 대해 정리하고 동시에 미디어 관계, 구전, 소셜 미디어, 텔레비전 토론 등 네거티브 캠페인에서 큰 비중을 차지하는 주요한 방법을 이론적 논의와 함께 실례를 들어 살펴보았다.

마지막 장은 선거 캠페인에 관한 내용이다. 네거티브 캠페인을 수행하는 데 있어 가장 중요한 요소인 후보와 조직, 참모를 중심으로 갖춰야 할 자질과 주의할 점을 제시하고 있다.

들어가는 글 **005**
서문 **016**

1장 네거티브 고찰

1_ 네거티브 바로 보기 025
네거티브라 쓰고 '검증'이라 읽는다
네거티브 캠페인을 보는 최근 흐름
흑색선전만 네거티브?

2_ 네거티브 유형, 같은 듯 다른 네거티브 033
네거티브 캠페인의 유형 분류
저강도 네거티브
사례 분석 001 **저강도가 더 낫다**

3_ 진정성 상실의 네거티브 시대 045
유권자도 후보도 간절히 원하는 '진정성', 그러나……
'코스프레'라는 레이블링 극복의 유일한 해법, '진정성'
진정성 회복을 위한 '진정한' 이미지 정치

2장 네거티브 공방의 원칙과 기술

1_ 네거티브 이슈 수명 주기 059
이슈 수명 주기의 역동성
검색량, 이슈 수명 주기 언급량의 선행 지수
이슈 수명 주기 역동성의 원인, 이슈의 폭발력

2_ 이슈 수명 주기와 어젠다 세팅 **075**

누구나 어젠다 세터가 될 수 있는 시대
가짜 뉴스의 특징과 대응
네거티브 이슈 수명 주기와 폭발력에 따른 대응 방안

사례 분석 002 **네거티브 운용의 묘미, '뒷맛'**
사례 분석 003 **언제나 반전은 있다 – 2002년 국민참여경선제**

3_ 네거티브 공방의 원칙 **103**

공방의 속성
공방의 원칙
공방의 기본 6대 요소(A·C·T·I·V·E)
공격 5술(S·P·E·A·R)

사례 분석 004 **칼은 써야 칼이다**

방어 5술(A·E·G·I·S)

사례 분석 005 **감수성을 고려하지 않은 '팩트 폭행'**
사례 분석 006 **증거가 만든 '인지 조화'의 기적**
사례 분석 007 **바람에 불어라, 風 風 風**

3장 네거티브를 고려한 선거 전략 마련 조사 방법

1_ 여론조사를 통한 네거티브 공방 대응책 마련 **149**

선거 캠페인에서의 여론조사의 필요성
네거티브 대비책 마련을 위해 활용 가능한 여론조사의 종류

2_ 소셜 빅데이터 분석의 활용과 정성 조사 **157**

정성 조사 전에 필요한 데스크 리서치와 소셜 빅데이터 분석
소셜 빅데이터 분석의 한계
정성 조사를 직접 수행하기 위한 준비 사항

3_ 여론조사를 통한 전략 수립의 실제 **174**

여론조사 기관의 선택 포인트
전화 조사를 통해 네거티브 이슈의 단초를 찾자
네거티브 캠페인을 위한 SWOT 분석
PI 수립을 통한 네거티브 공격 방어

4장 선거 캠페인 방법과 네거티브

1_ 선거 캠페인과 커뮤니케이션, 미디어와 구전의 조화 199
커뮤니케이션이 선거 캠페인의 전부다
뭐라 해도 아직까지는 매스미디어가 중심
구전, 소셜 미디어의 원형질

2_ 개인이 미디어다, 소셜 미디어 212
소셜 미디어의 핵심 가치는 '관계'
누구나 논객이 될 수 있는 고효율 캠페인 툴, 소셜 미디어
소셜 미디어, 네거티브 셀프 폭로의 장
인증샷 혐오 시대, 모든 카메라는 몰래카메라다
사례 분석 008 **네거티브는 디테일에 있다, 2011년 박원순과 나경원 선거**
당연한 이야기가 지키기 어렵다, 소셜 미디어 운영 가이드

3_ 선거 캠페인과 텔레비전 토론 232
텔레비전 토론의 개요와 흐름
단계별 텔레비전 토론의 주요 내용 및 관련 규정
사례 분석 009 **"전달받지 못해서" "나가지 말아서"**
텔레비전 토론의 효용성
텔레비전 토론 활용 방안
텔레비전 토론 공방의 기술
실제 사례로 본 유형 정리
사례 분석 010 **"두 분 지금 뭐하시는 겁니까?"**

5장 네거티브 캠페인을 위한 후보의 준비,
그리고 참모

1_ 선거 캠페인의 주인공, 후보 257
당신의 출마 동기는 무엇입니까?
후보의 핵심 역할: 판단과 결정
두 개의 명령은 있을 수 없다
믿음이 없으면 굳건히 설 수 없다
레이블링, 네거티브 딱지 붙이기

3명이 모여 브랜드화? 싸잡아 비난하기
후보의 3수: 수도, 수덕, 수학
사례 분석 011 **후보가 겪는 선거 3대 질환**
사례 분석 012 **승패를 가르는 리더의 정신**

2_ 틀리면 안 되는 것과 조심해야 할 것 **289**
틀리면 안 되는 것
조심해야 할 것
말실수가 아닌 막말, 그 의도는 '진영' 결집

3_ 네거티브 대응 캠프의 핵심, 참모 **305**
참모는 누구인가?
선거 집행자, 참모
좋은 참모란
참모, 현장 지휘관
네거티브 담당 참모의 정보력
네거티브 캠페인에서 더욱 빛나는 텐스맨의 존재

결론을 대신하여: 새로운 캠페인 문화를 위한 제언 **323**

주 **333**
추천사 **337**

서문

상상해본다. 만약 예수님과 부처님, 공자께서 지금 이 시대에 선거에 줄마한다면 어떤 장면이 펼쳐질까? 어차피 없는 분들이니 돈 문제는 차치하고, 유권자들의 자발적이고 헌신적인 참여하에, 정책과 공약이 중심이 되는 투명하고 깨끗한 선거가 이루어질까? 이에 대한 필자의 생각은 단언컨대 '노No'다. 한마디로 명랑만화 같은 이야기다.

천국재림당 예수 후보, 극락열반당 부처 후보, 새군자연합 공자 후보의 지지자들은 이렇게 이야기할 것이다. '원수도 사랑할 후보' '대자대비한 인품의 소유자' '진정한 인仁을 실현할 준비된 후보' 등등. 하지만 실제로는 어떤 말이 오갈까? 아마 이런 말이 난무하지 않을까 싶다. '죽었다가 사흘 만에 살아났다는 허위 사실을 유포하는 후보' '태어나자마자 무슨 말을 했다는 뻥이 심한 후보' '집 잃은 개喪家之狗 주제에 분수를 모르는 후보'. 게다가 말의 탁도濁度는 지방선거보다 총선, 총선보다 대선으로 무게가 더할수록, 경쟁이 치열할수록 더 짙어질 것이다. 그에 앞서 예수님과 부처님은 선거운동 중에 상대측 고발로 인해 선거법 제250조 '허위 사실 공표죄'로 검찰 수사를 받고, 선거본부 사무실은 압수수색을 당할 것이다. 당연히 수제자인 베드로와 사리불 등은 검찰에 불려가서 관련자 진술을 해야 할 것이다. 공자라고 예외는 아니다. 어쩌면 공자는 다른 후보들에 비해 스펙도 약하고, 세력도 없어서 전략 공천이 아니고서는 본선 진출도 못 한 채 공천 경쟁에서 떨어지지 않을까 싶다.

이 세상에 완전무결한 사람은 없다. 우리가 완전무결하다고 여기는 예수님과 부처님, 공자도 선거라는 '링'에 올라가면 '검증'이라는 이름으로 난타당한다. 하물며 일반인을 일러 무엇하겠는가? 누구나 다 흠결은 있다. 설령 본인이 깨끗하다고 하더라도 배우자와 자식 문제를 거론한다. '수신제가' 운운하면서 '자기 주변도 제대로 관리 못 하는 사람이 무슨?'이라며 공격할 것이다. 배우자나 자식은 그렇다 치더라도 '탐관오리'라며 돌아가신 몇 대 조상까지 들이대는 것이 선거판이고 정치세계다. 한마디로 '검증'이라는 이름의 칼날은 가히 시간과 공간을 초월하고 범위와 내용은 무엇을 상상하든 그 이상으로 나타난다.

말 나온 김에 역사적 사실에 기반한 이야기를 꺼내보자. '악마' '학살자' '전쟁광' …… 이 사람은 누구일까? 액면 그대로, 한쪽 말만 들으면 이런 사람은 선출직 공직은커녕 사회와 영구 격리시켜야 할 대상이다. 역사 속에서 살펴보자면 히틀러나 스탈린을 언뜻 연상할 것이다. 하지만 놀랍게도 노예를 해방하고, 미국 민주주의의 상징처럼 평가받는 에이브러햄 링컨에게 붙여진 '딱지'들이다. 앞서 언급한 단어들은 1864년 미국 대통령 선거에서 링컨의 상대 후보인 조지 매클렐런이 링컨을 몰아

붙일 때 쓴 것이다. 이에 비하면 '바보' '유인원' '저질 만담가' '광대' '사기꾼'이라는 말은 차라리 한번 웃자고 하는 애교 수준이다. 오늘날이라고 예외는 아니다. 2015년 미국 대통령 공화당 예비후보 선거에서 돌풍을 일으켰던 도널드 트럼프가 상대 후보에게 한 "저 얼굴 좀 봐라, 누가 투표하고 싶겠나?"와 여성 앵커에게 한 "생리 중이라 예민하시군요"라는 발언 역시 후세의 누군가에 의해 충분히 사례로 기록될 만하다. 이에 비하면 우리나라의 "고졸 대통령" 운운은 명함도 못 내밀 수준이다.

그렇다, 이런 게 선거다. 무투표 당선이 되지 않을 바에야 선거는 상대가 있게 마련이고, 상대를 꺾기 위해서는 온갖 말이 넘실댄다. 선거판에서 대상과 목적 없이 그냥 떠다니는 말은 없다. 지지자들에게는 자기 후보의 강하고, 멋있고, 아름답고, 꼭 당선되어야 하는 내용만 눈에 들어온다. 또 그런 말을 다른 사람들에게 전하고 싶다. 하지만 반대 진영에서는 상대 후보의 약하고, 추하고, 애매하고, 당선되어서는 안 되는 이유만 눈에 들어온다. 그러면 그것을 지켜보는 관중(미결정층 혹은 부동층)은 두 후보(진영)의 말을 어떻게 받아들일까? 어렵다. 이것을 풀어나가는 것이 선거 캠페인의 요체이고, 핵심이다. 결국 선거란 미결정층, 부동층 따먹기 게임이고, 달리 말하면 중원을 점하는 전쟁이라 할 수 있다.

선거는 여러 상황과 단어로 비유된다. 그중 가장 대표적인 게 '선거는 전쟁'이라는 말일 것이다. 미국 전 하원의장이자 공화당 예비선거 후보자인 뉴트 깅리치는 1994년 총선 압승을 목표로 공화당 출마자들을 지휘하면서 다음과 같이 말했다.[1] "정치와 전쟁은 아주 비슷한 시스템이다. 전쟁은 피가 수반되는 정치이고, 정치는 피가 없는 전쟁이다." 정치와 선거의 속성을 적나라하게 표현한 명언이다.

전쟁(상황)과 경쟁을 말할 때 흔히 쓰는 표현이 바로 춘추전국시대일 것이다. 난세를 이야기할 때도 마찬가지다. 춘추전국시대를 압축하고 대표하는 말로 약한 나라는 강한 나라에게 잡아먹히고, 강한 나라는 약한 나라를 잡아먹는 '약육강식'을 들 수 있다. 이는 춘추전국시대에만 국한되지 않는다. 이른바 치세가 아닌 난세에 약한 자는 생존조차 불투명하다. 어디 시대 상황을 치란으로만 구분할 수 있을까? 흔히 무한경쟁 시대라는 현대사회에서도 이 말은 한 치의 오차 없이 적용된다. 이 점이 바로 역사서를 읽어야 하는 이유다. 과거에서 교훈을 찾고, 자기를 돌볼 때 비로소 생존할 수 있다.

약육강식과 비슷한 말로 '적자생존'이 있다. 약육강식이 나와 상대방의 힘의 우열 및 관계에 초점을 맞추었다면, 적자생존은 그 개체를 둘러싼 환경까지 아우르는 개념이라 할 수 있다. 적자생존은 아무래도 '힘'보다는 '적응력'에 더 초점을 맞춘 것이다. 여하튼 두 개념에서 중요한 것은 '생존'이다. 그것이 주관적 요소이든, 객관적 요소이든 어떻게 하면 살아남고, 살아남기 위해서는 어떻게 해야 할 것인가의 문제만큼 중요한 것은 없다는 이야기다. 어찌되었건 힘은 길러야 볼 일이고, 적응은 해야 할 일이다. 이는 선택의 문제가 아니다. 생사와 존망에 중간 지대는 없다. 자기가 바란다고 그렇게 정리될 일도 아니다. 전부 아니면 전무all or nothing다.

이 대목에서 마키아벨리의『군주론』은 많은 시사점과 교훈을 준다. 마키아벨리가 살던 시대는 고대 중국의 춘추전국시대만큼 격렬했다. 격렬한 곳은 전장만이 아니다. 춘추전국시대에 제자백가가 등장했고, 치열한 사상전 또한 전개되었다. 마키아벨리 역시 '사변적 상상'과 '실효적 진리'를 두고 숱한 고민을 했다. 그 결과 정치를 종교와 윤리로부터 분리했고, 또한 현실과 당위를 엄격히 구분했다. 그 대가로 『군주론』은 금서로 지정되는 수모를 겪었지만.

마키아벨리는 여기에서 용기, 대담성, 결단력, 위용, 의지, 리더십, 교활함과 같은 지도자의 덕목 내지는 주체적 역량, 능력인 비르투virtù*를 가지고 행운, 운명, 기회, 환경과 같은 객관적 상황 내지 제약을 의미하는 포르투나fortuna**에 때로 적응하며 때로 맞서 싸울 것을 주문했다. 즉, 최선의 해결책은 다른 사람의 도움이나 운명의 힘에 의존하지 않고 자기 자신의 비르투로 극복하는 것이라는 말이다. 이는 "바람직하고 확실하며 영구적일 수 있는 유일한 방어책은 자신의 비르투에 의존하는 것이지 다른 것이 될 수 없다"(『군주론』 6장)는 말로 압축된다. 중요한 것은 '주체 의지'와 '힘'이다. 결국 믿을 것은 외부 환경이 아니라 자기 자신이고 그것을 가능케 하는 것은 '물질적 힘'뿐이다.

> ● 특정 상황에서 통치자가 하지 않으면 안 되는 과업을 과감하고 적극적으로 해내는 '주체적 의지'나 '역량' '힘'을 가리킨다. 혹은 아무리 위험하고, 운명을 거스르고, 윤리적으로 정당화되기 어려운 일이라 할지라도, 자신이 해야 하는 일이라면 반드시 성취해내고자 하는 '적극적 자세'를 말한다.
>
> ●● 인간의 의지로 통제하기 어려운 '외부의 우연적 힘' 내지 '불확실성'을 가리킨다.

한편 마키아벨리는 싸움에는 법을 통한 것과 힘으로 하는 것이 있는데, 대체로는 법으로 충분하지 않기 때문에 힘에 의지하는 일이 필요하다고 했다. 따라서 모름지기 군주는 짐승의 방법인 '힘'과 인간의 방법인 '법', 둘 모두를 사용하는 방법을 알아야만 한다고 했다. 이에 대한 근거로 고대 군주들은 반인반수의 가르침으로 양육되었다고 이야기한다. 이런 주장으로 마키아벨리즘은 '권모술수'의 의미로 불리는 치욕까지 얻게 되었다.

선거란 마키아벨리가 이야기한 바에서 더할 것도 뺄 것도 없이 '법'이 정한 게임 규칙의 테두리 내에서 '힘'을 겨루는 전쟁이다. 한발 더 나가면 마키아벨리의 말은 '법'을 지킬 때는 인간적으로, '힘'을 쓸 때는 짐승처럼 하라는 말로도 해석할 수 있다. 만약 마키아벨리가 현세에 태어났다면, 그는 아마도 정치 컨설턴트가 되었을 것이고, 리 앳워터를 앞지르는 네거티브 캠페인의 달인 혹은 독한 여론몰이 전문가가 되고도 남았을 것이다.

다른 상상을 해본다. 이른바 전략의 달인이라고 일컬어지는 장자방과 공명, 한신과 손자가 현대로 환생한다면 그들은 어떤 직업을 가질까? 개인적으로는 기업의 마케터 내지는 정치 기획사의 컨설턴트가 되지 않을까 싶다. 혹은 추천하고 싶다. 지금 시대에서 가장 일상적이고, 치열한 전장이 바로 기업과 정치 현장이라고 생각하기 때문이다. 기업과 선거 현장 둘 중 굳이 하나를 추천하라면 일고의 망설임 없이 '정치판'을 꼽겠다. 모두 병서와 각종 사서에서 이른바 '특레전드급'으로 분류되는 분들이다. 엄청난 광채를 뿜으며 숱한 스토리를 만들어냈다. 이분들이 만약 선거를 책임지는 컨설턴트가 되었다면 역시 앞서 언급한 마키아벨리 못지않은 네거티브의 달인이 되었을 것이라 장담한다.

그 근거로 다음과 같은 내용을 제시한다. 고고학과 고문자학, 고문헌학의 대가인 중국 베이징대 중문과 교수 리링李零은 우리말 번역서로 900쪽이 넘는 『손자병법』 해설서에서 『손자병법』의 내용을 "전쟁은 속임수다"라는 한마디로 정리했다. 이는 『손자병법』 「군쟁」 편에 나오는 구절이다. 또한 리링은 이와 비슷한 말로 "전쟁에서는 속임수도 꺼리지 않는다"라고 제시했는데 이는 "병법을 사용함에 있어 가장 좋은 것은 속이는 것이니, 속임수를 많이 쓸수록 더욱 좋다"는 뜻이다.[2] 한마디로 전쟁을 준비하기 전에는 대의와 명분을 내세우지만 결국 전장에서 맞붙고, 승패를 가름하는 본질적인 요소는 '속임수', 즉 '꼼수'라는 것이다. 선거 캠페인 용어를 빌리자면 포지티브가 아닌 네거티브적 접근이라는 것이다.

무경십서 중에서 과거의 병서에 대한 정밀한 분석 및 직접 참여한 전투를 과거와 비교한 내용으로 독특한 위치를 접하는 『당리문대』에도 과거 병서에 대한 총평이 나온다. "태종이 말했다. 짐은 병법과 관련해 천장만구에 이를 정도로 많은 병서를 보았소. 그러나 천장만구 모두 '온갖 수단을 다해 적의 실수를 유인한다'는 단 한 구절을 이리저리 풀이해놓은 것에 지나지 않소!"[3] 탁견이다. 숱한 현장을 직접 누비고, 항상 손에서 책을 놓지 않았던 당 태종이기에 가능한 지적이다. 앞서의 리링보다 더 적확하고, 실감나는 표현이다. '사詐'의 요체와 목적이 "실수를 유인함"이라는 태종의 지적은 선거 캠페인 상황에서도 여지없이 적용될 것이다.

이상의 내용을 정리하자면 선거에서는 누구도 네거티브의 칼을 피해 갈 수 없으며, 그 속성은 전쟁과 하등 다를 바 없고, 네거티브는 필수적인 차원을 넘어 승패를 가름하는 요인이라는 사실을 '현실적 당위' 차원에서 인정하고 인식해야 한다는 말이다. 리링이 '전쟁은 속임수'라며 '병이사립兵以詐立'이라는 말로 압축했다면 저자는 이를 비틀어 '캠以네立'이라는 말로 다시 정의하고자 한다. 즉, '캠페인은 네거티브다.'

1장

네거티브 고찰

네거티브 바로 보기

네거티브라 쓰고 '검증'이라 읽는다

단언컨대 네거티브 없는 선거 캠페인은 없다. "스핀을 쓰지 않는 정치인들은 비료를 쓰지 않는 농부와 다를 바 없는 금욕주의자다"[4]라는 말처럼 네거티브는 선거 캠페인에서 단순한 양념을 넘어 기본 재료라 할 수 있다. 네거티브 캠페인이라고 해서 반드시 나쁜 것만은 아니다. 네거티브 캠페인은 선거 과정의 매우 중요한 기능인 후보자의 자질이나 인품 등을 검증하는 주된 정보를 제공해주기 때문이다. 이는 유권자에게 올바른 판단의 기회를 준다는 점에서 나름 긍정적인 결과를 낳는다. 선출직 공직자로서, 목민관으로서의 기본적인 자질과 인격이 현격히 떨어지고, 국민의 기본적인 의무조차 석연찮은 이유로 이행하지 않은 후보들에 대한 문제 제기에 있어서마저 '네거티브를 해서는 안 된다'는 도덕률에 갇혀서는 안 된다. 당연히 따질 것은 따져야 하고, 검증할 것은 검증해야 한다.

문제는 거짓이거나 잘못된 정보에 기초한 비방과 후보 검증을 위한 정당한 문제 제기의 차이를 구분해내기 쉽지 않다는 것이다. 그 차이를 해명하려들다가 오히려 상대가 친 프레임에 걸려들곤 한다. 또한 아무리 충실한 해명인들 즉각적으로 명백히 밝히지 못한다면 군색한 변명에 그칠 우려도 있다.

중요한 것은 네거티브 선거 캠페인을 피할 수 없다면, 그 속에서 정확한 정보를 가려낼 수 있는가 하는 점이다. 이 과정에서 매스미디어의 역할은 매우 크다. 언론은 네거티브 캠페인의 내용이 전달되고 해석되는 과정에 깊이 개입할 뿐만 아니라, 이를 추적하여 진위를 밝혀내는 몫 역시 담당해야 하기 때문이다. 그런데 최근에는 언론이 앞장서서 네거티브 캠페인에 뛰어든다. 마치 경마식 보도를 자제해야 한다면서 선거가 있는 해 연초나 정치권을 흔드는 사건이 터지면 여론조사 결과를 보도하며 '혼전' '대세' 운운하는 것과 다를 바 없다. 특히 일부 인터넷 뉴스의 미확인 기사의 어뷰징abusing이나 특정 인사들의 소셜 미디어 중계 등은 네거티브 선거를 부채질한다는 지적을 비켜갈 수 없다.

그럼에도 각 캠프에서는 네거티브를 기획, 진행한다. 선거 캠페인 상황에서 '비대칭 전력asymmetric power' 열세를 극복하기 위한 가장 유용한 방법 중 하나가 '네거티브'이며, 그만큼 효과를 나타내기 때문이다. 대체로 추격하는 열세 후보가 그렇다는 것이지, 앞서가는 강세 후보라고 네거티브를 하지 않는 것은 아니다. 승리가 보이더라도 차제에 상대방의 세력을 무력화시키거나 자신의 정책과 공약을 당선 이후에도 잡음과 저항

없이 성공시키고자 네거티브 캠페인을 하는 경우가 더러 있다.

네거티브 캠페인을 보는 최근 흐름

최근 학계에서도 네거티브 캠페인 자체 또는 네거티브 정치 광고에 대해서 그 부정적 효과보다는 긍정적 효과를 주장하는 연구가 많이 나오고 있다. 안종기와 박선령도 네거티브 정치 광고에 대한 기존 연구 흐름을 정리하면서 "네거티브 정치 광고가 정치 태도에 악영향을 미친다는 입증된 실증적 결과는 없으며 오히려 정치 정보 획득 차원에서 더 정확하고 유용한 정보를 획득, 기억함으로써 정확한 평가와 결정을 내리는 데 도움을 줄 수 있다는 주장이 가능한 것"이라고 한다.[5] 김창남 역시 네거티브 캠페인에 대해 "정치 후보자의 능력과 자질이 부족하거나 도덕성이 결여되었을 때 이에 관한 객관적 정보를 제공하거나 정당하게 비판하는 것은 선거 캠페인에서 없어서는 안 될 정상적인 캠페인 행위"라고 주장한다.[6]

또한 학계에서 네거티브를 연구한다고 하면, 네거티브 캠페인이 유권자의 투표 행동에 어떤 영향을 미치는지에 대한 것이다. 여기서 유권자 행태라고 하면 투표 여부와 특정 후보에 대한 지지 두 가지로 압축되는데, 투표 의지와 지지 의향에 미치는 영향력에 대해서는 다양한 주장이 있다. 특히 탈동원 가설과 동원 효과에 대한 논란은 네거티브 캠페인이 투표율에 어떤 영향을 미치는지에 대한 오랜 논쟁 중 하나다. 이에 대해 강원택 교수는 2007년 대선을 연구하면서 유난히 낮았던 당시 투표율의 원인으로 일부에서 주장하던 네거티브 캠페인의 영향은 유의미하지 않았다고 연구 결과를 발표한 바 있다. 즉, "네거티브 캠페인이 유권자의 정치적 관심을 급격하게 낮추거나 정치적 불신을 높인다고 보기는 어렵다"는 것이다.[7]

이처럼 네거티브 캠페인의 긍정적인 효과에 주목하거나 선거 과정에서 피할 수 없는 과정이라고 보는 시각이 힘을 얻는 이유는, 네거티브 정보가 포지티브 정보 대비 사람들의 인식에 더 인상적으로 남고 더 잘 퍼지기 때문이라는 주장이 있다. 아무래도 남의 험담을 즐기는 게 인간의 보편적 심리라는 것은 경험으로도 잘 알 수 있다. 이를 부정성 효과 이론 negativity effect theory이라고 한다.[8] 선거 국면에서는 네거티브 캠페인이 갈수록 더 많아진다고 볼 수 있는데, 가령 2002년 대선 대비 2007년 대선에서 더욱 확대됐다.[9] 그 이유로 강원택은 선거라는 캠페인이 본질적으로 후보자의 공직 성과를 평가하는, 회고적 투표이기 때문이라는 내용도 소개하고 있다.

그런데 우리 사회에서 네거티브 공방이 더 활발해지는 이유 중 하나는 아마도 각 후보가 내세우는 정책들 간에 차별성이 없다는 점도 있을 것이다. 진보와 보수 정당 모두 정책과 공약이 서로를 닮아가는 과정이었고, 그래서 정책만으로는 어느 정당 어느 후보의 것인지를 명확히 인식하기 어려운 상황이 선거 때마다 반복되고 있다. 새로운 게 없는 정책으로 토론을 벌이는 것은 주목도가 떨어질 수밖에 없다는 것이다.

더불어 우리나라 유권자들이 왜 네거티브 정보에 더 민감하게 반응했는지 그 이유를 따져본다면, 정치사적으로 정치권에 대한 유권자들의 실망감이 크고 개혁에 대한 일말의 기대조차 좌절되곤 했기 때문이 아닌가 싶다. 국민이 열망하는 정치 개혁이 순조롭게 이뤄졌다면 네거티브 정치 정보는 오히려 발붙이기 어려웠을 수 있다. 그러나 정치권에서의 부정부패가 많이 사라졌다고는 하나 여전히 측근이 연루된 부패 이슈가 언론의 스포트라이트를 받고 있고, 전문가와 지식인들이 주장하는 정치 개혁 과제들은 항상 뒷전으로 밀려났다. 이와 같은 상황에서 부정적 인식을 강화하는 정보에 더 잘 반응했던 것이 아닐까. 즉 네거티브 정보에 대한 확증 편향confirmation bias에 의해 강화되어온 것으로 볼 수 있겠다. 이처럼 한국 정치사적인 특수성이라는 측면에서 장훈 교수는 민주화 이후 정당 개혁에 대해 "민주화 이후에도 줄을 잇고 있는 정치인들의 정치자금 수수나 이권 청탁과 관련된 부패 스캔들 또한 정치에 대한 혐오감과 아울러 개혁에 대한 강력한 요구를 낳고 있다"[10]고 했다. 이러한 역사적 사실이 네거티브 캠페인이 더욱 확산될 수 있는 사회적 환경을 만든 것은 확실하다.

흑색선전만 네거티브?

온갖 불법 유인물이 선거판에 난무하던 시절의 이야기다. 당시에도 물론 선거 관련 법규는 엄연히 마련되어 있었지만 지금처럼 철저하게 구성되거나 적용되지 못했던 터라 선거 기간은 금품 살포로 주민들을 배불리던 시기가 되곤 했다. 물론 선거 캠페인에서 차지하는 불법 유인물의 역할도 크다.

그때는 선거운동의 주요 수단이 동원과 유인물 살포였다. 누가 작성했는지도 모를 유인물들이 아침에 대문 안팎에 뿌려져 있곤 했다. 특정 후보에 대한 흑색선전이 내용의 전부였는데, 대개는 도덕적으로 용납하기 어려운 내용을 담고 있었다. 숨겨놓은 처자식이 있다거나 공직 출신 후보들이 과거에 수뢰를 통해 축재했다는 내용이 단골 메뉴로 등장했다.

그런데 흥미로웠던 것은 당시 캠프들이 비상용으로 가지고 있던 지라시 유인물들이다. 투표일이 다가오면서 막판에 뿌리려고 미리 인쇄해놓은 것이다. 그 내용은 무엇이었을까? 경쟁 상대 후보에 대한 흑색선전이었을까? 전혀 아니다. 거꾸로 우리 후보에 대한 극단적인 흑색선전을 내용으로 담고 있었다.

만일 어떤 후보가 경쟁 후보의 도덕성에 흠집을 내려는 흑색선전을 담아 유인물을 살포한다면 그 시기는 아마 투표일이 코앞에 닥친 때일 것이다. 하루 이틀 전에 살포한다면 그 내용이 사실이건 거짓이건 간에 유인물의 희생양은 해명할 기회 한번 갖지 못하고 치명적인 네거티브 공격에 노출될 것이기 때문이다. 그런 상황에 대비한 것이 바로 더 심각한, 너무 심각해서 누가 보더라도 허구임을 알 수 있도록 만든 유인물이다.

가령 경쟁 후보가 우리 후보에 대해 '숨겨놓은 처자식이 있다'는 흑색선전을 담아 지라시를 살포한다면, 더 황당한 유인물을 살포하여 대응한다. '숨겨놓은 처가 3명에 자식이 9명이다'라고.

절차적 민주주의마저 정착되지 못했던 과거 정치 후진국 한국의 선거에서 네거티브는 바로 그와 같았다. 온갖 종류의 저열한 흑색선전(마타도어)이 바로 네거티브였다. 21세기 한국 선거에서 네거티브를 논할 때에도 바로 인신공격성 흑색선전만을 운운한다면 캠페인에 대해 과학적으로 접근하기에는 초저녁에 글렀다.

요컨대 네거티브를 글자 그대로 네거티브한 관점으로 보는 후보가 많다. 후보로서는 유권자 대중에게 좋은 이미지로 남고 싶을 테고 네거티브의 주인공이 되고 싶은 마음은 당연히 없을 것이다. 그런 의미에서 '갈수록 혼탁해지는 선거' '난무하는 흑색선전'이라는 제목의 기사에 이름 석 자가 언급되지 않게끔 되도록 네거티브 공방에서 벗어나고 싶어하는 것은 당연하다 하겠다. 물론 네거티브라는 단어 자체의 어감이 부정적인 연상을 일으키는 것은 어쩔 수 없다고 본다. 마치 해서는 안 될 불결한 캠페인 방식이고, 손에 피를 묻히는 금기 사항처럼 인식되는 것이다. 특히 네거티브가 좌충우돌하는 선거 캠페인 기간에는 후보자에 대한 인신공격과 흑색선전이 핵심인 것처럼 보일 수도 있다. 후보 자신에 대한 이미지나 자질과 능력도 평가 대상이 되니 사실 후보 개인에 대한 부정적인 정보를 다루는 것 자체가 문제는 아닌데도 유권자건 후보자건 정책 대결이 아닌 네거티브 캠페인 전체를 부정적으로 봐야 정상적이라고들 생각한다.

어쨌든 문제는 이와 같은 당위적 차원의 네거티브 혐오 성향이 선거 승리에는 그리 도움이 되지 않는다는 사실이다. 2008년 총선 때 노원병 선거구 유권자들의 표심을 두고 한나라당 홍정욱 후보에 맞서 승부를 펼친 노회찬 후보도 그런 예라고 할 수 있다. 예전에 노회찬 후보는 2004년 민주노동당의 비례대표 말번으로 국회에 입성한 정치 신인이었다. 오랜 재야활동에서 익힌 특유의 화법이 국민 정서를 제대로 건드린 덕에 신인답지 않은 인기를 구가했고, 17대 국회 중 어느 신문에서인가 발표한 '주목할 신인 정치인 4명'에 유시민 선 상관과 어깨를 나란히 하며 이름을 올렸던 적도 있다. 노회찬 어록까지 유행할 정도로 언론의 스포트라이트를 받던 노회찬 의원이 선택한 지역구는 노원병, 또 다른 신인이지만 인물 경쟁력이 결코 떨어지지 않았던 홍정욱씨를 상대로 여유 있게 지지도 격차를 벌리며 캠페인을 시작했었다.

그런데 노회찬 의원의 평소 정치적 신념과 신인으로서의 이미지 등이 고려되었던 것인지 노회찬 캠프에서는 정책 경쟁 중심의 선거운동을 전개하겠다는 약속을 정말로 끝까지 지켰다. 공식 선거운동 기간으로 접어들어 전국이 총선 열기로 뜨거워질 무렵 갖가지 변수에 의해 지지도는 서서히 움직이기 시작했고, 운동 기간 중 두 후보의 격차는 통계적으로 유의한 차이가 없어지는, 그야말로 박빙 상황이 된 것이다. 그런데도 노회찬 후보는 네거티브를 생각조차 안 한 것 같다. 어쩌면 네거티브 캠페인에 대한 준비 자체가 없었을지도 모른다. 투표일을 앞두고 일부 언론에서는 박빙으로 홍정욱 후보가 앞선다고 보도하기 시작했는데도 네거티브는 없었다.

결과는 한나라당 홍정욱 후보의 승리였다. 투표자의 43.1퍼센트를 확보한 홍정욱 후보가 40.05퍼센트에 그친 진보신당 노회찬 후보를 따돌리고 승리를 거머쥔 것이다. 물론 제3후보라고 할 수 있는 통합민주당 김성환 후보가 16퍼센트 조금 넘게 득표한 탓도 클 것이다. 그렇더라도 선거 캠페인 과정에서 아쉬움은 많이 남았을 것이다.

네거티브 유형,
같은 듯 다른 네거티브

네거티브 캠페인의 유형 분류

네거티브 캠페인을 좀더 체계적으로 분류하여 살펴볼 필요가 있다. 먼저 앞서 살펴보았듯이 공직선거법이 규정하는 바에 의거해 법적 공방에 따라 분류하자면, 그 내용이 과연 사실인가 허구인가에 따라 네거티브 캠페인의 성격이 나뉠 것이다. 여기에 공직선거법 110조(후보자 등의 비방 금지)에서 규정하는 바와 같이 공공의 이익에 관한 것인지의 여부가 있다. 이 두 가지 기준을 통해 매트릭스를 그려본다면 다음 장의 표 1과 같다.

사실이냐 허구냐 하는 구분은 '근거 제시형'인지 혹은 '의혹 제기형'인지로 나눴다. 어떤 선전물에서도 '이것이 허구다' 혹은 '사실이 아니다'라고 주장할 리는 만무하기 때문이다. 근거 제시형은 어떤 형태로든 물증

구분	공익적	비공익적
근거 제시형	공익+근거로 법적 다툼의 소지 없음	공직 선거의 후보이기 때문에 공익적 문제 제기로 간주 가능
의혹 제기형	근거만 분명하면 법적 다툼의 소지 없음	법적 문제 소지가 많음

[표 1] 네거티브 이슈의 법적 문제 영역

이나 증언이 토대가 되는 것이다. 의혹 제기형도 아무런 근거 없이 경쟁 후보를 비방하지는 않지만, '이러저러한 의혹이 있으니 해명하라'는 정도에 그친다. 또 다른 축에 공익적인지의 여부를 넣은 것은 공직선거법 비방 금지 조항에서 '진실한 사실로 공공의 이익에 관한 때'에는 처벌하지 않는다고 밝히기 때문이다.

그렇다면 위의 네 가지 분류 가운데 부실한 근거로 제기하는 의혹 제기형 네거티브는 선거법 위반 소지가 농후하다고 할 것이다. 공공의 이익에 부합하건 그렇지 않건 '진실한 사실'이 아니라면 의혹을 제기하는 수준이라고 하더라도 해석에 따라서는 근거 없는 비방에 해당될 수 있다. 그런데 여기서 문제는 근거를 제시하면서 후보의 사생활이나 신변을 공개적으로 언급하는 부분인데, 이것이 공공의 이익에 부합하는 정도를 따지기는 쉽지 않다. 기억해야 할 것은 허위 사실은 무조건 처벌되며, 진실되면서 공익과 부합해야 처벌받지 않는다는 점이다.

또 다른 분류로는 다음의 매트릭스와 같이 네거티브 이슈를 선전하는 주체적 측면, 즉 제기자와 선전의 내용에 따라 3×3으로 나눠볼 수 있다. 아래의 분류 중 네거티브 이슈의 내용에 따른 세 가지는 각각 자격 검증, 노선과 이념 검증, 실력 검증이라고도 볼 수 있다. 먼저, 개인 신상에 대

	내용		
	개인 신상	정치 현안	정책/공약 검증
캠프와 후보	자 격 검 증	노 선 · 이 념 검 증	실 력 검 증
언론과 시민단체			
소셜 미디어에서 유권자			

[그림 1] 네거티브 이슈의 분류

한 이슈는 그야말로 네거티브 이슈 중에서도 자격을 검증한다는 의도로 제기되었던 것들이다. 이회창 후보의 자녀 병역 의혹, 여러 후보의 숨겨 놓은 자녀 의혹, 이명박과 안철수 후보에 대한 부동산 의혹 등이 대표적 이다. 이러한 개인 신상은 첫째 부동산이나 세금 관련 등 재산, 둘째 학 위, 셋째 남녀관계나 이혼 혹은 혼외자, 넷째 본인 및 자녀 병역, 다섯째 조상의 친일 혹은 친북 문제 등으로 나눌 수 있는데, 최근 여기에 '갑질 이슈'가 포함되고 있다. 이와 같은 쟁점들은 공히 개인의 도덕성에 대한 흠집 내기라고 봐야 할 것이다. 도덕적이라는 것은 순수 개인적 차원의 윤리 문제도 포함하지만 나아가서는 공공의 이익에 반하는 반사회적 윤 리 이슈도 포함한다. 가령 혼외자 문제를 사실상 법률적 테두리 내에서 어떤 현행 법령도 위반하지 않는 개인적 문제라고 보는 시각도 있다. 그 러나 병역 이슈는 국민으로서 마땅히 져야 할 의무를 불법적으로 회피

네거티브 유형, 같은 듯 다른 네거티브

했다는 의혹으로, 선출직 공직자로서의 자격이 미달이라는 네거티브가 된다.

둘째로 정치 현안에 대한 논란을 자극하는 이슈는 필히 정치적 노선과 이념에 대한 검증을 의미하는데, 본인 혹은 지지하는 계층의 이념적 편향성을 언급하는 게 대부분이다. 가장 강력한 네거티브 이슈 중 하나일 수 있는데, 즉 색깔론으로서의 친북 혹은 종북 문제가 그것이다. 좀 더 강력한 이슈 중 하나로 친일 혐의도 있다. 위안부 문제에 대한 노선 검증이 이런 것이다. 2017년 2월 초 대선 불출마 선언을 하고 정계를 떠난 반기문 전 유엔 사무총장은 본인의 해명에도 불구하고 위안부 문제와 관련하여 비난을 받았다. 김대중, 노무현 전 대통령은 후보 시절 빨갱이라는 비난을 들었다. 이명박 전 대통령은 일본 태생이라는 점이 지적됐다. 이와 같이 여러 후보에 대한 이념적 공격 혹은 친일파라는 공격은 흔히 북한이나 일본 등 주변국에 대한 이슈가 터져나올 때 함께 제기된다. 김무성 전 새누리당 대표가 미국을 방문했을 때에는 친일파+친미파라고 엮어서 네거티브를 하기도 했다. 북한 미사일 이슈는 흔히 대북 퍼주기 문제를 동반하기 마련이다.

정치 현안 가운데 주목할 것 중 하나는 선택적 복지와 보편적 복지 간의 대립이다. 선택적 복지를 주장하는 보수와 보편적 복지를 외치는 진보 간 노선 대립은 매우 치열했고, 이 대립 전선 속에서 구체적인 정책 중 무상급식 이슈로 오세훈 전 서울시장은 시장직을 걸었다가 낙마했다. 이처럼 정치 현안이 선거 시기에는 당연히 정책과 공약이라는 이슈로 등장하기 마련이다. 이게 바로 셋째, 실력 검증 영역이라고 할 수 있다. 실력을 검증하기 위해서는 두 방향으로 조준하게 되는데, 즉 내용적 타당성과 현실 가능성이다. 내용적 타당성은 정책과 공약에 따라 혜택을 받는 수혜층을 제대로 파악했는지를 따지는 것이다. 수혜층 논란은 역시 복지 정책 등 정부의 예산 집행에 따라 수혜자가 달라지는 공약에 대한 네거티브 이슈인 것이다. 현실 가능성이라는 측면은 실제로 추진 가능한가를 따지는 논리로서 지역 개발 공약에 대한 네거티브에서 흔히 발견된다. 예산 확보가 어렵거나 불가능한 공약을 내세운다는 이슈 제기다.

저강도 네거티브

그런데 그림 1에서 9개로 구분된 영역 중 5개 영역은 저강도 네거티브라고 할 수 있다. 제기자가 누구인가와는 무관하게 정책 내용에 대한 네

[그림 2] 고강도 vs. 저강도 네거티브

네거티브 유형, 같은 듯 다른 네거티브

거티브, 그리고 제기자가 소셜 미디어/구전인 경우는 모두 저강도 네거티브라고 할 수 있다. 이와는 달리 캠프 혹은 후보가 직접 제기자로 나서는 상황에서 상대 후보의 신상 관련 내용은 고강도 네거티브다. 그 외의 중간 지대에 있는 3개 영역은 때에 따라 고강도와 저강도를 넘나들게 된다.

저강도 네거티브는 전파 속도를 통제하기 쉽지 않다는 점, 상대 후보 측 내용을 분석할 수 있을 정도의 선행 학습과 준비가 철저해야 한다는 점 등에서 효과가 불분명하다. 고강도 네거티브는 이와 달리 단기적인 극약 처방인 경우가 많다. 누군가의 제보에 의존하는 경우도 허다하고 내용은 후보의 도덕성에 치명타를 가하기 위한 목적을 지닐 때가 많아서 고강도 네거티브는 법정 공방으로 이어지기도 한다. 그야말로 하이 리스크 하이 리턴high risk high return이라고 할 수 있다. 효과Return에 눈이 멀어서 제대로 검증되지 않은 정보를 바탕으로 인신공격성 네거티브를 남발한다면 스스로 함정Risk에 빠진다는 점을 명심해야 할 것이다.

저강도가 더 낫다

경남 A 지역 기초단체장 재보궐 선거 때 있었던 일이다. 여당 공천 후보인 '갑'과, 여당 성향의 무소속이면서 현직 도의원을 사퇴하고 뛰어든 '을', 야당 성향의 무소속 '병', 여당 성향의 무소속 후보 '정', 모두 네 명의 후보가 출사표를 던지고 레이스를 시작했다. 갑은 주 타깃을 을로 생각했고, 을 역시 주 타깃을 갑으로 생각했다. 병은 갑과 을을 한 묶음으로 때리려는 심산이었다.

선거 초기 판세는 정이 뒤처진 가운데 갑, 을, 병 세 후보가 호각지세를 이루고 있었다. 서서히 선거 분위기가 달아오르고, 공식 선거운동이 시작되면서 판세는 갑과 을이 선두권을 형성하고 병이 추격하는 양상을 띠었다. 초반 기세를 잡은 갑 캠프에서는 현재 페이스만 유지한다면 충분히 승리할 것으로 예측했다.

그런데 공식 선거운동에 들어간 지 사흘째 되는 날 초대형 악재가 발생했다. '불법 선거운동'을 했다는 보도가 나오면서 지역사회 전체가 술렁이기 시작한 것이다. 이미 전임 군수가 '불법 선거'로 구속되어 유권자들의 정신적 외상이 심각한 상황에서 이 사건이 발생했기에 말 그대로 '엎친 데 덮친' 꼴이 되어버렸다.

갑 캠프에서는 긴급 비상대책회의가 열렸다. 문의 전화 반, 항의 전화 반으로 캠프 운영은 힘들어졌고, 캠프에는 지지자와 관계자가 몰려 장터가 따로 없는 상황이었다. 문제는 '불법 선거' 보도는 봤지만, 관련 사실을 후보 이하 선거 사무장, 회계 책임자 등 아무도 아는 사람이 없다는 것이었다. 꼬리를 자르든, 오리발을 내밀든, 하다못해 화살을 맞고 가든 뭔가 알아야 하는데 사실 관계를 모르니 대응도 하지 못하는 상황이었다. 확인해보니 타격은 있지만 선거를 중도에 접거나 승산이 완전히 희박한 정도는 아니었다.

문제는 그다음이었다. 이제는 어떻게 대응할 것인지를 두고 갑론을박이 여기저기서 벌어졌다. 일단 사실 관계를 신속히 파악하며, 섣불리 대응하지 말고 조직을 안정시키는 데 주력하기로 결론을 냈다. 캠프의 공식적인 대응 지침이 정리되기 전까지 일체 경거망동하지 말고, 여론 동향을 분석하면서 누가 어떤 말을 하는지 정확하고 심층적으로 파악할 것을 주문했다. 일이 터지는 것도 문제지만, 일을 처리하는 과정에서 미숙함과 과욕이 일을 더 크게 만드는 법이다. 캠프 회의 결과 일단 텔레비전 토론회에서 이와 관련한 입장을 밝히기로 했다.

그런데 반전의 기회는 전혀 생각지도 않았던 엉뚱한 곳에서 주어졌다. 을 캠프에서 갑의 악재를 적극적으로 활용해 차제에 갑을 추월하려 하면서 '무리수'를 둔 것이다. 사건 발생 초기 갑 진영에서는 을의 '공작'으로 의심했다. 또한 을 쪽 주요 운동원들의 동선과 그들이 하는 말을 점 검하도록 주문한 상태였다. 처음에는 을 쪽에서 '또 이런 사건이 터지다 니……' '갑은 되지도 않을뿐더러 설령 당선되더라도 또 선거할지 모른다 더라' '관련자가 몇 명이고, 액수가 얼마라더라'는 식의 흑색선전을 했다. 여기까지는 아프더라도 어찌할 도리가 없다. 이른바 '~더라'체 화법 때문 이다. 사실인 듯 아닌 듯하면서 사실처럼 이야기하는 '~더라'체 화법은 당하는 사람 입장에서는 얄밉지만 어쩔 수 없는 노릇이다. 또 그런 말로 좁은 지역사회에서 후보도 아닌 운동원 몇 명을 잡아 고소, 고발을 할 수도 없다.

그때 안테나로 심어두었던 일선 운동원에게서 급한 연락이 왔다. 내용 인즉슨, 얼마 전 지역에서 교통사고로 인한 사망 사건이 있었는데 가해 자가 갑의 운동원이었다는 내용의 문자 메시지를 을 후보 측에서 조직적 으로 발송하고 있다는 것이었다. 확인해보니 사망 사건이 있기는 했지만 사실 관계도 완전히 틀렸을 뿐 아니라, 가해자는 갑 후보 캠프와는 아무 런 연관도 없는 사람이었다. 즉시 갑 후보 캠프에서는 긴급 회의가 소집 되었고, 이 소재가 '~더라'식 흑색선전을 진화할 소재로 충분하다고 판 단했다.

문제는 어떻게 활용하는가만 남았다. 기조는 물타기와 상대의 공작 이라는 '프레임'으로 설정했다. 내용은 현재 시중에 떠도는 모든 말이 을 후보 측에서 조직적이고도 악의적으로 퍼뜨리는 것이며 이를 입증하는 근거로 문자 메시지를 제시하기로 했다. 방법으로는 텔레비전 토론회 모 두 발언과 마무리 발언에서 갑 후보가 불법 선거와 관련하여 심려를 끼 친 점에 대한 사과를 함과 더불어 상대 후보의 행동으로 인해 선거에서 정책과 내용이 실종되고 혼탁, 과열되고 있음을 규탄하며 유세와 구전, 인터넷 작업을 동시에 집중적으로 하는 것을 택했다. 텔레비전 토론 이후 남은 선거 며칠 동안 모든 자원을 이쪽으로 집중했다.

그 결과 돌아서거나 관망했던 갑 후보의 지지층이 다시 결집하기 시작했다. 텔레비전 토론회에서 자신 있게 이야기하는 갑 후보의 모습에서 일선 운동원들도 자신감을 회복해나갔다. 또한 갑 후보는 자신의 경력과 이미지에 맞게끔 공약과 정책으로 메시지 관리를 했다. 반면, 을 후보는 선거가 끝날 때까지 갑 후보를 규탄했다. 개표 결과 갑 후보가 낙승한 것은 아니었지만 애초 목표한 수준의 득표로 당선되었다. 이른바 '오더'에 의한 것인지, 자발적인 행위인지는 확인할 길이 없지만 을 후보는 문자 메시지 하나에 눈앞까지 온 승리를 날려버렸다.

이 사례가 주는 의미와 시사점은 다음과 같다.

우선, 네거티브를 하는 입장에서는 '정타로 때려라'(124쪽 참조)라는 원칙을 지키지 않았다. 반대 입장에서는 '반드시 증거를 잡아라'라는 원칙에 충실했다.(130~132쪽 참조) 구전도 마찬가지이지만(녹음이나 녹화로), 소셜 미디어나 모바일, 인터넷을 이용한 상황 전파에서는 항상 내가 전달했던 메시지가 어디선가, 누군가에 의해 포착capture되고 있다는 사실에 유념해야 한다. 일선 기업체 소셜 미디어 팀에서도 위기 상황에서는 전화기 통화 내역을 녹음하고, 관련 화면은 항상 캡처할 것을 매뉴얼로 정해두고 있다.[11] 수익을 목적으로 하는 기업에서도 이러한데, 천하를 경영하겠다는 선거 캠프에서는 이보다 더한 정신적 무장과 함께 실무적 지침을 교육해야 하는 것은 당연하다. 더군다나 모든 사람이 모든 것을 알 수 있는 소셜 미디어의 파급력으로 인해 대중은 상대의 잘못이나 실수 그리고 루머 등을 쉽게 알 수 있다.

다음으로 '7 대 3 법칙'에 벗어났다. 캠프에서 루머를 만들 때 이른바 7 대 3 법칙이 있다. 즉, '7할의 사실과 3할의 진실'을 섞어서 소재를 만드는 것이다. 최상의 기만은 모호성에 있으며, 이는 사실과 진실의 교묘한 혼합에 근거를 둔다. 그러면 상대방은 허구와 진실을 구분해낼 능력을 상실하게 된다. 사실 누구나 알고 있거나 알 수 있는 객관적인 사실 관계를 전달하는 것만으로도 충분한 효과를 발휘할 수 있다. 담백하게 상대방의 악재와 관련된 기사를 소셜 미디어로 연결(링크)하는 것만으로도 소기의 목적을 달성할 수 있다. 그런데 여기서 한 걸음 더 나아가려면 한층 더 세련된 기술이 필요하다. 그럴듯한 '3할'의 양념을 가미해야 한다. 그러면 그 메시지를 듣는 사람들은 모호성의 함정에 빠지게 되며, 이럴 때 효과는 더 크게 나타난다. 보통 '그것은 빙산의 일각' '다른 노림수 혹은 배후'가 있다거나, 이전의 정황을 엮어서 크게 만들 때 '3할'의 양념은 효과를 낸다. 물론 객관적으로 확인되고 알 수 있는 '7할'이 전제될 경우에 한해서. 이 사례에서는 앞의 불법 선거와 관련된 루머나 마타도어●가 효과를 냈다. 언론 보도를 통해 널리 알려지면서 사실 관계는 충분히 확보되었기 때문이다. 하지만 뒤의 교통사고 문자는 사실 관계가 완전히 틀렸다. 양념이 과했다. 자연히 고조되고 있던 이슈를 스스로 꺾어버렸다. 어떤 식으로든 상대에게 반격의 빌미를 제공했기 때문이다. 사람들의 인식을 지배할 수 있으면 모든 것을 통제할 수 있다. 효과적인 인식 지배를 위해서는 모호성도 하나의 유력한 수단이다. '7 대 3'의 황금 비율은

● 마타도어Matador란 단어는 원래 소를 유인한 뒤 정수리를 찔러 죽이는 역의 투우사를 의미하는 스페인어 단어에서 왔다. 직역하면 '죽이는 자'라 할 수 있다. 선거 캠페인에서는 근거 없는 사실을 조작해 상대편을 중상모략하거나 그 내부를 교란시키기 위해 하는 흑색선전의 의미로 쓰인다.

그냥 나온 말이 아니다.

마지막으로, '한 방의 욕심'이 과했다. 선거판에 뛰어든 후보들은 저마다 '한 방'을 준비하고 있다. 이것만 제대로 '터진다면' 그냥 선거가 정리될 것이라고 확신하는 후보들도 더러 있다. 그런데 생각만큼 쉽지 않다. 상대인들 '방탄조끼'도 없이 그냥 등판했을 리는 없기 때문이다. 또한 표심이 그 이슈에 어느 정도 영향을 받지만 그 외에도 다양한 변수가 복합적으로 움직이고, 작용에 따른 반작용도 있기 때문이다. 누구 말대로 '한 방'인 줄 알았는데 '헛방'인 것도 있다. 정책의 허구든, 상대 경력의 허위 입증이든 목표한 바를 정확히 타격하는 '원 샷 원 킬one shot, one kill'을 목표로 해도 충분하다. '장타'보다 '정타'나 '연타'가 중요하다.

위의 사례에서도 을 후보 측에서는 공격의 여지가 충분했고 그때까지는 이슈의 라이프사이클이 성장에서 성숙으로 가는 국면이었다. 아직 활용의 '뒷맛'이 넉넉히 남아 있는 상황이었다. 문제는 호재는 호재대로 몰아가면 될 것을 이런저런 사건과 사고를 결부시켜 판을 키우려다가 화를 자초한 것이다. 을 후보 측에서는 불붙은 참에 확실하게 매조지고 싶었을 것이다. 그러나 '한 방의 욕심'이 과해서 어렵게 잡은 승기를 놓치고 말았다. 욕심 낸다고 일이 잘되는 것은 아니다.

진정성 상실의
네거티브 시대

유권자도 후보도 간절히 원하는 '진정성', 그러나……

네거티브 캠페인의 목적은 무엇일까? 선거 캠페인에만 국한시킨다면 네거티브 캠페인은 상대 후보에 대한 '불가론'이 확산될 수 있는 여러 정보를 제공하는 행위로서 그 목적은 낙선에 있겠다. 그런데 이러한 목적을 달성하기 위해 네거티브 캠페인이 자극해야 하는 유권자 인식 속 프레임이 무엇인지를 생각해볼 필요가 있다. 유권자는 정치인에게 무엇을 원하고 무엇에 식상해하고 무엇에 실망하는지를 살펴봐야 한다.

이에 대해 『진정성이라는 거짓말』의 저자 앤드루 포터의 주장에 귀를 기울일 필요가 있다. 포터는 선거 캠페인에서 진정성에 대해 고찰하면서, "진정성은 정치인과의 결속감이다. 즉 매개되지 않고, 홍보되지 않고, 추적 여론조사 같은 데 영향을 주려고 고안된 메시지 따위에 좌우되지 않는 결속감"이라고 진정성에 대해 밝힌다. 그러면서 대중의 진정성에 대한 욕망 때문에 정치인들이 스스로 '자신의 진짜 모습' 혹은 '자신의 인성'을 드러내게 되는데, 이와 같이 드러낸 인성, 곧 성품에 대해서는 대중적으로 호불호가 갈리게 되어 있고, 특히 도덕성이 드러나면 그에 대해 문제를 제기하는 측에 의해 네거티브 검증이 확산된다는 논리를 편다. 결과적으로 대중이 정치인에 대해 갖는 기대나 욕구, 유권자 자신과의 결속감 같은 진정성을 요구하는 대중적 욕구 때문에 정치인들은 스스로 위험을 감수하고 스스로의 내면을 노출하며 그 결과 네거티브가 양산된다는 것이다.(앤드루 포터, 『진정성이라는 거짓말』, 노시내 옮김, 마티, 2016, 204~230쪽) 탁월한 해석이다. 텔레비전으로 인해 활짝 열린 이미지 정치 시대에 정치인에게 갈구하는 진정성이란 자신과의 결속감이며, 이러한 결속감에 대한 기대가 무너질 때 느끼는 실망과 절망감이 곧 네거티브로 이어진다는 분석은 너무나 타당하다.

　포터는 미국과 캐나다의 현대 정치사에서 발굴한 몇 가지 일화를 들어 이야기를 전개하고 있다. 하지만 과연 북미에 국한된 사례일까? 진정성을 보여준다고 했던 '설정'들이 문제시되어 논란을 불러일으키고, 결과적으로 자신의 진정성에 스스로 큰 상처를 입힌 예는 얼마든지 있다. 2011년 서울시장 보궐선거에서 나경원 후보는 용산에 있는 중증장애인 시설을 찾아 자원봉사를 했다는 내용의 미담을 확산시키려 했으나 '장애인 알몸 목욕' 논란에 더해서 자원봉사 자체가 설정이었다는 기사도 떴다. 이와 같이 진정성을 드러내고자 하는 의욕이 과잉되어 논란이 되는 경우와 함께 평소 그 사람이 가지고 있던 마인드, 철학, 세계관 등이 논란이 되는 경우도 있다. 2016년 5월에 지하철 스크린도어를 고치다 안

타깝게 죽은 청년과 관련해 안철수 당시 국민의당 공동대표가 남긴 트윗이 논란이 됐다. '조금만 여유가 있었더라면 덜 위험한 일을 택했을지도 모릅니다'라고 남긴 트윗이 직업차별 발언이라는 것이다. 여기에서 한 걸음 더 나아가면 정치인이 설정으로 포장한 진정성에 사악한 의도가 숨어 있다는 식의 네거티브 공격도 가능하다. 2017년 3월 10일 박근혜 전 대통령의 탄핵이 헌법재판소에서 인용된 날 문재인 전 대표가 팽목항을 찾아 남겼다는 방명록 문구가 논란이 됐다. '얘들아 너희들이 촛불광장의 별빛이었다. 너희들이 천만 촛불의 혼이 되었다. 미안하다. 고맙다'는 문구에서 '고맙다'를 두고 자신의 정치적 계획에 부합되는 결과를 이끌어준 아이들의 희생에 대해 '고맙다'고 했다는 공격이다.

위와 같은 세 가지 대표적인 네거티브 공격 양상의 공통점은 바로 '자초했다'는 점이다. 또한 스스로 '설정'하든지 '언급'하든지 '행동'함으로써 진정성을 돋보이게 하려 했다는 점도 공통적이다. 진정성에 대한 이 놀라운 열망은 스스로를 큰 위험에 빠뜨린다. 앤드루 포터가 오바마를 두고 진정성을 내세우려 했기 때문에 오히려 진정성에 대한 공격에 시달렸다고 하는데, 우리나라에서도 그리 다르지 않다. 대중에게 진정성 있는 정치인으로 인식되기 위한 처절한 몸부림은 잘되는 경우보다 망가지는 경우가 더 많은 듯하다. 가식과 위선으로 보일 위험이 크다. 이에 대해서는 4장에서 후보와 관련된 논의를 통해 좀더 세밀히 다뤄보겠지만, 코스프레에 대한 다음의 내용은 먼저 읽는 것이 도움이 될 것이다.

'코스프레'라는 레이블링 극복의 유일한 해법, '진정성'

코스프레라는 단어는 과거 재패니메이션이라 불리던 일본 애니메이션을 즐겨보는 마니아들이 만화영화 속 주인공의 복장을 입고 사진을 찍는 놀이 문화를 말하는 것이라 한다. 코스튬 플레이costume play를 일본식으로 줄여 부르는 단어다. 과거 1990년대 말 텔레비전 속에서 일본 젊은이들의 신풍속이라고 소개되던 것이 2000년대 들어서는 국내에서도 심심찮게 볼 수 있는 풍경이 되었다. 그런데 이 단어가 정치인들이 선거철에 서민들 삶의 현장을 찾아 자원봉사를 하거나 혹은 시장에서 서민들이 먹는 음식을 먹으면서 장바구니 물가를 논하는 것에 대해 신랄하게 꼬집는 말이 되어버렸다. 이른바 '서민 코스프레'라는 신조어의 탄생이다.

코스프레라는 놀이가 사실 현실세계에서는 도저히 될 수 없는 가상의 만화영화 주인공이 되기 위해 그 옷이라도 입고 연출된 사진을 찍는다는 것인데, 정치인들이 선거 시기에 보여주는 행태가, 평소에는 전혀 서민을 이해하려 하지 않고 서민 입장에 서지도 않으면서, 선거 시기에만 서민인 척, 서민을 걱정하는 척한다는 비아냥인 것이다. '서민 코스프레'라는 단어는 여야를 막론하고, 진보와 보수 할 것 없이 대부분의 정치인에게 적용되고 있다. 네이버에서 '서민 코스프레'라고 검색하면 낯익은 정치인들의 얼굴이 등장한다. 사진 중에는 정말 그 자리에서 먹고 싶지 않은 음식을 먹고, 하고 싶지 않은 활동을 하는 듯한 장면도 있지만, 연출된 사진이라고 보기에는 너무 잘 찍은 것도 있다. 현장감이 물씬 풍기고 나름 노력한 흔적이 보이는데도, '서민 코스프레'라는 딱지가 붙어서 블로그에 포스팅되어 있다.

　정치인의 행태를 꼬집는 코스프레는 '서민 코스프레'만 있는 게 아니다. '군인 코스프레'도 정치인을 꼬집는 단어로 간혹 쓰인다. 연평도 포격 후 현장을 찾은 당시 한나라당 안상수 대표가 포탄을 들고 무자비한 폭격이라고 하는 장면에서 오른손에 들고 있던 것은 포탄이 아니고 보온병이었다는 것, 그리고 그 포탄에 대해 같은 당의 육군 중장 출신 황진하 의원이 122밀리미터 포탄이라고 했다는 것이다. 이 장면에 대해 그 뉴스를 직접 보지 못한 많은 국민도 재미있어했다는 말인데, 바로 이런 장면이 '군인 코스프레'로 비난 대상이 된다. 전방 군부대 방문은 정치인들의 명절 단골 코스다. 이제 전방 군부대 위로 방문이 전부 '군인 코스프레'가 될 우려가 있는 것이다.

　또 다른 표현 가운데 자주 등장하는 게 '피해자 코스프레'다. 가해자 입장에 있는 사람이나 정당이 스스로를 피해자라고 방어하면 흔히 피해자 코스프레를 한다고 비난한다. 보통 권력형 비리 사건에서 가해자 입장이 아니라는 점을 분명히 밝히는 정치 세력에게 쏟아지는 비난 중 하나로, 가해자 입장에서 반성하지 않는 행태를 꼬집는 표현이다.

　이와 같이 코스프레라는 단어는 이제 정치인들에게 손쉽게 붙일 수 있는 혐오 표현이 됐다. 코스프레 앞에 그동안 추구했던 가치를 붙이면 완전한 비아냥이 되고 특별한 설명도 필요 없어진다. 가령 '민주 투사 코스프레' '인권운동가 코스프레' '운동권 코스프레' '애국 열사 코스프레' '착한 사람 코스프레' 등 갖다 붙이면 뭐든지 말이 된다. 추구해온 가치이선 뭐건 코스프레 딱지가 붙으면 강력한 네거티브 메시지가 된다. 코스프레라는 단어 하나로 정치인의 행동 전체를 비아냥거릴 수 있고, 그간 그 정치인이 어떻게 노력했고, 왜 그 자리에 서 있는지를 한꺼번에 싸잡아 '딱지 붙이기labeling'가 가능해진 것이다.

그런데 사실 정치인들이 병영, 산업, 생업 현장을 방문하고 체험하는 것은 그다지 욕할 일이 아닌데, 왜 이렇게 혐오성 평가가 심하게 나오는 것일까? 평소에는 바쁜 의정활동으로 방문하지 못하던 재래시장에 그나마 선거 기간에 나타나서 소통하겠다고 하는 것을 이렇게까지 비아냥거리는 이유는 무엇일까? 아마도 진정성에 대해 문제를 제기하고 있는 것이리라. 진정성이 결여된 상태로 그저 사진 몇 장 챙겨서 홍보에 활용하겠다는 의도라고 욕하는 것이다.

그러면 진정성은 무엇으로 증명할 수 있는가? 먼저, 평소의 연대감이 최우선인 것 같다. 위에서 앤드루 포터는 '결속감'이라고 했으나 처음부터 그렇게 구심력을 강하게 가져갈 수는 없는 것 같고, 같은 부류라는 '동류의식' 및 '연대감'을 추구하는 데서 시작해야 한다. 그런데 이러한 동류의식이 싹트기 위해서는 어떤 조건이 필요한가. 당연히 같은 처지에 있으면 될 것이다. 그러나 경제적 형편과 처지는 다양하기 때문에 꼭 같은 처지여야 한다는 것은 맞지 않다. 평소 정치인의 행보와 메시지, 정치적 입장을 보면 그 인물이 서민 곁에 있는지 아닌지 정도는 누구나 알 수 있다. 그 인물이 군대를 다녀왔는지의 여부도 이제 거의 실시간으로 나온다. 평소에 끈끈한 연대감을 느낄 수 있도록 노력하지 않았다면, 굳이 서민 현장 체험 등은 가지 않는 게 더 나은 듯싶다. 차라리 자신이 부를 쌓아올릴 수 있었던 능력을 통해 서민들로 하여금 더 잘살게 해보겠다는 의지를 밝히는 것이 나을 듯하다. 예전 2008년 18대 총선에서 정몽준씨가 오랜 기간 자신의 지역구였던 울산 동구를 떠나 험지라고 할 수 있는 동작구 을 선거구에 출마하여 당선된 적이 있다. 당시에 정몽준씨는 동작을 지역의 여러 현안에 대해 쉽게 해결하겠다고 공약한 바 있다. 텔레비전 영상을 통해 본 당시의 그는 자신이 이와 같은 현안을 많이 해결해왔다는 자신감을 한껏 드러냈다. 사실 88올림픽을 전후해서 달동네를 밀어버리고 만들어진 동작구 지역의 아파트 단지들은 진입로 문제가 심각했고, 재래시장 상인들과의 갈등에 도로 확장 문제가 걸려 있는 등 개발 이슈가 많았다. 지역 주민들은 정몽준씨의 해결사적 자신감에 과감히 표를 던졌다. 이를 통해 볼 때 이와 같이 '어려움을 잘 이해할 뿐 아니라 그 해결의 적임자는 바로 나'라는 식으로 홍보하는 것이 더 효과적일 듯싶다. 억지로 자신이 속해 있지 않은 중산층이나 서민이라는 경제적 계층 구조에 스스로를 끼워넣으려는 노력은 코스프레에 불과한 것으로 인식되고, 네거티브 공격에 노출시키는 자해 행위와 같다.

연대감을 느끼게 하는 방법 중 하나는 '나도 예전에는 같은 부류'라는 식의 근거 제시다. 이명박 전 대통령이 후보 시절 자주 활용했던 방법이기도 한데, 대략 효과를 내는 것으로 보인다. 물론 그 이후 어떻게 평가되는가의 문제는 별도로 생각해야겠지만, 당장은 중장년층 및 노년층에게 효과를 발휘하는 논리인 것 같다. 지금은 성공해서 부를 쌓았건 공직을 맡았건, '예전에는 나도 리어카를 끈 적이 있다'는 주장은 성공 스토리 자체로 설득력을 지닐 뿐 아니라, 회상할 수 있는 과거가 많은 연령층에서는 과거의 어려움을 함께 겪은 인물로 연대감을 느끼게 한다. 바로 유권자가 느끼는 이러한 동류의식은 그 인물이 향후 자신의 목소리에 귀를 기울이고 자신의 요구에 더 집중할 것이라는 기대감을 자아내기 때문에 연대감으로 이어지기 매우 쉬운 인식 조건을 만든다.

진정성 상실의 네거티브 시대

이 문제를 조금 더 파헤치자면, 왜 서민들은 동류의식을 원하고 연대감이 필요한가에서부터 풀어나가야 한다. 스스로 서민이 아니라고 생각하는 상류층 사람들이라면 굳이 이런 동류의식이나 연대감이 필요 없을 정도로 금전적 여유가 있거나 이미 상류층 인사들과의 네트워크가 단단히 형성되어 있을 것이 분명하다. 이런 사회의 상류 네트워크에 속할 수 없는 서민들은 국가적 정책에 대한 기대를 버릴 수가 없고, 그래서 국가 정책을 책임지는 정치인들에게 상류층의 목소리에만 귀 기울이지 말고 자신들의 어려움도 이해해달라는 것인데, 정치인들이 과연 서민들의 목소리에 제대로 귀를 기울이는지가 무척 불분명하기 때문에 불안한 것이다.

그렇다면 자주 만나는 것뿐 아니라 서민들의 요구 사항을 알고 만나야 할 것이다. 즉, 유권자의 요구 사항을 '듣기 위해' 만난다는 것처럼 어리석은 행동은 없다는 결론이다. 아쉬운 목소리, 즉 요구 사항을 미리 파악하고 만나서 위로하는 상황이 되어야 비로소 '이 후보는 우리 처지를 이해하는 사람'이라는 평가를 들을 수 있다. 일단 가서 들어보려 하면 누구나 황당한 말을 던지게 된다. 세밀한 팩트를 알지 못해 뭔가를 물어보는 유권자의 질문에 당황하고, 말을 더듬고, 실현 가능성에 대해 얼버무리게 된다. 그 순간 당황해하는 후보의 얼굴이 사진으로 포착돼 페이스북의 담벼락을 장식해 좋아요 클릭을 기다리게 될 것이다. 카카오톡의 단톡방에 이미지가 떠다니면서 삽시간에 공유될 것이다.

핵심은, 유권자가 원하는 답을 하기 위해서는 유권자가 원하는 바를 알고 있어야 한다는 것이다. 캠프의 스태프들은 다음의 체크 리스트를 통해 이슈를 점검하고 미팅을 준비해야 할 것이다.

지역 이슈 점검 체크 리스트

- 이슈 제기자:
- 문제 제기 대상:
- 핵심 요구 및 대표 주제어:
- 촉발 사건:
- 해결 주체:
- 시기 및 장소 관련 사항:
- 주요 동조자:
- 주요 반대자:
- 반대 목적:
- 핵심 반대 논리 및 대표 주제어:
- 기타 세밀한 사항:

위의 체크 리스트 중에서 특히 주제어를 눈여겨봐야 한다. 주제어는 이슈를 제기하는 쪽이건 반대하는 쪽이건 논리의 논거가 되는 핵심 내용을 담고 있는 단어인데, 주제어가 갖는 맥락을 잘 따져서 써야 한다는 것이다. 논쟁에 자주 등장하는 단어는 그 단어가 갖는 사전적 의미만으로 해석하고 사용해서는 곤란하다. 논리를 뒷받침하기 위해 사용되는 모든 주제어는 주장하는 측이 부여한 맥락에 따라 해석되기 때문에 이를 잘 모르고 그 단어를 사용하면 스스로도 혼란스러울 수 있고, 최악의 경우 조롱의 대상이 되거나 네거티브 공격에 스스로를 노출시킬 위험이 도사리고 있다. 논쟁에 포함되어 있는 핵심 단어는 프레임을 고착화시키는 역할을 한다는 점을 잊지 말자.

진정성 회복을 위한 '진정한' 이미지 정치

위와 같이 각종 코스프레라는 가장 기본적인 네거티브 공격을 피하기 위해, 유권자들의 목소리를 미리 듣고 해법을 고안하여 연대감을 심어주는 준비된 행보를 한다고 하더라도 피해갈 수 없는 객관적 상황은 바로 '이미지 정치'다. 굳이 텔레비전의 등장 이전과 이후의 상황을 역사적으로 파헤치지 않더라도, 이제 정치인은 '이미지'로 죽고 사는 존재라는 사실은 바뀌지 않는다. 포터가 지적했듯이 만연한 이미지 정치가 진정성 퇴색의 근본적 원인이라고 하더라도 이미지 정치를 뒤집으려는 시도는 위험하기 짝이 없다. 결국 진정성 회복은 이미지 정치와 병행되어야 한다.

이미지 정치를 위해 전문 컨설턴트를 고용하여 과도하게 스스로를 포장하고, 없던 이미지도 가식적으로 만들어야 한다는 주장이 아니다. 정치인으로서 정책 현안에 대한 대안과 정치적 입장을 통해 스스로의 정체성을 구축하고 이를 통해 내용과 노선이 있는 이미지를 유권자의 인식에 심어주기 위해 노력해야 한다는 것이다. 이미지 정치가 머리에 기름 좀더 바른다고 되는 것은 아닐 터이다. 과거 2006년 지방선거 때 서울시장으로 출마한 강금실 전 장관은 이미지 정치의 희생양이 아닌가 싶다. 당시 언론에서는 강금실 후보가 걸치고 나온 머플러의 색이 보라색이고 나중에 플래카드는 노란색으로 바뀌었는데 이게 어떠니 하는 식의 보도를 일삼았다. 강금실 후보가 제시한 노선과 정치적 스탠스, 정책과 공약 중 유권자의 인식에 각인된 것은 하나도 없었다. 보라색과 노란색의 차이만 남았는데 어떻게 당선될 수 있겠는가? 결국 표피적 이미지 정치를 넘어서는 PI 수립을 통해 이미지 정치의 본질을 회복해야 하고, 이와 병행하여 유권자를 향한 진정성 행보야말로 네거티브 공격에서 스스로를 지키는 가장 효과적인 방법이다.

정리하자면 네거티브 공격의 궁극적 목적은 결국 '상대의 진정성에 흠집내기'라고 이해해야 한다. 네거티브 캠페인을 '검증'이라 해도 좋고, '불가론'이라고 해도 좋다. 네거티브 캠페인의 효과는 다양하게 나타날 수 있기 때문이다. 그렇지만 결과적으로 목적하는 바는 네거티브 공격을 통해 상대 후보가 갖는 유권자와의 연대감에 상처를 입히는 것, 진정성을 훼손하는 것. 바로 이것이 네거티브 공격의 목적이다. 다음 장에서는 이와 같은 네거티브 공방의 실제적인 원리와 기술에 대해 살펴보도록 하자.

2장

네거티브 공방의
원칙과 기술

네거티브 이슈
수명 주기

이슈 수명 주기의 역동성

네거티브 캠페인의 공격과 방어, 특히 방어의 수순을 논할 때에는 이슈 수명 주기가 기본이 된다. 이는 상대가 제기한 이슈가 현재 어느 수준에 있는가를 가늠하는 기본적인 관점을 제시해준다. 이슈의 수명 주기와 관련해서는 다음의 그림*을 먼저 보자. 하나의 이슈가 잠재기를 거쳐 공공의 관심권에 들어 생성기로 진입한 뒤 지속적인 언론 노출로 성장기를 거치고 성숙기에는 많은 유권자에게 알려진다. 그 이후 쇠퇴기는 사건이 일단락되고 또 다른 이슈에 의해 대중의 관심이 옅어져 언론 노출마저

● 이슈 수명 주기에 대한 논의는 제품 수명 주기 관련 마케팅 영역에서의 일반적인 논의와 함께 박기묵, 송근원 등의 논의를 고려하여 재구성했다.(박기묵, 「사회적 사건의 생존주기유형의 정립」, 『한국행정학보』, 147~151쪽; 송근원, 『선거와 이슈전략』, 2005, 57쪽) 특히 박기묵은 사건 생존 주기 유형을, 앤터니 다운스의 이슈 생존 주기와 흡사한 '일반형', 사건 발생 즉시 사회적 관심을 집중시키는 '속보형', 그리고 종속 사건들에 의해 관심이 지속되거나 소멸됐다가 다시 관심을 집중시키는 '반복형'의 세 가지로 구분하여 설명했는데, 이 책에서의 이슈 수명 주기는 일반형과 반복형을 결합한 형태를 일반화하여 설명하고자 한다.

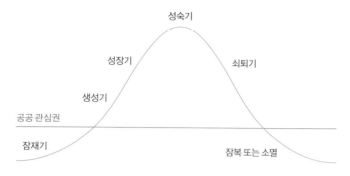

[그림 3] 일반적인 이슈 수명 주기

줄어드는 때다.

　위와 같은 이슈 수명 주기는 지나치게 단순화된 측면이 있다. 실제 사회 이슈들은 좀더 복잡한 수명 주기를 갖게 되는데, 이는 이슈를 공공의 관심권에 제기하는 주체, 그리고 그 이슈를 네거티브로 이해하는 주체 등 여러 행위자의 역동적인 관계에 의해 이슈가 성장하고 소멸하기 때문일 것이다. 그러한 과정을 포함해서 이슈 수명 주기를 다시 그린다면 아래와 같은 그림이어야 한다.

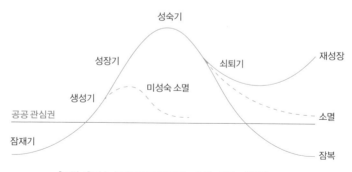

[그림 4] 이슈 수명 주기의 역동성 – 소멸, 잠복, 재성장

그림 4는 이슈 수명 주기가 한 번 성숙한 후 소멸이나 잠복으로 끝나는 것이 아니고, 이슈로 떠오른 후에도 성장기를 거치지 못한 채 미성숙 상태에서 소멸될 수 있으며, 성숙기 이후 쇠퇴기로 접어들어서도 관련된 새로운 사실이 폭로되는 등 관심거리나 정보가 공중에 제공되어 재성장한다면, 이슈가 소멸하지 않고 또 다른 주기를 만들어나갈 수 있는 과정을 보여준다. 물론 재성장 없이 대중의 관심에서 완전히 멀어져 소멸될 수도 있지만, 실제 대중의 기억이나 혹은 언론 매체의 보도 기록에서 완전히 지워질 수는 없어서 잠복기로 접어들었다고 볼 수도 있다.

검색량, 이슈 수명 주기 언급량의 선행 지수

그런데 위와 같은 그래프에서 어떤 이슈는 중간에 성장하지 못한 채 소멸되고, 또 다른 이슈는 성숙기 이후에도 소멸되지 않은 채 재성장하여 또 다른 수명 주기를 만드는 이유가 무엇일까? 이를 이해하기 위해서는 수명 주기에 숨어 있는 이슈의 폭발력을 생각하지 않을 수 없다.

만일 이슈 수명 주기를 평면상 꺾은선으로 본다면, 가로축은 시간의 흐름이고, 세로축의 높낮이는 이슈에 대한 유권자들 인식 속의 마인드 셰어 mind share라고 볼 수 있는데, 실제 측정 가능한 지수로는 '언급량'[12]이라고 봐야 할 것이다. 여론조사를 통해 언급량을 알기 위해서 '이번 선거의 이슈나 화젯거리' 등으로 모호하게 설문하기보다는, '○○○ 후보를 선호하지 않는 이유'처럼 신호도나 지지도를 질문한 이후 지지하거나 지지하지 않는 이유를 오픈 문항으로 응답 받아서 정리하는 것이 더 좋은 방법

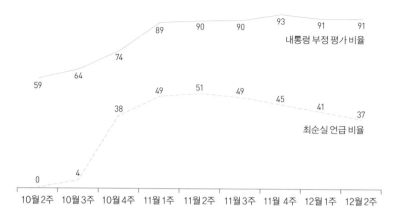

[그림 5] 대통령 부정 평가와 그 이유(한국갤럽)

이다. 이와 같은 방식으로 비非지지 이유를 묻는 설문으로는 한국갤럽의 대통령 긍정/부정 평가에 대한 이유 조사가 있다. 언급량의 변화 양상을 살펴보기 위해 한국갤럽이 2016년 4분기 박근혜 대통령에 대한 긍정/부정 평가 및 그 이유에 대해 조사한 결과[13]를 보자.

대통령 직무 수행 부정 평가 이유 중 '최순실 이슈'가 처음 등장한 보고서는 2016년 10월 3주차인 18~20일 조사 결과(한국갤럽 데일리 오피니언 232호)다. 이때 부정 평가자(전체의 64퍼센트) 중 4퍼센트가 '최순실 이슈'를 언급했다. 그러나 바로 그다음 주에는 최순실 이슈가 38퍼센트로 집계됐다. 물론 부정 평가자도 74퍼센트로 더 많아졌다. 또 한 주 후에는 부정 평가 비율이 89퍼센트로 급증하면서, 최순실 이슈를 부정 평가 이유로 꼽은 비율이 49퍼센트로 치솟았다. 11월 둘째 주를 보면 부정 평가 90퍼센트에 그 이유로 최순실 이슈를 꼽은 비율은 51퍼센트다. 11월 셋째 주에는 역시 90퍼센트의 부정 평가자 중 49퍼센트가 최순실 이슈를 들었다. 11월 넷째 주에는 검찰이 대통령을 피의자로 입건하고 새누리당에서 남경필 지사와 김용태 의원이 탈당하는 상황이 반영되어 부정 평가는 93퍼센트로 최고점을 기록했지만 횡보하던 이슈 언급량은 45퍼센트로 낮아졌다. 대통령 탄핵안을 국회에서 처리해야 하는지 여야 간 논란이 가열되던 12월 첫째 주 조사에서는 부정 평가가 91퍼센트로 횡보하지만 언급량은 41퍼센트로 하락세가 이어졌다. 국회에서 대통령 탄핵안이 가결되고 직무 정지가 된 12월 둘째 주에도 부정 평가는 91퍼센트로 횡보했지만 부정 평가에 대한 이유로 최순실 이슈를 언급한 비율은 다소 낮아진 37퍼센트였다.

여기서 두 가지 사실을 확인할 수 있다. 먼저, 이슈의 언급량이 떨어지더라도 사회적인 이슈의 지배력은 결코 약해지지 않는다는 사실이다. 이슈 수명 주기에서 언급량이 줄어드는 쇠퇴기에 진입한 이슈라 해도 결코 안심할 수 없다는 것이다. 이미 평가에는 매우 강한 영향을 미쳐서 부정적 인식을 고착시켰기 때문에 사회 내 행위자들의 작용과 반작용은 계속 진행되고 있는 것이다.

또 다른 사실은 여론조사에서 언급량이 의미 있는 수치로 감지되어 유목화할 수 있는 하나의 항목으로 잡힐 정도가 되면 이미 비등 직전 임계치에 접근한 것일 수 있다는 점이다. 냄비에 라면 물을 끓일 때를 생각하면 될 것이다. 온도가 오르는 정도에 비례하여 물이 끓는 것은 아니다. 끓는점에 도달하여 엄청난 기포가 발생하기 전에도 물의 온도는 꾸준히 오르고 있다는 사실을 알아야 한다. 따라서 여론조사의 오픈 문항을 볼 때에는 빈도의 수치도 의미를 시니시만 단 한 건의 언급도 관심 있게 봐야 하고 나아가서는 소셜 빅데이터 분석 결과에도 주의를 기울여야 한

네거티브 이슈 수명 주기

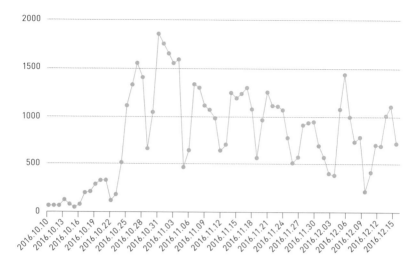

[그림 6] 키워드 '최순실' 언론 기사 언급량(빅카인즈)

다. 다음의 언론 기사 언급량[14]을 보자.

위의 그래프는 빅카인즈에서 기간을 2016년 10월 10일부터 12월 15일로 설정하고 키워드를 '최순실'로 검색한 결과다. 언급량이 10월 말에 급격히 높아지고 큰 추세로는 점차 잦아든 것으로 보이는데, 이는 한국갤럽 조사의 대통령 부정 평가 이유로 최순실 이슈를 언급한 비율과 매우 흡사하다. 두 가지를 본다면, 유권자들의 언급량과 언론 기사 내 언급량은 전체적으로 유사한 추세를 그리고 있다는 것을 알 수 있다. 유권자 오픈 문항 언급량과 언론 기사 내 언급량이 비슷한 추세라고 한다면, 좀더 선행성을 갖는 지수를 보기 위해 다음의 검색량[15]을 살펴보자.

그림 7의 그래프는 네이버 데이터랩에서 2016년 10월부터 12월까지 '최순실'을 검색한 검색량의 추이를 확인한 결과로, 10월 24일의 검색량을 최고점으로서 100으로 놓는다면, 그 직전 주에는 최고점의 62퍼센트

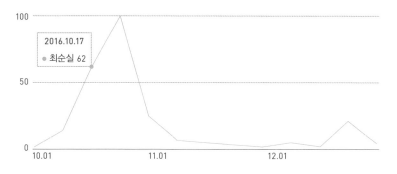

[그림 7] 네이버 '최순실' 검색량 추이(네이버 데이터랩)

에 해당된다는 사실을 보여준다. 그 후 11월부터는 급격히 떨어져 검색량 자체가 매우 저조했고, 이후 12월에 접어들면서 대통령 탄핵 국회 표결을 전후하여 다소 높아진 것을 볼 수 있다. 이 결과는 검색량이 이슈에 대한 언급량에 선행한다는 자명한 사실을 보여준다. 결국 그림 8과 같이 유권자 대중의 행태와 인식을 단순화하여 이슈 수명 주기에 반영할 수 있겠다.

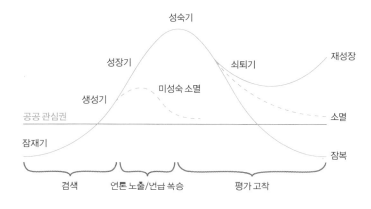

[그림 8] 유권자 형태 변화와 이슈 수명 주기

네거티브 이슈 수명 주기

이슈 수명 주기상 잠재기 및 생성기까지는 검색량이 서서히 증가했다가 어느 순간 급격히 증가하는 순간이 있다는 것을 의미한다. 그 후 소멸되지 않은 이슈는 성장기를 거쳐 성숙기로 진입하는데, 이때 언론 노출도 급격히 증가하지만 언급량도 많아진다는 것을 확인할 수 있다. 이후 성숙기의 고점을 지나 쇠퇴기로 접어들어서는 검색량이 크게 떨어지고 언급량도 서서히 줄어드는데, 이슈에 대한 평가 혹은 후보 등 인물에 대한 인식이 고착화된다는 것을 알 수 있다.

이슈 수명 주기 역동성의 원인, 이슈의 폭발력

앞서 살펴본 바와 같이 세로축, 즉 이슈 성장도는 '언급량'이라고 볼 수 있다. 네거티브 이슈에 적용한다면 유권자들이 해당 이슈를 분명히 인지하고 있을 뿐 아니라 그와 연관된 후보에 대해 평가하므로 주변에 '전파'하고 있다는 의미가 된다. 그런데 이와 같은 언급량이 왜 어떤 때에는 급증하여 성장기로 발전하기도 하고, 반대로 언급량의 성장세가 미진하여 미성숙 이슈가 됨으로써 조기 소멸되는지를 확인해봐야 한다. 이 동인이 바로 이슈 수명 주기 그래프의 모양을 결정하는 역동성을 의미하기 때문이다.

좀더 구체적으로 살펴보기 전에 마케팅 리서치 영역에서 브랜드 성과를 설명하는 방법 중 하나를 생각해볼 수 있다. 여러 경쟁 브랜드에 대한 인지도awareness 대비 구매 경험을 각각 가로축과 세로축으로 놓고 평가하는 경우를 보자. 이러한 맵 위에서는 여러 경쟁 브랜드가 각각의 위치에 따라 향후 발전 가능성이 있는지를 확인할 수 있다. 여러 브랜드에 대한 인지 여부와 구매 및 경험을 묻는 문항에 응답하게 하여 분석하는 이러한 방법을 이슈의 폭발력을 측정하는 데 활용하려면, 여러 이슈에 대한 인지와 신뢰 혹은 공감을 설문하여 각각의 상대적 위치를 통해 분석해야 한다.

그러나 단 하나의 핵심적인 네거티브 이슈와 관련된 수명 주기를 그릴 때 그 폭발력이 어느 정도인지를 확인하기 위해서는 이와 같은 방식으로 분석하기가 쉽지 않다. 그래서 보통 이런 때에는 해당 이슈에 대해 알고 있는지를 묻는 인지도 문항과 신뢰하는지(신뢰도) 혹은 공감하는지(공감도)를 설문하여 분석하게 된다. 이들 문항은 4점 혹은 5점 척도로 물어서 점수화하기도 하고, Top 2 응답의 빈도(퍼센트)를 활용하기도 한다. 또한 신뢰나 공감도는 응답자 전체 베이스 빈도를 활용하기도 하지만 보통은 인지층 베이스 빈도를 활용한다. 인지층 베이스 빈도를 활용하는 이유는 비인지층에게 이슈를 설명해 신뢰 혹은 공감을 물을 때는 비관여 유권자들의 즉자적인 응답이 많아 분석에 적절하시 않기 때문이다. 결국 얼마나 많은 유권자가 해당 이슈에 대해 인지하고 있는지와 함께 이슈를 인지하는 유권자가 그것을 얼마나 진실이라고 믿는가 혹은 공감하는가의 정도가 이슈의 폭발력을 가늠하는 데 큰 도움이 된다. 유권자 모두가 해당 이슈를 인지한다 해도 그에 대해 전혀 공감하지 못하고 신뢰하지 않는다면, 그 이슈가 성장하여 성숙기로 접어들 가능성은 크지 않다고 봐야 하기 때문이다.

그렇다고 하더라도 인지도와 신뢰도(공감도)를 합하거나 곱하거나, 또는 곱해서 제곱근을 취하는 방법으로는 폭발력을 정확하게 알기 어렵

네거티브 이슈 수명 주기

다. 가령 전체의 30퍼센트가 인지하고 인지층 내 50퍼센트가 공감하는 이슈 A와, 이와는 달리 전체의 50퍼센트가 인지하고 그중 30퍼센트만 공감하는 이슈 B를 비교해보자. 빈도를 고려해서 산출한 공감자의 수는 동일하다.

이슈 A에 대한 '인지 공감자' = 1000명 × 0.3(인지) × 0.5(공감) = 150명

이슈 B에 대한 '인지 공감자' = 1000명 × 0.5(인지) × 0.3(공감) = 150명

앞으로 곱하나 뒤로 곱하나 같은 값이 나오는 위의 수식은 누구나 이해할 수 있다. 수치의 백분율을 곱해서 제곱근을 취하더라도 두 수치가 같다는 사실에는 변함이 없다. 그렇지만 두 가지 이슈의 폭발력은 당연히 다른데, 그 이유는 인지층 내 공감 비율이 갖는 폭발력이 상이하기 때문이다. 인지자 절반이 공감하는 경우에는 인지를 확산시키게 되면 공감 비율에 따라 여론이 급속히 요동칠 것임을 쉽게 짐작할 수 있다. 이와는

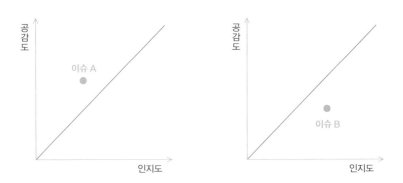

[그림 9] 이슈의 인지도와 공감도에 따르는 폭발력 구분

달리 인지층이 아무리 두터워도 그중 신뢰하거나 공감하는 비율이 낮을 때에는 폭발력 있는 이슈라고 할 수 없다. 인지보다는 신뢰도나 공감도를 높이는 것이 더 어렵기 때문이기도 하다. 그림 9의 그래프를 보자.

위와 같이 인지도와 공감도를 기준으로 평면에 맵핑하면 좀더 직관적으로 알 수 있다. 인지도와 공감도가 동일한 점들을 이어놓은 선(좌하-우상)을 기준으로 그 위에 위치하는 이슈인지 혹은 그 아래에 위치하는 이슈인지에 따라 폭발력을 달리 봐야 한다는 것이다. 당연히 선의 위쪽 영역에 위치하는 이슈가 더 폭발력이 강하다고 간주할 수 있다. 그렇지만 이와 같은 그래프는 자칫하면 이슈가 폭발력을 지녀서 위험하다는 판단에는 도움이 되지만 좌하-우상의 직선과 평행한 직선, 즉 직선과 동일한 거리를 유지하고 있는 점들을 연결한 또 다른 직선상에 위치하는 이슈들에 대해서는 어떤 차이가 있는지 분별하기 쉽지 않다.

이를 위해서는 두 가지를 더 고려해야 한다. 첫째는 고전적인 2×2 매트릭스를 통한 구분을 적용하는 것이고, 둘째는 인지도와 공감도의 빈도가 어느 수준이면 높다고 할 수 있는가의 문제다. 먼저 다음과 같은 고전적인 인지도 vs. 공감도 매트릭스를 살펴보자.

구분		인지도	
		낮음	높음
내용공감도	높음	상황 C	상황 D
	낮음	상황 A	상황 B

[표 2] 인지도 vs. 공감도 매트릭스

네거티브 이슈 수명 주기

저인지 저공감의 상황을 A로, 고인지 저공감의 상황을 B로, 저인지 고공감 상황을 C로, 고인지 고공감의 상황을 D로 구분하여 설명하는 방식이다. 말할 것도 없이 상황 A는 덜 위험하고 D는 매우 위험하다는 설명이 뒤따른다. 그런데 이럴 때 설명하기 곤란한 문제가 있다. 상황 D에서는 인지도가 어느 수준 이상 높아졌다면, 즉 인지도가 80퍼센트가 된다면 그보다 낮은 공감도, 예컨대 75퍼센트라고 해도 상황 D에 위치하는 것 자체가 틀렸다고 볼 수 없다. 그런데 상황 A에서는 인지도 대비 공감도가 높아서 폭발력이 어느 정도 있다고 봐야 하는 경우가 있을 수 있어 좀더 세분화할 필요가 있다. 가령 인지도는 10퍼센트에 불과하지만 공감도가 25퍼센트라면, 몇 개 안 되는 숫자가 들려주는 경고음에도 귀를 기울여야 한다.

두 번째 문제를 살펴보자. 과연 높고 낮음의 기준은 어느 수준인가? 물론 이슈마다 다르고 선거마다 다르지만 일반적인 상황에서는 25퍼센트, 50퍼센트, 그리고 75퍼센트에 대해 생각해볼 수 있다. 먼저 최고점으로 보이는 75퍼센트는 보통의 여론조사에서 인지도나 공감도가 75퍼센트를 넘으면 상당히 우세하여 뒤바뀌기 어려운 정도라고 여겨지기에 최고점으로 놓을 수 있다. 물론 80퍼센트 혹은 90퍼센트를 넘는 공감을 보이는 이슈가 있기는 하지만 그 정도 비율은 애초 설문할 필요가 없을 만큼 자명한 답을 갖는 것일 때가 많다. 하지만 긴가민가 싶어 논란이 많은 이슈를 여론조사를 통해 확인할 때 75퍼센트를 웃돈다면 어떤 임계치를 넘었다는 것을 직감할 수 있다. 국민 중 3분의 2가 동의하는 이슈는 비공감 대비 공감도가 실질적인 우세를 보인다고 할 수 있고, 75퍼센트를 웃돌면 절대적인 우세 수준을 넘었다고 볼 수 있다. 왜냐하면 여론조사를 통해 설문하는 이슈에 대해 적게는 10퍼센트에서 많게는 25퍼센트까지 '모르겠다'는 응답이 분포한다는 경험적 사실을 고려한다면, 어떤 입장을 분명히 선택한 응답 비율이 75퍼센트라는 것은 논쟁 중인 이슈에 대해 여론이 어느 쪽으로 분명히 기울어서 뒤집히기 어렵다고 봐도 무리가 아니다. 여론조사에서 보는 인지 비율 75퍼센트에 인지자 중 공감 비율이 75퍼센트 수준 이상인 상황은 이미 임계치를 넘었기에 해당 네거티브 이슈는 분석이 필요 없을 정도라고 봐야 한다.

25퍼센트는 이슈에 대한 인지도 혹은 공감도에서 중요한 분기점을 지났다고 볼 수 있는 수치다. 다자 대결에서 25퍼센트를 넘는 후보가 대세를 형성할 가능성은 아주 높다. 25퍼센트 언저리를 맴도는 후보들은 결국 본선에 진출하고 완주하는 경우가 많다. 25퍼센트를 유지하다가 20퍼센트까지 낮아지면 사실상 위기다. 10퍼센트에서 20퍼센트로 올라오는 후보가 25퍼센트를 넘었을 때 유권자들에게 줄 수 있는 임팩트가 크다. 정확히 반대로 25퍼센트에서 20퍼센트로 하향 돌파하면 2017년 2월 반기문 전 유엔 사무총장처럼 불출마로 돌아서는 경우가 있다. 그래서 25퍼센트는 어떤 전환점을 보여주는 수치다. 네 명 중 한 명이라는 수치는 4인 가족 중 한 명, 식당 4인 테이블 중 한 명은 알거나 공감한다는 것을 의미하고, 따라서 급속히 확산될 가능성을 내포하고 있다.

그 중간에 있는 50퍼센트는 말할 것도 없이 논쟁의 중심을 가르는 수치다. 어느 입장이 과반이 되는지에 대해 관심이 집중되는 것은 어쩌면 당연하다. 과반이 되면 이른바 밴드웨건 효과를 기대할 수 있기도 한 반면, 그에 미치지 못한다면 당연히 열세에 놓여 있다는 인식이 커진다. 침묵의 나선형을 타고 올라가지 못한다면 공감도는 점점 더 떨어진다.

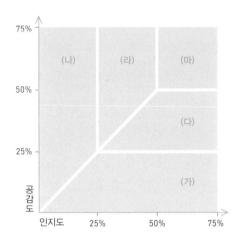

[그림 10] 이슈 폭발력 그래프

이제 위와 같은 논의를 정리하여 인지도와 공감도를 기준으로 이슈 폭발력을 분별할 수 있는 그래프를 살펴보자.(그림 10)

위의 그래프는 0부터 75퍼센트까지의 인지도와 공감도를 (가), (나), (다), (라), (마)의 5개 영역으로 구분한 것이다. 각 영역에 대해 다음과 같이 특성을 추출하여 명명할 수 있다.

(가) 소멸성 이슈

(나) 폭발력 잠재 이슈

(다) 비활성화 이슈

(라) 폭발 전 이슈

(마) 폭발 이슈

먼저 (가)의 소멸성 이슈는 인지도가 올라가더라도 공감도는 25퍼센트 수준을 넘지 못한다. 인지도가 아무리 올라가도 공감도가 정체되어 있다는 것은 여러 계층의 유권자들에게 전파되어도 공감을 쉽게 얻지 못해 많은 언급량으로 이어지기 어려운 이슈임을 방증한다. 따라서 (가) 영역에 위치하는 이슈는 미성숙 상태로 소멸할 가능성이 높다.

둘째 (나) 영역에 있는 이슈는 반대로 생각해볼 수 있다. 인지도는 아직 25퍼센트를 넘지 못했으나 인지층 내 공감도는 인지도 대비 높아서 향후 지속적으로 언급량이 늘어날 수 있다. 평면 위에서 공감도가 더 높은 곳으로 위치하게 된다면 잠재적 폭발력은 상당하다고 봐야 한다. 언급량과 함께 언론 노출량이 폭발적으로 증가할 가능성이 있는 이슈라고 볼 수 있다.

셋째 (다) 영역 이슈는 인지도가 25퍼센트를 넘은 상태에서 인지층 내 공감도가 무시할 수 없는 수치를 보이지만 인지도보다는 상대적으로 낮은 공감도를 보인다는 점에서 아직은 활성화 단계로 즉각 이동하지 못하고 논란의 여지를 많이 두고 있는 이슈다.

넷째 (라) 영역 이슈라면 잠재된 폭발력이 점화priming되었다고 봐도 될 정도다. 만일 공감도가 50퍼센트를 넘었다면 이제 폭발 단계로 넘어간다고 봐도 되고, 이 영역에 속해 있다면 인지도 상승에 따라 공감층이 확대되는 것이 아니라 공감도가 인지도를 견인하는 상황으로 보일 정도가 된다.

마지막으로 (마) 영역은 네거티브 이슈가 폭발한 상황이라고 보면 된다. 사실상 인지도가 50퍼센트를 돌파하여 75퍼센트로 향하고 있다는 것은 '알 만한 사람은 다 아는' 이슈가 되었다는 뜻이고, 공감도 역시

50퍼센트를 돌파했다는 것은 지배적인 프레임이 되어 고착화 단계로 가고 있음을 의미한다. 이슈 수명 주기에서는 성숙기에 도달했음을 뜻한다.

이와 같은 폭발력은 성숙기 이전까지의 상황을 잘 설명한다. 그런데 성숙기를 지나 쇠퇴기로 접어들었을 때에는 과연 폭발력을 어떻게 해석해야 할까? 인지도는 50퍼센트를 계속 넘어 75퍼센트를 넘나들거나 혹은 80퍼센트 이상으로 매우 높게 나타나지만, 후보들 즉 행위자 간 이슈 파이팅으로 충돌하는 지점이 달라지기 때문에 공감도는 다소 낮아질 수 있어 (다) 영역의 우측에 위치할 가능성이 크고, 또 다른 이슈들에 의해 상대적인 언급량은 점차 낮아지는 상황이 될 것이다.

이슈의 폭발력을 통해 이슈 수명 주기의 역동성을 살펴봤다면, 네거티브 공방의 기술로 넘어가기 전에 한 가지만 더 확인하자. '어젠다 세팅'이다. 어젠다 세팅 관련 작금의 상황은 그야말로 누구나 어젠다 세터가 될 수 있을 정도로 미디어 환경이 급변했다. 그 내용을 잠깐 살펴보면서 최근 사회적으로 문제되고 있는 '가짜 뉴스'의 특징과 네거티브 공격으로 활용될 때를 대비하여 어떻게 준비해야 할지도 짚고 넘어가자.

이슈 수명 주기와
어젠다 세팅

누구나 어젠다 세터agenda setter가 될 수 있는 시대

앞서 살펴본 이슈 수명 주기를 통해 네거티브 이슈의 등장과 성장 및 소멸 과정을 본다면 매우 진화론적일 것 같은 착각에 빠진다. 네거티브 이슈가 등장한 뒤 폭발력을 갖추고 성장 후 대중이 식상해함에 따라 소멸기로 접어든다는 아주 단순화된 흐름을 탈 것 같아 보인다. 그러나 사회 이슈 중 누군가 문제 제기를 하지 않았는데 등장하는 이슈가 있을 턱이 없다. 삼풍백화점이 무너지고 성수대교가 붕괴하는 사건과 사고로 범위를 넓히면 문제 제기 과정 없이 이슈화되겠지만, 이것은 이슈의 배경이나 환경을 형성하는 그야말로 사건으로 봐야 한다. 이슈는 사건들 속에서 원인과 해결 방안에 대해 의견을 날리하는 의견 집단이 제기하는 현안이라고 봐야 하니, 사건 그 자체라기보다는 해결해야 할 과제인 것이다. 따라서 문제 제기 없이 이슈는 등장할 수 없다. 더군다나 네거티브 이슈야말로 누군가의 강력한 문제 제기 없이 자연적으로 발생할 수 없다. 어떤 사건을 부정적으로 해석해서 원인을 분석하고 해결 방안을 제시하는 것, 선거 국면에서는 상대 후보에 대한 정보 중 석연치 않거나 부정적인 정보를 공개하여 해명을 요구하고, 해명되지 않는다면 후보 자격을 문제 삼아 불가론으로 이끄는 것 자체가 네거티브 이슈화이기 때문이다.

그렇다면 사실 네거티브 이슈 수명 주기를 살펴볼 때 가장 중요한 부분은 누군가 네거티브 이슈를 제기하는 과정일 것이다. 이 대목에서는 '누가' 제기하는가 하는 문제는 그리 중요하지 않다. 굳이 선거 캠페인이 아니더라도 경쟁관계에 있는 여러 상황에서 한정된 자원을 두고 다투는 상대 경쟁자들은 네거티브 이슈 제기자다. 또한 다양한 네거티브 제기자들이 존재한다. 특정 상품 구매 후 불만족이 극에 달해 어떤 방식으로건 보상을 요구했으나 무시당한 소비자에서부터, 특정 후보에게 앙심을 품은 주변인들 모두는 고장 난 시한폭탄 같은 잠재적 네거티브 이슈 제기자라고 봐야 한다. 진짜 문제는 이들이 이슈를 제기하는 방법과 수단, 과정이다.

돌발적인 폭로가 아니라면 이슈 제기는 치밀한 과정이 된 느낌이다. 먼저 미디어 어젠다가 공공 어젠다로 현저성이 전이되는 현상을 깊이 다룬 맥스웰 맥콤스의 주장을 살펴볼 필요가 있다. 그는 '누가 어젠다를 세팅하는가'라는 문제를 던지면서, 어젠다 세팅에 대한 확장된 시각으로서 조직, 이해집단, 정치 캠페인 등의 '기타 어젠다'가 '미디어 어젠다'로, 다시 미디어 어젠다가 '공공 어젠다'로 현저성이 전이된다고 주장한다.[16] 결국 미디어 어젠다도 여타 크고 작은 기타 어젠다로부터 영향을 받고 다시 공공 어젠다가 된다는 것인데, 이러한 기타 어젠다를 제기하는 사람들은 여러 정치적·비정치적 조직이나 이해집단을 통해서 자신의 관심사를 제기한다는 것이다. 이와 관련하여 '어젠다 융합agenda-melding' 이라는 개념도 참고해야 할 것 같다.[17] "개인들이 자신의 공동체와 소속집단에 관해 개인적 이슈에 집중하는 현상"이라고 하는데, 이러한 어젠다 융합 현상은 미디어 어젠다의 지배적 영향력이 약화되지 않지만, 미디어 어젠다가 지배적 언론 매체의 게이트키퍼들에 의해 결정되기보다는 좀더 미시적인 블로그 등 1인 미디어에 의해 영향을 받게 됐음을 말한다.

이와 같이 미디어 어젠다도 제기되기 전에 이미 사회의 여러 구성원이 내놓는 다양한 어젠다로부터 영향을 받는다고 봐야 한다. 최근 우리 사회에 이러한 논의를 적용한다면, 사실 미디어 어젠다 이전에 소셜 미디어를 통해 미시 어젠다가 뉴미디어와 검색 포털을 통해 확산되고 그 후에 미디어 어젠다가 등장하는 것이 아닌가 싶다. 이슈 수명 주기와 관련된 앞의 논의에서 검색량이 언급량을 선행하는 현상을 살펴봤는데, 바로 이와 같은 상황을 대변하는 것으로 볼 수 있다. 과거 게이트키퍼가 이슈를 선택하는 대중매체에 의해 미디어 어젠다가 결정되던 시기에서 좀더 복잡한 단계를 거쳐 공공 어젠다가 등장하는 시기라는 것이다.

이제 종이 신문의 지배적 위상이 흔들리고 지상파 방송이 종편에 따라잡힌다는, 다변화된 미디어 환경을 언급하는 것도 과거 버전이 됐다. 인터넷 내형 포털에 의해 언론 권력이 재편된다고 갑론을박하던 시기도 한참 지난 것 같다. 이제 뉴스 수용자들은 한 손 안에 쏙 들어가는 작은 모바일 기기를 통해 여러 매체의 콘텐츠를 자유롭게 즐기고 있다. 그러고는 마음에 드는 뉴스 콘텐츠가 있다면, 블로그로 대표되는 1인 매체나 페이스북과 같은 소셜 미디어 공간에 자유롭게 공유하고 자신의 의견도 덧붙여서 확산시키고 있다. 이게 바로 미디어를 통한 어젠다 세팅 이전에 어젠다를 만드는 활동이다. 이 시기에 검색량은 급증하며, 언론이 이러한 흐름을 취재하고 종합해 기사 콘텐츠로 만드는 건 그 뒤의 순서라고 봐야 할 것이다. 그래서 언론 기사 내 주제어 빈도는 여론조사 응답자들의 언급량과 시기적으로 비슷할 수 있지만, 검색량은 그보다는 조금 선행하는 것이다. 아마 검색량보다도 여러 뉴스, 블로그 포스트, 카페 게시물 등을 다양하게 인용하여 전파하는 소셜 미디어 어젠다 세팅은 그보다 앞선다고 볼 수 있겠다.

결국 관건은 소셜 미디어를 통해 이슈를 효과적으로 전파할 수 있는 캠페인 주체가 승리에 더 가깝게 다가갈 수 있다는 것이다. 네거티브 캠페인에서는 소셜 미디어라는 툴의 중요성을 더욱더 확인할 필요가 있고, 방어를 위한 네거티브 전략에서도 소셜 미디어 대비책은 필수임을 잊어서는 안 된다. 그림 11은 기존 현저성 전이에 대한 맥스웰 맥콤스의 논의를 좀더 확장하여 기타 어젠다 전파의 주요 경로가 이제는 뉴미디어, 온라인 커뮤니티 및 소셜 미디어라는 점을 분명히 한 것이다.

언론의 어젠다 세팅을 선결정했던 참여자 차원의 어젠다 제기는 과거에도 있었고, 뉴미디어와 사이버 공간을 통한 확산 및 전파도 이미 과거에 있었다. 장훈 교수는 민주화 이후 정당 발전의 지체를 고찰하면서 2000년 총선에서 시민단체들에 의한 총선연대의 대안운동에 주목했다. 총선연대의 의미 구성 능력의 신장과 더불어 급속히 확산된 정보화의

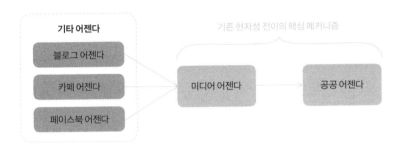

[그림 11] 소셜 미디어 어젠다: 현저성 전이의 새로운 출발점

물결이, 시민단체의 이슈를 선거 과정을 지배하는 어젠다로 이끌어갈 기술적 하부 구조의 구축을 이뤄냈다고 말이다. 그 결과 '총선연대'라는 주제어가 언론에 952건 노출되는 기간에 야당이 제시한 '옷 로비'는 78건 노출되는 데 그쳤다. 심지어 '지역주의'도 702건으로 '총선연대'에 미치지 못했다. 이러한 분석을 통해 2000년 총선연대는 선거 과정의 어젠다와 공적 미디어 담론을 지배했고, 이에 따라 낙선 대상자의 67퍼센트가 낙선하는 결과를 낳았다.[18]

이와 같이 누구나 어젠다 세터가 될 수 있는 시대를 사는 우리 가운데 놀랍게도 거짓으로 뉴스를 만들어서 유포하는 사람들이 있다고 한다. 다음은 최근 문제시되고 있는 '가짜 뉴스'에 대한 이야기다.

가짜 뉴스의 특징과 대응

인터넷 뉴스나 블로그 포스트 등 콘텐츠의 제목을 선정적으로 포장

이슈 수명 주기와 어젠다 세팅

했지만 실제 그 내용은 대단할 것이 없으면 흔히 낚였다고 말한다. 호기심에 단순 클릭한 것도 낚인 것이지만, 내용에 혹해서 상품을 구매한다든지 하는 추가 행동으로 이어지면 단단히 낚인 것이다. 이렇게 가상공간에서 낚고 낚이는 사례들은 대개 '궁금해하는 독자'와 '의도적으로 유포할 콘텐츠를 가진 기획자'가 마주치는 공간에서 발생한다. 대표적으로 네이버 지식인이 그랬다. 네이버 지식인에 의도적으로 질문을 올리고 다른 컴퓨터에서 다른 아이디로 답변을 달아놓는 식이다. 이렇게 만들어진 이상한 지식은 손쉽게 검색 결과에 등장하여 잘못된 지식으로 유포될 우려가 있다. 정치인이나 후보에 대해 누군가가 지식인에 물어봤는데, 답은 엉뚱하게 부정적 연상을 불러일으키는 사실만을 나열해서 올린다면 어떻겠는가?

네이버 지식인만 그런 것이 아니다. 검색 결과 블로그 포스트에 들어가봤더니, 부정적인 내용이 상당 부분 포함되어 있어 제목과는 동떨어진, 그래서 애초 검색 의도와도 전혀 다른 내용이 전파되고 있다면 어떻겠는가? 궁금해하는 독자에게 의도적으로 다른 내용을 노출시키려는 낚시꾼들이 가상공간에는 많고도 많다. 물론 네이버는 왜곡된 지식을 전파하는 사용자를 강력하게 단속하고 있으니 다행이긴 하다.

그런데 이런 낚시질도 이제 추억거리가 될 전망이다. 누군가에 의해 전파되는 선전물이 아닌 '뉴스'라는 이름을 달고 등장하는 콘텐츠도 이제 사실인지 아닌지를 살펴야 하는 시대가 됐다. 이러다가는 '거짓말 아냐?'라는 질문에 '텔레비전 뉴스에 나온 거야'라는 답도 먹히지 않게 될 날도 멀지 않은 것 같다. 바로 '가짜 뉴스' 때문이다. 전쟁 시기 아군과 국민의 사기 진작을 위해 전장에서 벌어지는 전과를 부풀려 전하는 뉴스가 아니다. 정보 기관이나 학술 기관의 서버를 해킹해서 정부가 숨겨놓은 UFO 와 외계인 관련 놀라운 사실을 전하는 것도 아니다. 이건 완전히 거짓말 이다. 이제 모두들 괴벨스를 꿈꾸고 있는 것처럼 보인다.● 괴벨스의 광기 를 실현하려는 양 다들 나서서 작고 큰 거짓말 을 뒤섞어 뉴스로 포장하여 내놓는다. 소셜 미 디어를 통해 뿌리면 누군가에 의해 복제되어 바이러스처럼 번질 것을 기대하는 듯하다.

● 에드워드 버네이스는 괴벨스가 "거짓도 천 번 말하면 진실이 된다"고 말했다면서, "이들 선 동가들이 확신과 추측의 구분이 분명하지 않은 정신 상태를 보인다"고 주장한다.(에드워드 버 네이스, 「프로파간다」, 강미경 옮김, 공존, 2009, 36~37쪽)

우리나라에서만 문제가 되는 것은 아니다. 2016년 미국 대선에서도 가짜 뉴스로 많은 유권자가 사회 이슈에 대해 왜곡된 사실을 전해 들었 고, 그에 기반하여 대선에서 후보를 선택했다는 주장이 있다. 선거에서 만이 아니라 사회 내 충돌하는 이슈가 있는 많은 나라에서 가짜 뉴스가 독버섯처럼 번지고 있다. 물론 같은 사물이나 사건, 현상도 다른 측면을 강조하면 전혀 다른 실체가 되니, 특정 사건과 이슈에 대해 새로운 주장 을 펼치는 것 자체는 문제될 것이 전혀 없다. 그러나 그런 주장을 뒷받침 할 수 있는 사실을 날조해서는 안 된다. 문제의 심각성을 뒤늦게 깨달은 페이스북도 이제 프랑스 대선에서는 기성 언론사와 함께 '팩트 체크'에 나선다고 한다.

문제는 가짜 뉴스에 대해 캠프나 후보 측에서는 어떻게 대응하느냐 하는 것이다. 팩트 체크를 통해 가짜 뉴스가 가짜임이 밝혀지고 사실에 기반한 진실이 확립되길 기다리기에는 선거 캠페인 기간이 너무나 짧다. 네거티브 캠페인의 관점에서 본다면 가짜 뉴스에 의한 네거티브 공격을 효과적으로 방어하지 않으면 어느새 소중히 쌓아온 명성이 더럽혀지고, 표심은 등을 돌릴 것이 분명하기 때문이다. 다음과 같은 가짜 뉴스 확산

이슈 수명 주기와 어젠다 세팅

의 특성을 확인하면서 대책을 마련해야 한다.

- 구성 주요 주장과 논지는 크게 전개하고 왜곡된 사실은 작게 구성한다.
- 인용 권위 있는 기관의 연구나 조사 결과를 인용하여 사실을 조작한다.
- 확산 폐쇄된 네트워크에서 우선적으로 확산시키는 경향이 있다.
- 논쟁 네트워크 밖으로 확산시킬 때에는 인적 매개를 활용하는 경향이 있다.
- 오리발 근거 자료가 사실과 부합하지 않는다는 것이 확인되면 그것만 뺀다.

먼저 주장은 크게 펼치면서 사실은 작게 조작하기 때문에 나중에 근거가 사실이 아니라는 비판이 제기돼도 '실수' 정도로 치부할 수 있도록 빠져나갈 구명을 만드는 게 일반적이다. 특정 사실을 왜곡하더라도 문제가 되지 않게끔 구성한다는 것이다. 주장이 워낙 당위적이거나 혹은 다른 주장들을 전제로 깔고 있어서 반박 자체가 어려운 신념의 문제에 가까우니, 작은 사실은 확증 편향을 강화하는 재료가 될 뿐이다.

둘째, 인용하는 자료로 진위를 판가름하기 어려운 경우가 많다. 외국 정보 기관의 발표되지 않은 사실이라거나 혹은 비밀이 풀린 문서 중에 있다는 식인데 찾아보는 게 쉽지가 않다. 확인을 요구한다고 바로 근거를 제공하지 않아서 밝혀내기 어렵다. 따라서 전문가 혹은 그 분야의 준전문가가 나서야만 하므로 진위 판별에 시간이 걸린다.

초기 확산은 대부분 진영 내의 폐쇄된 네트워크를 이용하곤 한다. 온라인에서는 카페나 카카오톡의 단톡방이 활용하기 좋고, 페이스북에 친구 공유로 올리는 것도 가능하다. 초반에 이처럼 내부 네트워크를 활용하는 이유는 무엇보다 지지자들에게 알려서 논리적인 모순 등 뉴스의

'품질'을 확인하기 위함이다. 또한 당연히 진영 내에서 공감대를 두텁게 형성해야 차후 논쟁이 벌어져도 단일대오를 유지하기 쉽기 때문이다.

논쟁 과정에서는 가짜 뉴스를 옹호하는 지지자들을 통해서 소소한 싸움부터 시작하는 것이 보통이다. 애초 가짜 뉴스의 목적이 이처럼 지지자들을 결속하고 지지자들이 경쟁 진영과 다툼이 있을 때 논리적인 근거를 주는 데 있으니, 거창하게 논쟁을 하거나 공식적인 토론에 나설 이유가 없다.

또한 주장의 일부 근거가 사실과 부합하지 않는다고 밝혀지면 그것만 빼고 똑같은 주장을 반복하는 경향이 분명히 있다. 왜냐하면 그 정도 시간이면 소기의 목적은 이미 달성한 상태에서 작은 사실을 가지고 진실공방을 벌여봐야 얻을 것이 없기 때문에, '실수'였다고 오리발을 내밀면 그만이다.

이와 같은 가짜 뉴스의 특징을 통해 대응 방안을 고민해보자. 이렇듯 교활한 특징을 갖는 가짜 뉴스가 확산되는 상황에서 가장 먼저 무엇이 필요할까? 먼저, 가짜 뉴스가 유포되고 있는지조차 파악이 안 되는 깜깜한 정보력으로는 아무것도 할 수가 없다. 이와 같은 움직임이 바로바로 우리 캠프에 보고될 수 있는 정보 체계를 확립해야 한다. 두 종류의 정보원이 필요하다. 하나는 경쟁 조직과 비교적 자주 접촉하면서 가볍게 논쟁할 수 있는 조직원이고, 또 하나는 상대 조직과 우리 쪽이 모두 포섭 대상으로 삼는 관여자다. 조직원은 상대 조직에서 무슨 캠페인을 전개하는지를 공식적으로 확인하는 임무를 맡지만 포섭 대상은 상대 캠프가 어떤 방식으로 캠페인을 하고 어떤 주장을 내세우는지를 보여줌으로써 확인하는 역할을 한다.

이슈 수명 주기와 어젠다 세팅

그럼 가짜 뉴스가 확산되고 있는 상황이라면? 사실 관계에 대해 아주 빠른 속도로 진위 확인을 해야 한다. 그리고 조금이라도 진실이 아닌 사실을 유포한다면 법적인 조치를 취하겠다고 상대에게 알리고, 보유한 모든 채널을 통해서 진실이 아닌 허위 사실을 유포하고 있다는 점을 확산시켜야 한다. 다시 한번 강조하지만 우리 쪽에서 보유한 채널이 다양해야 한다. 지역 언론 기자들에게도 성명이나 논평으로 배부해야겠지만, 무엇보다 온라인 툴을 활용해서 확인된 내용을 직접 전파해야 한다.

그렇다면 온라인 툴로는 무엇이 가장 좋을까? 다른 툴이 많지만, 네이버 블로그는 반드시 활용해야 한다. 독자들 중에서는 네이버 블로그가 이미 페이스북이나 인스타그램 등 해외 브랜드 소셜 미디어 대비 영향력이 크게 줄었다고 보는 이들이 있을 것이다. 어쩌면 개인 사생활을 공유하는 목적으로 이제 블로그는 그다지 큰 매력이 없다. 블로거들 중에 사생활 이야기를 포스팅하는 이를 종종 볼 수 있는데, 이는 블로그의 신뢰성을 높여 검색에 유리하게 만들기 위한 나름의 검색 엔진 최적화SEO 관리 방법인 경우도 많다.

그럼에도 네이버 블로그를 최선의 대안으로 제시하는 이유가 있다. 첫째 검색 노출이 용이하다. 잘 만들어진 블로그는 검색 노출에 반응성이 좋다. 사용자들의 검색에 자신의 콘텐츠를 바로 보여줄 수 있는 툴은 블로그 외에는 별로 없다. 이게 가장 중요한 이유다. 둘째, 블로그의 콘텐츠를 타사이트에 공유하기 쉽다. 물론 다른 사이트의 콘텐츠도 공유하기 용이하지만, 블로그에 콘텐츠를 업로딩한 경우와 다른 콘텐츠를 링크로 공유한 것은 검색 노출 결과가 다르다. 셋째, 제한 없이 다양한 포맷의 많은 양을 업로딩할 수 있다. 넷째, 페이스북 등이 맞춤형 검색 결과 노출 등으로 사용자의 평소 콘텐츠 이용 경향에 맞게 보여주는 반면 블로그는 검색어에 충실하기 때문에 더 많이 보일 수 있다. 마지막으로 무료 웹사이트인 modoo.at과의 연동이 쉽다. modoo.at은 사이트 검색 최상단에 올라갈 수 있는 장점이 있다.

이와 같은 장점을 고려한다면, 네이버 블로그는 온라인 캠페인에 있어서 없어서는 안 될 중요한 툴이다. 언젠가는 네이버가 블로그 서비스를 중단할 수도 있겠지만 지금으로서는 블로그가 활용도 면에서 가장 좋다. 가짜 뉴스가 확산되고 있는 상황에서 방어 논리를 대량으로 전파하는 데 블로그는 기본이라고 볼 수 있다.

네거티브 이슈 수명 주기와 폭발력에 따른 대응 방안

어젠다 세팅과 가짜 뉴스, 그리고 그에 대한 대응을 살펴봤다면, 이제 다시 네거티브 이슈 수명 주기로 돌아가보자. 수명 주기 단계별로 네거티브 공방이 어떻게 전개되는지, 그에 따라 어떤 준비를 해야 하는지를 짧게 살펴보고자 한다.

고전적인 마케팅 개념에서 T.P.O는 시간Time, 장소Place, 상황Occasion을 의미하며 이는 각 상황에 맞는 다양한 방식의 마케팅 수단의 활용 중요성을 정리한 개념이라 할 수 있다. 선거 캠페인 상황에서 T.P.O는 다시 시간Time, 국면Phase, 상황Occasion으로 그 개념을 재구성할 수 있다. 앞서 기술한 내용이 공격과 방어의 일반적인 격언과 함께 이를 다시 공격과 방어의 기술로 정리했다면, 이슈 수명 주기에 시간과 국면 상황을 대입·적용할 경우 입체적이고 다각적인 차원에서 공격과 방어에 대한 개념이 잡히고 적용 가능성이 한층 더 풍부해질 것이다.

여기서 시간이라 함은 이슈 수명 주기상에서 해당 이슈의 발생 초기, 중기, 말기 등 물리적인 시간 진행을 의미한다. 국면은 해당 이슈가 어느 과정을 경과하고 있는가를 판단하는 개념이다. 즉, 이슈가 성장기인지, 성숙기인지, 쇠퇴기인지를 판단하는 것이다.

앞서 살펴본 이슈 수명 주기는 네거티브 이슈가 어느 상황에 있는지를 소셜 분석이나 여론조사를 통해 확인한 뒤 대응 전술을 마련하기 위한 모형이다. 네거티브 이슈가 등장했다고 해서 감정적으로 대응하거나 혹은 정형화된 대응 전술을 원칙 없이 적용해서는 안 될 것이다. 이슈 수명 주기상 어느 단계에 와 있는지 그리고 이슈의 폭발력은 어느 정도인지 등을 종합적으로 고려하여 대응 방향을 결정해야 한다.

먼저 72쪽의 이슈 폭발력에 따라 살펴보자. 가령 인지자가 얼마 되지 않지만 공감도는 높은 (나) 영역의 폭발력 잠재 이슈에 대해서는 우선적으로 사과 혹은 해명 등 정면 돌파를 고려해야 한다. 그러지 않고 진정성 없는 해명으로 대응한다면 이슈의 급속한 확산을 막기 어려울지 모른다. 그와 달리 인지 비율과는 무관하게 공감도나 신뢰도가 일정 수준을 넘지 못하는 (가) 영역의 소멸성 이슈는 모르쇠 전술이 유효할 수 있다. 자연 소멸 가능성을 엿보면서 이와 함께 신속히 대응 논리를 개발하는 것이 더 나은 방안일 수 있다.

비활성화 상황에 있는 (다) 영역의 이슈에 대해서는 분명 상대 진영에서 준비해놓은 추가적인 폭로가 나타날 수 있다. 그에 대비하여 상대방과 '동일시 전술' 혹은 '사소화 전술' 등을 마련해야 한다. 이것은 성숙기 이후 쇠퇴기에서 소멸이나 잠복기로 전환되는지 혹은 또 다른 폭로 등 새로운 정보에 의해 재성장 국면으로 진화하는지가 결정되는 상황에도 해당된다. 폭발 직전에 있는 (라) 영역에서는 적극적인 '물타기 전술'을 고려해야 한다. 물타기 소스는 미리 준비해놔야 하며 물타기 없이는 급격한 언급량 증가와 성숙기 진입을 막을 수 없다. 거의 삽시간에 (마) 영역으로 올라타서 일방적인 네거티브 공격에 노출될 것이다.

여기서 쉽게 적용하기 힘든 대응 방안이 '진실 규명'이라는 카드다. 진실 규명은 자칫하면 상대의 프레임을 더 강화할 우려가 있다.[19] 새로운 프레임을 제시할 수 없다면, 상대의 네거티브 공격 프레임을 강화시킬 우려가 있는 방어 전술은 도움이 안 된다.● 따라서 진실 규명이라는 카드는 상대 후보에 대한 동일시 전술 혹은 물타기를 통해 전혀 다른 네거티브 이슈를 제기하지 않은 상태에서 내놓았다가는 오히려 짧은 선거 운동 기간 내내 상대의 프레임 고착화를 돕는 우를 범할 수 있다.

● 과거 DJ는 색깔론에 대항하기 위해 "빨갱이가 아니다"라는 광고를 신문에 게재했지만 오히려 '빨갱이'라는 프레임을 강화했다.

그런데 문제는 이슈 수명 주기상 초반에는 인지 비율이 그다지 높지 않고 신뢰의 정도도 낮았는데, 갑자기 누군가의 양심 선언, 지인 폭로 등으로 이슈에 대한 신뢰도가 급격히 상승하는 것처럼 종잡을 수 없는 돌발 상황이다. 가장 대응하기 어려운 이와 같은 상황에서도 기본 전술은 물타기라고 볼 수 있다. 논란되는 이슈를 새로운 국면으로 전환시키도록 물타기에 나서지 않으면 상대가 제기한 이슈에 파묻혀 그대로 캠페인은 끝나버린다.

마지막 수단은 꼬리 자르기다. 꼬리를 자를 때는 제대로 잘라야 한다. 꼬리가 꼬리가 아닌 듯 보이는, 몸통 같은 꼬리를 잘라야 하는 게 기본인

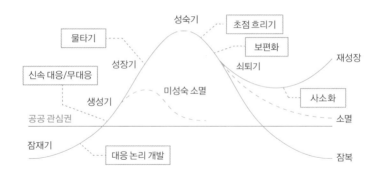

[그림 12] 네거티브 수명 주기에 따른 대응 방안

데, 대부분은 몸통을 그대로 놓고 깃털 뽑는 수준에 그친다. 몸통을 흔들 수 있을 정도로 굵은 꼬리를 과감히 자르는 모습을 보여줘야 한다.

앞선 논의를 이슈 수명 주기에 따라 보면 그림 12와 같다. 가장 중요한 시기는 언제일까? 당연히 잠재기다. 네거티브 공격에 대한 방어를 위한 크로스 미디어 전술은 성장기까지를 고려해서 마련해야겠으나, 무엇보다 검색량이 폭증하여 대중과 언론이 관심권으로 등장하기 전의 잠재기가 중요하다. 이때 관심권으로 등장하는 시점도 중요하겠지만 이슈를 구성하는 여러 정보나 일화들이 어떤 매체를 통해서 확산되고 전파되는지가 중요한 문제다. 그다음 성숙기까지 가는 성장기에 있어서는 어떤 정보를 어떤 순서에 맞게 유권자 대중에서 제공할 것인지에 관심을 가질 필요가 있다. 마지막으로 쇠퇴기에 접어드는 이슈가 어떤 요인에 의해 재생성 혹은 소멸, 잠복될 수 있는지를 생각해보는 것도 중요하다.

잠재기에는 매체가 중요한데, 성장기에는 정보의 순서에 더 민감해야 한다는 것은 잠재기에 가짜 뉴스나 작은 인터넷 매체를 통해 기사화되고, 그 기사가 다시 소셜 미디어를 통해 전파되고, 그 이후 검색량이 늘어서 대중적 공공 관심권으로 떠오른다는 사실을 생각해보면 작지만 정치색이 뚜렷한 매체들을 꾸준히 모니터링하고 대응해야 한다는 의미가 된다. 그런데 성장기로 접어들어 기성 언론사에서 다루기 시작하면 그때부터는 사실과 의혹이 구별되어 기사화되면서 움직일 수 없는 사실이 우선적으로 확산되기 시작할 것이다. 사실에 뒤따르는 의혹은 이제 진실 규명이라는 차원에서 이슈의 언급량을 더욱 확대시키게 된다. 따라서 어떤 정보가 확산되는지도 관심을 가져야 한다는 의미다.

위의 이슈 수명 주기에 따른 대응 방안을 보면 '물타기'가 유독 많이 등장한다. 네거티브 공격에 대한 방어의 기본은 물타기다. 가령 정치권에서 권력을 쥐고 있는 여당이나 고위 공직자의 비리 혐의 등이 등장하면 연이어 어디선가 연예계 핫이슈가 나타나서 여론이 관심을 분산시킨다. 이런 고전적인 물타기가 '초점 흐리기'에 해당된다면, 선거 캠페인에서는 상대 후보와 '동일시'할 수 있는 이슈를 만들어 물타기를 하는 것이 더 효과적일 수 있겠다.

경쟁관계에 있는 후보 혹은 인물에 대해 완전 동일한 네거티브 이슈가 과연 발생할 수 있을지에 대해 의아하게 생각될 수 있다. 당연히 초등학교 반장 선거도 아니고 서로 다른 인생을 살아온 두 인물에 대한 네거티브 이슈가 같기는 어렵다. 2007년 대선 당시 이명박 후보에 대한 네거티브와 정동영 후보에 대한 네거티브 모두 가족과 관련되었다는 점에서는 공통적일지라도 그 내용과 성격은 완전히 달랐던 것을 상기해보면 명확하다.

그런데 2016년 상반기에, 대선 주자로 물망에 오를 현 광역단체장 중 누군가의 친인척이 중국에서 마약을 소지한 혐의로 체포되어 10년을 복역하고 귀국을 앞두고 있다는 채널A의 보도가 있었다. 검색해보니 실제 야권 내 주요 대선 주자로 언급되는 단체장과 관련이 있었다. 마약이라는 이슈는 정치인에게 매우 치명적이다. 그렇다면 여권의 정치 공세는 어땠을까? 의외로 아무 반응이 없었다. 왜일까? 그 이슈가 등장하기 전에 여권 핵심 인물의 자녀가 연루된 마약 사건이 크게 보도됐기 때문일 것이다. 마약 관련 이슈를 제기할 상황이 아니었던 것이다. 오히려 여권에서 마약 이슈를 잠재우기 위해 물타기를 했다는 해석도 가능하다. 야권에서 마약 이슈를 더 강하게 제기할 동력과 의욕을 저하시킬 목적으로 유포했을지도 모를 일이다.

이제 이슈 수명 주기와 어젠다 세팅에 대한 논의를 마무리하고 본격적으로 네거티브 공방의 원칙과 기술에 대해 좀더 구체적으로 살펴보자.

네거티브 운용의 묘미,
'뒷맛'

　바둑 격언에 이런 말이 있다. '고수는 뒷맛을 아껴서 지고, 하수는 뒷맛을 없애서 진다.' 보통 패敗가 발생한 상황에서 이 격언이 자주 등장한다. 혹은 공격 의도 표출, 다음 국면을 어떻게 생각하느냐에도 이 격언이 등장한다. 즉 부분적인 상황과 전체 국면, 지금의 한 수가 어떤 작용을 하는가의 흐름에 관한 문제라 할 수 있다.

　이 바둑 격언을 선거 캠페인 상황에 대입해 풀자면 '고수는 여지를 아껴서 지고, 하수는 여지를 없애서 진다'고 할 수 있다. 무슨 뜻일까? 어떤 이슈, 특히 선거 전체를 흔드는 파급력이 큰 이슈(대부분 네거티브 소재)가 발생할 때 그것을 활용하려는 의도를 가진 쪽의 착수와 상대의 응수, 그것을 바라보고 평가하는 수용자(유권자)의 평가는 분절적 흐름의 양상을 띤다. 한쪽에서 어떤 이슈나 문제를 선드리고 제기했을 때 상대 쪽에서 어떻게 응하느냐, 혹은 어떤 수준까지 드라이브를 거느냐에 따라 파장의 폭과 길이는 달리 나타난다. 즉, 상대의 응수 정도와 수용자(유권자)들의 참여 및 관심 정도에 따라 이슈, 특히 네거티브 이슈의 영향력은 달리 나타나며 당연히 그 효과도 다를 수밖에 없다. 서로가 샅바 잡고 세게 맞붙으며, 당 안팎에서 화력이 붙고, 매스미디어가 기사를 생산하고, 유권자들이 소셜 미디어 등에서 논박을 벌이면 이른바 '바람風'이 된다. 일단 바람이 불면 사생결단 모드가 된다. 시쳇말로 개가 바지를 물었을 때, 바지가 찢어지든지 개 이빨이 나가든지 둘 중 하나가 될 수밖에 없는 것처럼.

앞서 언급했듯이 고수는 뒷맛과 여지를 둔다. 하수는 두지 않는다. 고수는 상대가 생각할 시간적·해석적 여지를 남겨둔다. 즉, 이슈의 사실관계와 의미만 던져주고 스스로 자가발전할 '뒷맛'을 남겨둔다. 반면 하수는 자기가 다 분석하고, 의미를 부여하고 해석을 강요한다. 수용자(유권자)들이 개입할 '뒷맛'을 남겨두지 않는다. 이는 달리 표현하면 고강도 대응만이 아니라 때로는 저강도 대응도 유용하다는 의미다. 선거 캠페인의 실제 사례에서 이 격언은 어떻게 나타났는지 살펴보자.

"박근혜 후보님 떨어뜨리려고 나왔어요."

2012년 대선은 1987년 이후 벌어진 역대 대통령 선거 중 처음으로 두 거대 정당의 후보가 맞붙은 선거였다. 이전까지는 다자 구도 혹은 제3의 후보가 다크호스로 등장했기에 진정한 의미에서 두 거대 정당 후보의 맞대결은 사실상 처음이었다.● 여론조사 추이를 보면 새누리당

● 물론 통합진보당의 이정희 후보도 등록했고, 관련 선거법에 의거해서 텔레비전 토론회에도 참석했다. 하지만 투표 직전 사퇴했기에 '맞대결'이라고 해도 좋을 것이다.

박근혜 후보가 통합민주당 후보를 오차 범위 내에서 앞서는 것으로 나왔으며, 선거 전망은 말 그대로 '시계 제로'였다. 관심사는 과연 통합진보당 이정희 후보가 완주할지, 완주하지 않는다면 어느 후보에게 득실이 생길지에 모아졌다. 여론조사 결과나 지지층의 정서를 고려했을 때 이정희 후보가 사퇴한다면 문재인 후보에게 표가 모아지리라는 것이 대체적인 전망이었다.

공식 선거운동이 시작되고, 투표일에 임박해서는 여야를 막론하고 '창고 대방출' 수준의 네거티브가 각 언론 매체 및 인터넷과 소셜 미디어 상에서 횡행했다. 텔레비전 토론회에서 각 후보 간에 어떤 공방이 벌어질 것인가가 초미의 관심사가 된 것은 당연한 수순이었다.

드디어 12월 4일 첫 번째 텔레비전 토론회가 시작되었다. 대중과 언론의 관심은 통합진보당 이정희 후보의 '입'에 모아졌다. 양 정당의 후보에 비해 언론 노출 기회가 상대적으로 적었던 이정희 후보 입장에서는 텔레비전 토론회에서 무언가를 보여주어야 했고, 또 텔레비전 토론에 가용한 역량을 집중한 것도 사실이다. 모든 언론에서 이정희 후보가 박근혜 후보를 겨냥한 '저격수' 역할을 할 것이라 전망했다. 실제 첫 번째 텔레비전 토론 내내 이정희 후보는 박근혜 후보를 향해 과거사 문제 등 집요하리만큼 날카로운 공격을 가했다. 박근혜 후보 측도 "사퇴한다면 국고보조금을 물어내야 하는 것 아니냐?"며 이른바 '먹튀' 논쟁으로 맞받아쳤다. 두 후보 간의 치열한 공방 속에 제1야당 문재인 후보의 존재감은 미약해 보였다. 이윽고 한국 선거 역사에 기록될, 어쩌면 세계 선거사에 올려노 손색없을 말이 이성희 후보 입에서 나왔다. "박근혜 후보님 떨어뜨리기 위해" 이 자리에 나왔으며, 더군다나 "기필코 박근혜 후보를 떨어뜨리겠다"고 재차 강조하기까지 했다. 이 말이 나오자 문재인 후보 지지층에서는 표정이 어두워지면서 장탄식이 쏟아졌고, 반면 박근혜 후보 지지층에서는 통합진보당에 '초심 잃지 말고 끝까지 분전해줄 것'을 격려하는 전화라도 해야 되는 것 아니냐는 우스갯소리가 나왔다. 팽팽한 각축전을 벌였던 레이스가 이 대목에서 결과를 가르는 분기점이 되었다. ●

다음은 이 사건과 관련된 구절이다.

● 2012년 12월 21일 리얼미터의 "18대 대선 투표 이유" 여론조사 결과를 보면 여러 이슈 가운데 '이정희 후보의 공격적인 토론 태도' 때문에 전체 응답자 중 31.0퍼센트가 투표했다고 응답했다. 연령별로는 50대 유권자의 38.2퍼센트, 60대 이상 유권자의 42.7퍼센트에 해당되는 것으로 나타났다. 대선 투표 후보별로 살펴보면 박근혜 후보 지지자의 42.1퍼센트가 '이정희 후보의 공격적인 토론 태도' 때문에 박근혜 후보를 지지했다고 응답했다. 반면, 문재인 후보 지지자는 18.2퍼센트에 그쳤다. 문재인 후보 지지자의 38.4퍼센트는 '초박빙 여론조사에 의한 정권교체 위기의식' 때문이라고 응답했다. 이에 대한 박근혜 후보 지지자의 응답은 18.5퍼센트로 나타났다.

"분명한 것은 이정희가 박근혜에 대한 분노, 증오심으로 이를 가는 사람들에게 카타르시스를 주었고, 역사 지식이 거의 제로인 20대 일부에게 과거사 공부를 좀 시켰을지 모르지만, 기본적으로 민주 진보에 대한 공포와 혐오감을 불러일으키는 데 혁혁한 공을 세웠다. 이정희의 품격은커녕 최소한의 예의도 없는 망동으로 인해 문재인 후보는 선뜻 야권 연대의 손을 내밀지 못하고, 보수 지지층은 '저런 놈들이 설치는 것을 막기 위해서 아무리 박근혜가 미워도 찍어줘야겠다'는 마음을 굳히는 데 혁혁한 공을 세웠다."[20]

필자는 다른 견지에서 이 '사건'을 보고 싶다. 혹은 상상해본다. 만약 이정희 후보가 지나치게 날카롭게 들이대지 않고 감성적으로 임했다면, 혹은 공격에만 충실(?)했더라면, 문재인 후보가 '이게 무슨 말이냐'며 오히려 호통치고 나왔더라면, 그날의 텔레비전 토론 평가뿐만 아니라 대선 결과도 달라지지 않았을까 하는 것이다.

결론적으로 말하면 이정희 후보 측에서는 '뒷맛'을 남겨두지 않았다. '뒷맛'의 여지는 때로는 강한 울림을 주고, 더 큰 효과를 발휘하기도 한다. 여지라 함은 유권자들이 알아서 '자가발전'하는 공간이다. 박근혜 '한계론' '불가론'을 제기하는 것만으로 이정희 후보의 역할은 충분했을 것이다. 하지만 이정희 후보 캠프 측에서는 세게 치받는 것이 전략적으로 더 낫다고 판단했을지 모른다. 그리하여 '뒷맛'을 없앴다. 그것도 썰렁함을 넘어 싸늘하게. 그러니 이정희는 바로 '뒷맛'을 없애서 진 경우라 할 수 있다.

세상사 작용이 있으면 반작용도 있다. 작용은 자기 마음이지만, 반작용은 다른 사람의 몫이다. 때로는 그냥 놔두는 것이 더 효과적이다. 이 문제는 결코 정치공학적 접근이 아니다. 선거를 지켜보고, 고민하는 유권자들의 감수성도 고려하지 않은 처사다. 더 나아가 정당과 후보, 선거의 존재 이유와 가치를 희화화한 것에 다름 아니다. 이 사례가 그에 해당된다.

언제나 반전은 있다
- 2002년 국민참여경선제

2002년 새천년민주당의 대통령 후보 경선은 여러모로 화제를 많이 만들어냈다. 그중에서도 '국민참여경선'은 그 자체로 신선함과 충격을 주었다. 주말마다 벌어진 개표 상황은 정규 방송을 중단하고 생중계를 할 정도로 국민적 관심을 끌어냈다. 한마디로 흥행에 성공했다.

2001년 집권 후반으로 들어서면서 각종 비리와 게이트 등으로 홍역을 치렀던 새천년민주당은 정당 지지도에서 야당인 한나라당에 10퍼센트포인트 차이로 뒤처져 있었다.(2001년 12월 11일자 중앙일보 조사에 따르면 한나라당은 30.1퍼센트, 새천년민주당은 22.1퍼센트, 12월 31일자 조선일보 조사에 따르면 한나라당은 33.0퍼센트, 새천년민주당은 23.0퍼센트로 각각 나타났다.) 후보 조사로 들어가면 그 차이는 훨씬 더 벌어졌다. 이회창은 50퍼센트 선을 꾸준히 보였다.(2001년 12월 7일자 국민일보 조사에 따르면 이회창은 55.3퍼센트, 11일자 중앙일보 조사에서는 52.3퍼센트, 12월 27일 MBC 조사에서는 46.5퍼센트를 보였다.) 새천년민주당 후보 누구와 붙어도 이회창이 많게는 20퍼센트포인트에서 적어도 10퍼센트포인트 차이를 보이는 것으로 나타났다. 그나마 가장 근접하게 추격하는 후보는 이인제였다.

새천년민주당은 2001년 12월 5일 국민이 직접 참여하여 후보를 뽑는 방안으로 대선 후보 경선을 치르기로 한 합의 내용을 발표한다. 며칠 후인 12월 10일 노무현 고문이 대선 출마를 공식 선언했다. 제일 발빠른 행보였다. 이듬해인 2002년 1월 7일 당무회의에서 전당대회 일정 및 7만 명 규모의 국민 경선 방식이 확정 발표되자 1월 17일 정동영 의원, 1월 20일 이인제 고문, 2월 7일 한화갑 고문 등이 경선 출마를 공식 선언했다.

이윽고 3월 9일 제주를 시작으로 '국민참여경선' 레이스가 시작되었다. 제주에서는 한화갑이 26.1퍼센트로 1위, 이인제는 25.6퍼센트로 2위를 차지했다. 이튿날인 3월 10일 울산에서는 노무현이 29.4퍼센트로 1위, 김중권이 27.8퍼센트로 2위, 이인제가 21.9퍼센트로 3위를 차지했다. 모든 후보의 관심은 다음 주인 3월 16일에 있을 광주 경선에 모아졌다. 아무래도 광주 결과는 새천년민주당 당원은 물론 지지층과 경선인단 모두에게 던지는 상징성과 파급력이 그만큼 크기 때문이었다. 광주 경선 결과 영남 출신 노무현이 37.9퍼센트로 1위를 차지하는 '이변'이 발생했다. 이른바 가능성으로만 회자되었던 '노풍'이 현실로 나타난 순간이었다. 그다음 일정의 모든 관심사는 '노풍'의 지속 가능성에 모아졌다.

노무현의 승리 원인에는 여러 가지가 있다. 그중 하나는 생경하게만 느껴졌던 국민참여경선이라는 개념을 정확히 이해했고, 그에 걸맞은 준비와 활동을 했다는 것이다. 다른 후보들이 여의도 및 유력 정치인들과의 관계에 집중하는 동안 노무현은 '노사모'와 인터넷을 중심으로 선거 인단을 조직하고, 참여하는 방안을 가장 먼저 그리고 정확하게 했다. 과거 병서에서도 상황은 변하며, 그에 따라 대응 방식도 달라져야 한다고 주문하고 있다. "그러므로 한 번 승전을 거둔 방법은 되풀이하지 않으며, 때와 장소에 따라 응전하는 형태는 무궁무진하다"[21]는 것이 그 구절이다. 즉, 전쟁에서는 창의적이고 혁신적인 노력과 방안이 필요하다는 것이다. 과거의 승리 방식이 지금도 적용되는지 면밀히 검토해야 한다는 말이기도 하다. 노무현 캠프에서는 '국민참여경선'이라는 바뀐 룰을 면밀히 검토했고 그에 상응하는 대응 전략을 마련했다. 반면, 상대 후보들은 여전히 과거의 방식으로 싸웠다. 혁신적 사고, 사고의 혁신이 승패를 갈랐다는 의미로 해석할 수 있다. "무릇 용병에는 영원히 고정된 방식이 없다"[22]는 구절은 캠프 참모나 컨설턴트들이 명심할 대목이다. 예전에 다른 지역에서는 그것이 효과를 봤을지 몰라도 지금, 이곳의 선거는 다를 수 있음을 알아야 한다. 혁신은 자기 부정에서 나온다.

다음으로 빨랐다는 점을 들 수 있다. 다음은 『손자병법』에서 이야기하는 속도의 중요성과 관련된 구절이다. "용병의 기본 이치는 속도를 가장 주요하게 여긴다. 이는 적이 미처 대비하지 못하는 빈틈을 노리고, 적이 예상하지 못한 길로 진격하고, 적이 전혀 경계하지 않는 곳을 치는 것이다."[23] 노무현은 가장 빠르게 경선을 준비했다. 물론 출발선에서 빨리 뛴다고 결승선에 먼저 들어오는 것은 아니다. 단거리 달리기에서는 빠른 출발이 매우 중요하지만 장거리 레이스에서는 출발보다 페이스 유지 등 체력이나 레이스 운용 등의 관리가 더 중요하다. 위의 일지에서 보듯이 노무현은 경선안이 합의되자마자 바로 출마를 선언했다. 공식화되기도

전이었다. 다른 후보들이 경선안이 공식적으로 통과되자 출마 선언을 한 것과는 대조적이다. 당내 기반이 약했던 노무현으로서는 국민참여경선제를 통한 대국민 직접 접촉에 승부를 걸 수밖에 없었고, 자금과 조직의 열세는 시간을 통해 극복해야 하는 처지였다. 노무현에게 속도는 열악한 상황에서 오는 피치 못할 사정이자, 동시에 공격적으로 주도권을 잡기 위한 전략적 선택이었다. 누군가에게는 '이삭 줍기'로 비춰졌을지 모르겠지만 노무현에게는 유일한 방법이었다. 그렇기에 하루가 천릿길이었고, 하루가 천만금이었다. 속도의 중요성을 인지해서 그런지, 아니면 어쩔 수 없었던 것인지 모르겠지만, 중요한 점은 속도가 빨랐다는 것이고, 그것이 위력을 발휘했다는 점이다.

마지막으로 여론조사 덕도 있었다. 광주 경선을 사흘 앞둔 3월 13일 문화일보와 SBS가 공동으로 실시한 조사에서 노무현과 이회창이 양자 대결을 벌일 경우 노무현이 41.7퍼센트로, 40.6퍼센트 지지율의 이회창을 앞서는 것으로 조사되었다. 대선 주자 지지도 여론조사에서 이회창이 민주당 후보에 뒤처지는 결과가 나온 것은 대선 구도가 형성된 이후 처음 있는 일이었다. 보통의 여론조사는 말 그대로 여론을 조사하지만 때로는 조사 결과 자체가 '꼬리가 몸통을 흔드는wag the dog' 현상으로 이어지곤 한다. 광주 경선을 앞두고 발표된 여론조사가 이와 관련된 대표적인 예라 할 수 있다.

타이밍도 놓치고, 분위기 파악도 못 하고

나름 근거 있는 '대세' 분위기에 젖어 있던 이인제 측에서는 초반 레이스가 심상찮음을 느끼고 노무현에 대한 반격을 가하기 시작했다. 광주에서의 이변 이후 대전과 충청권에서 저력을 확인한 이인제에게는 4월 5일에 있을 대구 경선이 향후 전체 국면을 가름할 분기점이었다. 여기서 무너지면 더 이상 물러날 곳도 없다. 광주발 노풍은 여론조사에서도 이회창을 따라잡는 것으로 나타나자(2002년 4월 1일자 동아일보 조사에 따르면 이회창은 33.9퍼센트, 노무현은 38.9퍼센트, 정몽준은 10.1퍼센트) 강력하게 국민경선판을 흔들고 있었다. 이제 노풍은 특정인과 특정 지역을 넘어선 전국적인 바람으로 세를 떨쳤다.

이인제는 대구 경선을 이틀 앞둔 4월 3일 대구에서 기자회견을 갖고 주한미군 철수, 건국 관련 역사관 등 사상과 관련된 공세를 퍼부으며 노무현에게 해명을 요구했다. 이에 앞서 이인제 측에서는 언론 보도 내용을 근거로 노무현의 장인이 한국전쟁 당시 부역 혐의로 형을 살다 교도소에서 옥사한 사실을 언론에 거론했다. 이른바 '장인 부역설'이다. 한편 이인제는 자신이 제기하는 문제가 결코 과거의 구태의연한 '색깔론'이 아니라 대통령으로서 가져야 할 가치관과 역사관의 문제라고 주장했다.

국민경선 대구대회에서 장인의 좌익 경력을 공격하는 이인제에게 노무현은 "평생 가슴에 한恨을 묻고 살아온 아내가 또다시 눈물을 흘려야 합니까?" "대통령이 되겠다고 아내를 버리라는 말이냐. 그런 아내를 가진 사람은 대통령 자격이 없다고 한다면 후보를 그만두겠다"라고 맞받아쳤다. '노무현식' 정면 돌파를 한 것이다. 자신과 관계없는 처가 쪽 일이라거나, 잘 몰랐다는 식의 군색한 변명을 하지 않았다. 과거사와 가족에 대한 문제 제기의 외피를 쓴 이념 공세를 가족과 아내라는 감성적 접근을 통해 풀어냈다. 이날 경선 결과 노무현은 실질적으로 1위를 확정지었다. 게다가 '훈남' 이미지까지 덤으로 얹혀졌다.

이인제의 네거티브는 두 가지 측면에서 실수를 했다고 평가할 수 있다.

우선 '시기'를 잘못 잡았다. 상대 후보가 급상승 중인 상황에서 네거티브 메시지는 오히려 상대의 기세를 더 올려준다. 분명히 악재이지만 그 자체도 열세 후보가 상처 내려는 의도인 것으로 대중에게 각인되면 호재로 둔갑한다. 기왕지사 네거티브를 하려면 초반에 하는 것이 옳았다. 이는 상황 파악을 제대로 하지 못했다는 의미다. 병서에 '경적필패輕敵必敗'라는 말이 있다. 상대를 얕잡아보면 진다는 의미다. 이인제는 노무현을 얕잡아봤다. 조짐이 드러나기 전에 꺾어야 한다는 평범한 진리를 어겼다. 광주 결과는 그 조짐이 드러난 결과에 다름 아니다. 일단 한번 드러나면 지지도의 속성상 무섭게 확장된다. 그리고 조정 국면을 맞는다. 이인제는 조정 국면도 아닌, 시작점도 아닌 어정쩡한 상황에서 그 소재를 활용했다. 무엇을 찌르는가도 중요하지만 언제 찌르는가도 중요하다.

또 하나는 정서를 파악하지 못했다는 점이다. 더 정확하게는 그 조직의 정체성과 집단적 경험 및 인식을 제대로 파악하지 못했다고 할 수 있다. 비록 2001년 잇단 비리와 게이트로 김대중이 탈당했지만 새천년민주당은 김대중의 영향을 완전히 배제할 수 없었다. 김대중은 오랫동안 이념과 관련된 네거티브 공세에 시달렸다. 비록 그 당시는 집권당이었지만 김대중과 새천년민주당의 지지층은 이념 문제에 대해서는 '학을 뗄' 정도로 민감했다. 적어도 자기 당과 자기 후보에 대해서는 그런 유의 문제 제기와 캠페인 방식을 단호히 거부하는 바탕 정서가 깊숙이 깔려 있었다. 이인제의 문제 제기는 노무현을 겨냥했지만 그 파장은 새천년민주당 당원과 지지층, 국민참여경선인단 모두에게 미쳤다. 그것도 그 내부에서는 금기시된 이념 문제를 가지고. 분위기 파악을 못 한 탓이다. 그동안 이회창을 잡을 대항마로서 우호적으로 봤던 시각마저도 싸늘하게 변하게 만들었다. 제아무리 경쟁력이 있더라도 정서가 맞지 않는 정체성이 모호한 후보를 지지할 수는 없다는 것이 보편적인 기류이기 때문이다.

4월 5일 대구지역 경선에서 노무현은 사실상 1위를 확정하게 된다. 결국 이 바람을 이기지 못하고 열흘 후인 4월 17일 이인제는 후보 사퇴 선언을 하게 된다. 대세론이 사라지는 순간이었다.

네거티브 공방의 원칙

공방의 속성

전쟁은 칼과 칼, 창과 창이 맞붙는 현장이다. 선거는 말과 말, 글과 글, 이미지와 이미지가 맞붙는 현장이다. 누군가가 치고 나오면 맞은편에서는 대응을 한다. 상대가 정책을 갖고 나오면 우리에게는 대책이 있어야 한다. 착수가 있으면 응수가 있듯이 공격이 있으면 방어가 있다.

네거티브 캠페인 상황을 가정해보자. 내가 준비한 내용을 펼치는 것은 공격이다. 거꾸로 상대가 펼친 내용에 대응하는 것이 방어다. 작용이 있으면 반작용이 있듯이 공격과 방어는 상대적 모순관계라 할 수 있다. 병서에서는 이에 대한 개념과 그 중요성에 대해 "공수는 원래 하나이지 둘이 아니다. 공수를 하나로 운용하는 자는 백전백승을 거둔다"[24]고 지적한다. 이항 대립적인 두 성격을 통일적으로 본 사고와 그것의 변증법적

인식 과정을 거쳐 한 단계 높은 수준으로 발전하면 '백전백승'까지 간다는 말은 그만큼 공격과 방어의 본질 및 속성에 대해 정밀한 이해가 필요함을 강조한 것이라 할 수 있다.

부연하면 "공격은 방어의 기틀이고, 방어는 공격을 위한 계책이다. 양자의 목적은 전쟁에서 승리를 얻기 위함일 뿐이다. 공격하면서 방어의 이치를 모르고 방어하면서 공격의 이치를 모르면 이는 공수를 둘로 쪼개는 차원을 넘어 공격과 수비를 따로 실행하게 만드는 결과를 낳는다"[25]는 말에서 공격과 방어의 원칙 및 궁극적인 목적에 대해 다시 정확한 개념 정립을 할 필요가 있다.

이것을 네거티브 캠페인 상황에 적용하면 다음과 같이 말할 수 있다. "방어하는 것은 내가 지지도에서 앞서나가기 때문이고, 공격하는 것은 내가 지지도에서 뒤처지기 때문이다." 물론 앞서는 후보가 끝까지 공격적일 때도 있다. 이때도 앞서가는 후보는 이른바 '공격으로 방어以攻爲守'한다는 의미로 봐야 한다. 즉 겉은 공격이지만 '방어'에 초점을 맞춰야 한다는 것이다. 또한 당선(승리) 자체에 목적이 있는 것이 아니라, 특정 이슈에 대한 논란을 차제에 차단하여 선거 이후에도 그 이슈를 무난히 끌고 가겠다는 의미도 있다.

열세에 있는 후보가 방어적으로 나서는 경우는 드물다. 이따금 열세에 있는 후보가 방어적으로 나오는 것은 크게 후보의 성정 문제, 당선에 목적을 두지 않는 경우, 상황 자체를 완전 오판하는 경우 등으로 볼 수 있다.

그러면 병서에서는 공격의 방어 대상과 궁극적인 목적을 무엇으로 보고 있을까? 『당리문대』에서는 다음과 같이 말한다. "무릇 공격은 적의

성이나 진영을 공격하는 데 그치는 것이 아니다. 반드시 적의 마음을 공격하는 공심의 전술이 있다. 방어는 성벽을 온전히 하고 진영을 굳게 하는 데 그치는 것이 아니다. 반드시 아군의 왕성한 사기를 유지하는 수기의 자세로 때가 오기를 기다려야 한다."[26] 이는 손무가 이야기한 "적과 싸울 때는 적병의 사기를 꺾고, 적장의 심지를 뒤흔들 수 있어야 한다. 적의 마음을 빼앗는 것이 관건"[27]이라는 지적과 그 맥을 같이한다. 즉, 공격과 방어는 창칼이 마주치는 유혈전이 아니라 고도의 심리전이라는 것이다. 실로 전쟁을 쟁도爭道나 전도戰道가 아닌 그보다 차원이 높은 병도兵道에서 파악하고 그 궁극적인 목적까지 아우른 고견이다.

이는 현대 선거 캠페인 상황에서 후보는 물론 기획자나 조직 책임자, 커뮤니케이션 담당자들이 새겨들어야 할 대목이다. 당장의 싸움에서 부분적으로 상대보다 우세하거나 국지적 승리를 거두었다고 좋아할 일이 아니다. 명분에 충실하고 대의에 부합하지 않는다면 그 승리는 오히려 부메랑이 되어서 돌아올 수 있다는 뜻이다. 전쟁도 마찬가지지만 선거도 그것을 지켜보는 많은 사람이 있고, 그것이 미치는 파장까지 고려하지 않은 채 당면 전투에 매몰되어서 부정적인 평가를 얻는다면 이기고도 지는 꼴이다. 반드시 부분과 전체, 미칠 영향의 연결 고리까지 같이 파악해야 한다.

특히 선거 캠페인을 펼칠 때 국면 전환을 위해서 혹은 특정 지역이나 계층을 공략하기 위해 생각 없이 던진 말이 상황을 더 꼬이게 만들기도 한다. 누군가의 충고대로 '동부 지역에서 한 말을 서부 지역에서도 듣고 있음을 명심'해야 한다.[28] 특히 누구나 실시간으로 정보를 주고받는 소셜 미디어 시대에는 더욱 주의해야 한다는 것은 특별한 이야기도 아니다.

네거티브 공방의 원칙

공방의 원칙

앞서 공격과 방어의 의미 그리고 속성을 이야기했다면 이제 효과적인 공격과 방어를 위한 원칙 및 주의 사항에 대해서 논하고자 한다. 선거 캠페인 사례를 정리한 글과, 병서에서 공통적이고 일관되게 이야기하는 공격 및 방어의 원칙이 있다.

먼저 공격과 관련된 원칙이다.

우선 상대의 약한 곳을 칠 때 공격의 효과가 크다. 다음으로 은밀하게 칠 때 효과가 크다. 마지막으로 상대의 생각이 미치지 못한 곳을 칠 때 효과가 크다.

먼저 상대의 약한 곳을 치라는 원칙과 관련된 내용이다. 『손자병법』의 "공격할 때 반드시 빼앗는 것은 적이 방비가 허술한 곳을 치기 때문이다. 수비할 때 방어가 견고한 것은 적이 공략할 수 없는 곳을 지키기 때문이다"[29]라는 구절은 공격과 방어의 상대성을 명료하게 설명한다. 강약과 허실은 상대적인 개념이다. 내가 상대보다 강하면 강한 것이다. 선거 캠페인에서도 마찬가지다. 내가 보여주고 싶은 대목이 아니라 상대 후보와의 비교 우위 지점을 발견하여 그것을 지속적으로 이야기하는 것이 메시지 작성의 첫 번째 원칙이다.

다음으로 은밀하게 치라는 것이다. "아군이 진공하고자 하는 곳을 적이 모르게 해야 한다. 적이 이를 모르면 방비해야 할 곳이 많아진다."[30] 이는 보안과도 관련이 있다. 약한 곳과 의도하지 않은 곳은 다르다. 선거 캠페인에서도 마찬가지다. 전혀 조짐이나 낌새가 없었는데 어느 순간 특정 조직이나 지역이 상대 진영에 우호적으로 변했을 때, 더군다나 그 조직과 지역이 오랫동안 우호적인 관계를 맺어왔고 자신의 장부에 'X'가 아닌 'O'로 분류된 곳이라면 그 상처는 크게 다가온다. 앞서 언급했듯 병서에 "전쟁은 속임수"라는 구절이 있다. 당하고 나서 원통해할 일이 아니다. 따지고 보면 그 원인도 대부분 자기가 제공한 경우가 많다.

마지막으로, 상대가 생각하지 못한 때나 장소를 치라는 것이다. 즉, "공격할 때는 상대의 의표를 찔러야 한다."[31] 특히 적은 병력으로 큰 병력을 상대할 때 이는 더 효과적이다. 『오자병법』에서는 이와 관련하여 "열세일 때는 병력을 집중시켜 적을 급습한다. 쉬지 않고 적의 의표를 찌르면서 여유를 주지 않으면 적에게 아무리 병력이 많을지라도 능히 굴복시킬 수 있다"[32]며 그 이유와 효과까지 명쾌하게 설명하고 있다. 이는 전형적인 게릴라식 전법이다. 선거 캠페인에서도 이 전법은 매우 유용하다. 약세 계층이나 지역에서 네거티브 캠페인을 진행할 때 전형적으로 게릴라식 전법을 쓴다. 특히 저강도 공격을 할 때 유용하다. 물증 잡기도 힘들고, 잡아서 판을 키우자니 상대의 프레임에 걸릴 부담감도 있다.

다음은 방어와 관련된 원칙이다.

우선 자신의 강점과 이점을 유지하라는 것이다. 『울요자』에서는 "무릇 방어 작전의 요체는 지형의 이점을 상실하지 않는 데 있다"[33]고 했다. 전적으로 타당하다. 선거 캠페인에서도 이 원칙은 그대로 적용할 수 있다. 상대가 도발한다고 다 응해서는 안 된다. 묻는다고 모두 답할 필요는 없다. 선거판에 "지지 기반을 먼저 방어하라"[34]는 격언이 있다. 전쟁도 그렇지만 선거 캠페인도 항상 방어를 먼저 하고 공격은 나중에 해야 함을 시적하고 있나.

다음으로 공격과 마찬가지로 방어에도 보안이 필요하다는 것이다.

"우리의 공수에 관한 계책을 도무지 알아챌 수 없게 해야 한다. 예로부터 용병에 능한 자는 먼저 적으로 하여금 아군의 움직임과 속셈을 알아채지 못하게 만들었다. 이는 적이 노리는 바를 어긋나도록 만드는 방안이다."[35] 방어만 잘해도 상대 전력을 효과적으로 분쇄할 수 있다. 선거 캠페인에서도 마찬가지다. 실체 없는 유령과 싸우도록 해야 한다. 방어란 직접 마주하는 유혈전, 난타전이 아니며 적의 초점과 화력을 엉뚱하게 사용하게 하는 것이 최고의 방어라 할 수 있다. 그런 의미에서 "전쟁은 상대를 속이는 것"이라는 말이 나왔을 터이다. 더 나아가 "온갖 수단을 다해 적의 실수를 유인하는 전술"[36]을 전쟁에서 최고 기술로 꼽는다. 방어의 묘미는 또 다른 역습에 있다. 장군이 있으면 멍군도 있다.

공격과 방어의 원칙은 다음과 같이 정리할 수 있다. "공격을 잘하는 자는 적이 어디를 방어해야 좋을지 모르게 만들고, 수비를 잘하는 자는 적이 어디를 공격해야 좋을지 모르게 만든다."[37] 공격이든 방어든 그 속성은 상대와의 머리싸움, 수 싸움, 정보전과 심리전, 보안전에 있지 결코 근육질 몸을 내세우며 피를 부르는 유혈전이 아니라는 뜻이다.

네거티브 전략은 밖으로 드러나지 않는 계책이다. 따라서 음모다. 역대 어느 전쟁, 세상 어느 선거 캠프에서 자신의 네거티브 전략을 드러내는가? 음모와 비열함은 다르다. 드러내고 드러내지 않고를 비열함과 당당함으로 구분하는 것은 합리적이지 않다. 물론 음모 속에는 비열함도 일부 있지만 그 자체를 비열하다고 할 순 없다.

네거티브 캠페인을 할 때 가장 중요한 것은 움직임을 은밀히 하여 드러내지 않는 데 있다. 따라서 계책을 낼 때 가장 중요한 것은 적에게 기밀을 간파당하지 않는 것이다. 모든 병서에서 일관되게 지적하고 있는 내용이다. 거꾸로, 선거 정책과 공약은 밖으로 드러내야 한다. 따라서 양모陽謀라 할 수 있으며, 당연히 공개적, 대중적, 심층적으로 검증을 해야 한다. 음과 양은 분명히 다르다. 특히 선거 캠페인 상황에서는 더욱 그러하다. 캠페인 기획자는 항상 양 속에 있는 음을 발견하고, 음 속에 있는 양을 볼 줄 알아야 한다.

이상 공격과 방어의 개념 및 속성, 원칙 등을 전쟁 상황과 실제 네거티브 캠페인 현장에서의 적용 가능성 속에서 살펴보고 주의할 점에 대해 개괄했다. 이상의 내용을 실제 네거티브 캠페인과 관련하여 선별해서 보자면 '기정병용寄正併用'과 '이강격약以强擊弱'이라는 두 가지 개념으로 다시 압축할 수 있다. 실전에서도 '기정병용'과 '이강격약'은 매우 중요하게 다뤄진다. 선거 캠페인에서도 마찬가지다. 선거 캠페인이란 포지티브(정책正策) 내용과 네거티브(기책奇策) 내용이 뒤섞여서 진행된다. 정책이나 공약 혹은 '전망적 투표prospective voting' 등은 다분히 포지티브하게 접근해야 한다. 후보 신상이나 도덕성, 이념 혹은 '회고적 투표retrospective voting' 등은 아무래도 네거티브적 요소가 많다. 당연히 내가 당선되어야 할 이유가 포지티브라면, 상대가 당선되면 안 되는 이유는 네거티브라 할 수 있다. 대개의 선거 캠페인에서는 선거 막바지에 다다를수록 포지티브보다 네거티브만 남고, 그것이 위력을 떨치곤 한다. 중요한 것은 선거 캠페인 상황에서는 포지티브와 네거티브가 혼재되어 있다는 점이다. 네거티브만으로도 선거를 할 수 없지만 포지티브만으로 선거를 하는 에 역시 극히 드물다. 이를 병서에서 말하는 개념으로 정리하자면 '기정병용'이라 할 수 있다.

네거티브 공방의 원칙

네거티브를 하는 이유는 간단하다. 효과가 있기 때문이다. 정책이나 공약 등에서 후보 간에 큰 차이가 없는 상황에서 차별적으로 보이게 만들고, 지지층을 결집시키는 효과적인 기제가 네거티브 캠페인이다. 구체적으로는 후보의 발언 내용 중에서 합리적으로 받아들이기 힘들고, 사회 통념과 배치되는(혹은 배치로 인식할 수 있는) 언행, '흑역사' 등을 제기하여 뚜렷하게 갈라치기 위해서 네거티브 캠페인을 한다. 이른바 '이강격약'이라 할 수 있다.

겉으로 드러난 양상으로서 '기정병용'과 구체적인 방법으로서 '이강격약'은 실제 선거 캠페인에서 공격의 입장에서든, 방어의 입장에서든 숱하게 마주치는 문제다. 병서와 사례에서 지적하고 중요하게 다루는 위의 두 개념을 정확히 파악하고 그 의미를 인식한 뒤 제대로 된 네거티브를 하고, 상대의 네거티브를 정확히 간파하자는 것이 이 글을 쓰는 취지다.

이상 위에서 기술한 공방의 속성과 원칙, 궁극적인 목적 및 방향을 공방의 기본 6대 요소와 10가지 운용 기술로 정리하면 다음과 같다.

공방의 기본 6대 요소(A·C·T·I·V·E)

선거 캠페인 상황에서 네거티브 공격이든 방어든 도구와 인력, 기술 및 정보 등 인적·물적 토대를 갖추는 것은 기본적 요소다. 갖춰진 기본 역량에 따라 운용할 수 있는 방법과 강도가 달라지는 것은 당연한 이치다. 공격과 방어는 상황과 국면에 따라 혼재되어 나타난다. 특히 여러 이슈가 동시에 전개되거나 막바지로 치달을 때 공방은 그 경계와 대상을 두지 않고 진행된다. 그렇기에 어떻게 공격하고, 방어할 것인가에 대한 운용의 문제보다 기본적인 요소를 우선해서 고민하고 갖추어야 한다.

이에 공방을 막론하고 네거티브 캠페인에서 점검하고 갖춰야 할 기본적인 요소를 A·C·T·I·V·E라는 개념으로 제안한다. 그 내용은 다음과 같다.

기본 요소 A: 법적 검토를 하라 Act

선거 캠페인은 공직선거법 등 법률이 정한 규칙 내에서 겨루는 합법적 전쟁이다. 아무리 하고 싶은 말과 행동이 있어도 실정법과 공동체 윤리 가치 테두리 내에서 해야 한다. 현행 공직선거법 제7조 정당·후보자 등의 공정경쟁의무 조항을 살펴보면 "선거에 참여하는 정당·후보자(후보자가 되고자 하는 자를 포함) 및 후보자를 위하여 선거운동을 하는 자는 선거운동을 함에 있어 이 법을 준수하고 공정하게 경쟁해야 하며, 정당의 정강·정책이나 후보자의 정견을 지지·선전하거나 이를 비판·반대함에 있어 선량한 풍속과 기타 사회질서를 해하는 행위를 해서는 안 된다"고 규정하고 있다.

선거가 임박하면, 통상적으로 예비 선거운동 직전에 각급 선거관리위원회에서는 후보자 및 운동원들을 대상으로 선거법 해설 교육을 한다. 새로 바뀐 조항이나 흔히 범하기 쉬운 실수를 사례로 제시하여 자료집 형태로 발간하기도 한다. 반드시 참석하고 정독할 것을 권한다. 간혹 실정법 해석을 둘러싸고 캠프 내 관계자들 사이에 과거 경험대로 점검 없이 신행하는 경우가 있나. 그보나 너 큰 문제는 나름 신거 고수들의 재야 유권 해석(?)을 듣고 진행하는 것이다. 이럴 때 대부분 사달이 난다. 선거는 자기 경험이나 과거 방식대로만 해서는 안 된다. 애매하고 잘 모르는 것이 있으면 반드시 선거관리위원회에 문의하는 것이 필요하다.

그리고 선거 캠프 내 조직이나 역할 차원에서 '법률 대응팀'을 들 수 있다. 기초단체장이나 국회의원 선거에서 '법률 대응팀'이 있는 경우는 드물지만 광역단체장 이상 선거에서는 '법률 대응팀'을 반드시 둬야 한다. 이럴 때 후보와의 소통은 필수적인 요소다.● 후보도 제기되는 문제에 대해 진솔하게 전후 사정을 말하는 것이 필요하다. 이는 개인적 성정으로 돌릴 문제가 아니다.

●「주간 조선」 2011년 8월 22일자 자료에 따르면 2007년 대선에서 승리했던 이명박 후보는 상대의 네거티브 전략에 대응하기 위해 개인 신상과 관련된 정보를 정두언 의원 등 측근들과 터놓고 이야기했다고 한다. 과거 이회창 후보 캠프에서 일했던 한나라당의 한 관계자는 "(이회창) 대세론이 워낙 강한 데다 이 후보의 권위주의적인 측면이 작용해 K건설 금품 수수 의혹 건 등 전형적인 야당의 네거티브 전략에 적절히 대응하지 못한 측면이 있다. 후보 주변의 울타리가 너무 높아 터놓고 이야기를 나눌 수가 없었다"고 주장했다.

네거티브 캠페인 공방 상황에서, 특히 공격 상황에서 개인적 신상 등과 관련된 이슈 제기를 할 때는 사실 관계에 대한 정확한 파악과 함께 '명예 훼손' 등 법률적 검토를 반드시 해야 한다.

기본 요소 C: 커뮤니케이션 역량을 살펴라 Communication

선거 캠페인은 이러쿵저러쿵해도 결국은 커뮤니케이션 전쟁이라 할 수 있다. 커뮤니케이션은 결국 메시지와 이미지로 형상화된다. 두꺼운 '공약집'을 잘 만든다고 해서 선거에서 이기는 것은 아니다. 그것을 어떻게 '의미로 공유'할 것인가에 대한 문제까지 같이 봐야 한다. 악마만 디테일에 있는 것이 아니다. 네거티브도 디테일에 있다. 선거 캠페인을 진행할 때 네거티브 메시지는 다음과 같은 구성 요소를 섬세하게 신경 쓰면서 만들어야 한다.

첫째, 간단명료해야 한다.(Clear) 리서치 회사에서 전화 면접 설문을 짤 때 '초등학교 5학년, 중학교 2학년'이라는 말이 있다. 아무리 어려워도 중학교 2학년 수준에서 알아들을 수 있도록 상황이나 개념을 설명해야 한다는 의미다. 짧은 시간, 처음 접하는 잘 모르는 사람에게 묻고자 하는 내용에 대한 답을 얻으려면 간단명료해야 한다는 취지에서 나온 말이다. 네거티브 메시지도 마찬가지다. 우선은 간단명료해야 한다. 그러나 지나친 축약은 모호함을 증가시킬 수 있다는 데 유념해야 한다. 물론 모호함도 네거티브 공격의 한 형태로 의도적으로 만들기도 하지만 제대로 된 타격을 위해서는 간단명료해야 한다. 방어를 하는 상황에서 메시지는 더욱 명료해야 한다.

둘째, 논리적으로 충실히 전달해야 한다.(Logical & Deliverable) 네거티브 메시지는 그 자체로 '완전체'가 되어야 한다. 비록 단편적인 사실이나 에피소드를 제시하더라도 그것의 배경과 맥락을 같이 전해주어야 효과가 있다. 따라서 메시지는 사실에 기반을 둔 주장의 타당성을 지님과 동시에 구성력이 뒷받침된 논리적 전개가 따라야 한다. 우격다짐으로 들이대거나 강요해서는 효과가 떨어진다. 방어 국면에서 읍소를 하더라도 그것을 논리적 충실함의 산물로 형상화해야 한다.

셋째, 표현 방법이 적절해야 한다.(In the right tone) 결국 네거티브 메시지를 짤 때는 그것을 쉽게 이해하는 단어나 단서를 제시해야 한다. 그 취지가 아무리 좋더라도 표현 방법이 적절치 않으면 효과는 반감된다. 개인적 신상과 관련해서 공격할 때는 다소 애매한 방법/톤으로 하는 것이 효과적이고, 사상이나 이념과 관련해서 공격할 때는 다소 강경한 방법/톤으로 하는 것이 좋다. 편견을 유발하는 데 효과적이기 때문이다.●

● 편견은 어떤 속성을 가진 집단에 대해 단순히 부정적인 감정과 태도를 갖는 데 그치지 않고 낙인을 찍고 오명을 씌우며 경멸하는 것으로 비화하기 십상인데 이를 스티그마stigma라고 한다. '수꼴' '좌빨'을 그 대표적인 예로 들 수 있다.

네거티브 공방의 원칙

반면 신상과 관련된 방어를 할 때는 분명하고 강경하게, 이념과 관련된 방어를 할 때는 애매하게 하곤 한다. 때로는 적절한 비유와 유머도 전하고자 하는 메시지에 대한 이해를 높이는 데 도움이 된다.

기본 요소 T: 시기에 따라 결과는 다르다 Timing

같은 네거티브 소재를 놓고도 시기에 따라 그 효과는 천차만별이다. 준비한 재료를 언제 제시하는지, 언제 방어하는지는 네거티브 캠페인 상황에서 후보와 스태프가 항상 고민하는 문제다. 한마디로 압축하면 "선거는 타이밍의 예술"이라고 해도 과언이 아니다. 시기 인식과 판단이 그만큼 중요하기 때문이다. 해당 국면을 어떻게 인식하느냐, 그 국면에서 당면 이슈가 어떤 작용과 파급을 가져올지를 예측하고 분석하는 역량이 곧 선거판을 읽는 안목 및 내공을 가늠하는 기준이다. 당연히 인식 수준에 따라 대응 방법과 자원 투입도 달라진다.

통상적으로 캠페인 초기, 예비 선거 시기의 네거티브 소재로는 주로 후보의 신상과 관련된 것이 많다. 아무래도 정책이나 공약 등 내용적인 측면보다 후보자에 대한 관심이 더 많기 때문에 과거 발언이나 행동, 경력 등과 관련된 내용을 주로 제기한다. 또한 초반 주도권을 잡기 위해 네거티브를 한다. 병서에도 "전쟁을 잘하는 자는 적을 조종할 뿐 적에게 조종되지 않는다"[38]는 말이 있듯이 상대를 네거티브 이슈의 프레임에 가두기 위해 의도적으로 할 때가 많다. 선거 캠페인 중반으로 갈수록 상대의 정책이나 공약의 미비한 점, 재원 조달 방안, 기대 효과의 과장 등에 대한 타격을 주로 가한다. 그리고 막바지로 가는 시점에서는 공방 과정에서 압축된 몇 가지 이슈를 집중적으로 공격하는 것이 일반적인 패턴이다.

캠페인 초기에는 네거티브 탁도가 비교적 옅은 편이다. 항상 출발은 미래 비전을 제시하는 포지티브 캠페인으로 출발한다. 정책과 공약 중심으로 캠페인을 하라는 '사회적 압력'이 작용하고 그에 따른 '책략적 겉치레' 차원에서라도 각 캠프에서는 네거티브를 자제한다. 하지만 레이스가 서서히 달아오르고 선두 그룹과 후미 그룹이 갈라지는 순간부터 네거티브 캠페인이 싹트기 시작한다. 언론의 검증 작업 또한 본격화되는 시점이기도 하다.

주의할 점은 상승 기세인 후보에게는 좀더 세심한 네거티브 접근이 필요하다는 것이다. 자칫 지질해 보이며 상대의 기세만 올려줄 수 있기 때문이다. 상대 후보와 관계자에 대한 네거티브 소재를 파악했다면 초반에 풀어서 헤매게 만들든지, 지지도가 조정 국면에 왔을 때 활용하는 것이 좋다. 한참 관심을 끌고 기세가 오를 때는 상대의 공격조차 상승 재료가 될 수 있다.

공격에만 시기가 있는 것은 아니다. 방어에도 시기가 있다. 보통 방어는 상대의 공격에 대한 반작용으로 예측할 수 없는 속성을 띠지만 어떤 때에는 선제적으로 자신의 약점을 공개하는 것도 차원 높은 방어다. 이는 병서에서 이야기하는, 겉으로는 공격이지만 실질적으로는 수비를 하는 '이공위수以攻爲守' 전술이다.

기본 요소 I: 정보력이 실력 Information

선거 캠페인에서 정보는 매우 중요한 위치를 점한다. 선거를 전쟁으로 표현하면 '정보전'이라 해도 결코 과언이 아니다. 이것은 다시 '정보 수집 역량'과 '정보 분석 역량'으로 나눌 수 있다.

캠페인을 진행할 때 상대 진영의 정보를 수집하는 대표적인 경로로는 이른바 '안테나' 혹은 '빨대'라 부르는 휴민트humint(human intelligence)가 있다. 예전, 병서에서는 이들을 세작細作이라 불렀다. 휴민트는 심어놓은(?) 정보원이나 내부 협조자 등 인적 네트워크를 활용하여 얻은 정보를 말한다. 한편, 일선 운동원 혹은 지지자들을 통해 상대 진영의 메시지나 발언을 수집하기도 한다. 이는 아무래도 휴민트를 통한 정보보다는 상대적으로 가치가 떨어지고, 속도도 느리다. 휴민트는 사람과 접촉하여 정보를 알아내기 때문에 상대의 내밀한 의도까지 파악할 수 있는 장점이 있다. 반대로, 정보원의 주관적 경험이나 직관이 개입하기 때문에 객관성을 유지하기 어렵고 역정보의 대상이 될 우려가 있다는 단점을 지닌다. 이를 해결하기 위해서는 복수의 휴민트를 통해 상호 점검할 필요가 있다.

휴민트를 통한 정보 수집 외에 수집된 정보를 분석하는 역량도 매우 중요하다. 이와 관련해서는 과학적인 방법론에 입각한 여론조사와 빅데이터 분석을 들 수 있다. 여론조사는 어떤 이슈에서 어떤 사람들이 얼마나 공감하는가를 분석하는 정량적인 기법과 함께, 강약점과 장단점을 분석하고, 그 이유를 알아보는 정성적 기법의 조사를 병행한다. 네거티브 캠페인을 준비하기 전에 자신의 약점을 조사 집단에게 어느 정도 공개하면서 그 반응을 살펴보는 기법(미러 리서치)과 돌발 이슈가 발생했을 때의 긴급 여론조사를 들 수 있다. 사전과 사후의 차이이기도 하고, 그 이유와 강도, 정성적 접근과 정량적 접근의 차이만 있을 뿐 객관적이고 과학적인 리서치를 통해 문제를 진단하고 정보를 분석한다는 점에서는 그 맥을 같이한다.

기본 요소 V: 타당성을 갖춰야 한다 Validity

똑같은 말도 하는 사람에 따라 발휘하는 바가 다르다는 것이 메시지 효과에 대한 일관적이고 경험적으로 증명된 법칙이다. 신뢰도가 내용만큼 중요한 이유다. 후보와 대변인●은 그 내용을 소비하는 수용자(유권자)와의 관계에 앞서 우선 기자사회와 소셜 미디어상에서 신뢰와 호감을 쌓아야 한다. 이를 위해서는 우선 자신이 강하거나 우세한, 긍정적인 분야에 집중하는 것이 필요하다. 유권자들의 반향의 정도는 커뮤니케이터의 신뢰(호감)도에 있지 선거형 액션/리액션●●의 크기에 있지 않다.

● 여기서 대변인이라 함은 언론 창구를 책임지는 사람을 말한다. 상황에 따라 선대 위원장이나 본부장, 실무 책임자 등도 나설 수 있지만 일상적으로 언론사와의 관계를 풀어나가는 공보단장을 편의상 '대변인spokesman'이라 부른다.

●● 캠페인 포스터링campaign posturing은 선거 득표를 위해 계산된 언동으로 특정한 모습을 인위적으로 연출하는 것을 의미한다. 실천할 의지도 없고, 믿음도 확고하지 않은 상태에서 표만 생각하고 일단 띄우고 보는 정책 공약도 예가 될 수 있으며, 상대 후보의 공격이 비교적 가벼운 말이나 행동임에도 "천인공노할 일" 또는 "천벌을 받을 말" 등으로 세상을 두 쪽 낼 듯이 격노하는 반응도 이에 해당된다. 굳이 우리말로 옮기자면 '선거형 액션/리액션' 정도가 적당할 것이다.

신뢰가 쌓이면 그다음은 내용이다. 내용에서 가장 중요한 것은 타당성이다. 이는 공방을 막론하고 적용되는 대목이다. 여기서 타당성이란 말하고자 하는 내용이 이치에 부합하고 적확하게 그 근거를 제시하는 정도를 의미한다. 달리 말하면, 그 내용을 듣는 사람이 인정할 수밖에 없으며, 메시지가 제대로 짜여 있고 제시한 논리 구성이 갖는 완성도라 할 수 있다. 특히 네거티브 공방 상황에서 논리적 타당성보다는 감정적 호소를 우선시하면 이 과정에서 뜻하지 않은 뉴스 소재를 제공하게 되기도 한다. 타당성은 논리의 문제이면서 동시에 감정의 영역이기도 하다.

기본 요소 E: 근거에 기초하라 Evidence

제대로 된 네거티브와 그렇지 않은 흑색선전 등 수준 낮은 네거티브를 가름하는 첫 번째 기준은 근거와 사실 관계 제시 여부에 있다. 공격뿐 아니라 방어를 하더라도 자신의 주장을 뒷받침할 수 있는, 입증 가능하고 설득력 있는 사실 관계를 제시해야 한다. 열 마디 말보다 한 가지 사실을 제시하는 것이 때로는 더 효과적이다. 공방의 모든 출발은 근거를 제시하고, 사실 관계를 밝히는 데서 출발해야 한다. 공격 상황에서 상대를 꼼짝 못하게 옭아매며, 방어 상황에서 상대의 공세를 일격에 무력화시키는 가장 유용한 도구와 방법은 그 근거를 제시하는 것이다. 근거 없는 공방은 말싸움에 지나지 않는다.

여기서 유념할 것이 하나 있다. 사실과 진실은 다르다는 점이다. 사실은 하나지만 진실은 여러 개다. 사실의 사전적 의미는 실제로 있었던 일이나 현재에 있는 일이다. 반면, 진실은 거짓이 없는 사실을 뜻한다. 진실이 여러 개가 되는 이유는 개인이나 집단의 가치 및 신념 등 주관적 관점이 작용하기 때문이다. 즉, 하나의 사실은 어떤 각도에서 보는가에 따라 다르게 받아들여진다. 네거티브 캠페인 상황에서 어떤 근거와 사실을 제시하더라도 대응하는 상대는 다른 관점에서 받아친다. 따라서 네거티브 공방은 '진실 게임'과 해석 투쟁의 성격을 띨 수밖에 없다.

네거티브 상황을 분석하면 '7할의 사실과 3할의 진실'이라는 말로 요약할 수 있다. 객관적 사실은 휘발성과 폭발력이 떨어지더라도 화제가 되고 이슈가 되는데 그 이유는 '3할의 진실' 때문이다. 행위 자체보다는 그 '이유'에 대한 분석, 그런 행위를 한 '인간성'과 '품행' 등이 드러난 사실을 압도하곤 한다. 이는 모호함이라는 핵 융합 과정을 거쳐 전혀 새로운 성질의 무기로 만들어진다. 네거티브 공방전이 '사실 관계 규명'과 함께 '진실 게임'이 되는 이유와 중요성이 여기에 있다.

네거티브 캠페인 공방에서 근거와 사실을 제시하는 것은 시작이다. '진실'까지 같이 곁들여야 '완전체'가 된다. 때로는 사실보다 진실이 더 큰 위력을 발휘한다. 따지고 보면 선거 기간에 등장하는 숱한 '설' 등이 사실 관계 여부나 유무가 아니라 음모론과 진영 논리에 기반을 둔 진실 게임이었다는 점을 감안할 때, 진실을 둘러싼 공방이 네거티브 공방의 전부라 해도 과언이 아닐 것이다. 지식과 정보로 무장한 비판적·합리적 유권자, 객관적 사실을 확인하는 언론의 차분함이 필요한 이유다.

공격 5술(S·P·E·A·R)

네거티브 캠페인에서 공격이라 함은 확보된 증거나 사실 관계를 기반으로 법적 검토를 마친 뒤, 적절한 시점에 상대 후보나 관계자의 도덕성 등 신상이나 정책 및 공약의 허술함 등을 다양한 커뮤니케이션 자원을 이용하여 적극적으로 제기하여 캠페인 이슈로 만들고자 하는 의도적인 행위를 말한다. 확보한 소재를 막 던진다고 공격이 아니다. 공격 과정에서 정교하지 못하거나 유권자들의 정서나 감수성을 파악하지 못하고 그냥 들이대면 자칫 '싸움닭' '선거 과열 주범'이라는 비난을 받을 뿐이다. 필자들의 경험, 언론 평가, 사례 자료 등을 참고하여 제대로 된 네거티브 캠페인 공격을 하기 위해 명심해야 할 요소인 '공격 5술'을 'S·P·E·A·R'로 이름 붙여 제안하고자 한다.

공격의 기술 S: '저격수'는 있는가? Sniper

선거 캠페인 상황에서 후보는 항상 밝고, 긍정적이며, 미래 지향적인 이야기를 해야 한다. 단, 선거 구도와 판세를 흔들 만큼 사실 관계가 명확하고, 관련한 자료가 충분하며 무엇보다 유권자들의 보편적 감수성이나 공동체의 가치에 크게 위배되는 사실이 있다면 후보가 직접 이슈를 제기하는 것이 옳다.

하지만 네거티브 공격의 대부분은 '의혹 제기'나 '답변 요구'이기에 후보가 감당할 충격도 고려해야 한다. 그러기 위해서는 '저격수'가 필요하다.(저격수란 표현이 다소 거북할 수 있다. 하지만 실제 전쟁 상황에서 저격수의 역할과 그 효과를 생각하면 적절한 비유일 테니 독자들의 양해를 구한다.) 특히 매체를 이용한 광고에서는 제3자를 이용할 때 효과가 크게 나타난다.[39]

저격수는 대변인 등 캠프 내 인사가 대체로 맡지만 정책이나 공약과 관련해서는 때로 그 분야 전문가들도 필요하다. 또한 과거 상대 후보와 같은 조직이나 단체에서 일했던 사람들을 기용하기도 하는데, 상대 후보의 신상 및 언동과 연관성이 있을 때 그렇다. 이와 관련해서는 '상대가 해고한 사람을 고용하라'는 격언에서 알 수 있듯이 상대 후보를 잘 알고, 그 사람이 했던 말은 더 신뢰성이 있으리라는 선입관에 기대기 때문이다. 반면 저격수는 '원 샷 원 킬one-shot, one-kill'이라는 원칙이 말해주듯 해당 이슈에 대해서만 한정적으로 기용하는 것이 낫다. 한편, 저격수의 자질과 관련하여 홍준표 전 한나라당 대표는 언론과의 인터뷰에서 이런 말을 남겼다. "저격수를 하려면 팩트 검증, 네이밍, 정무 감각 3박자를 갖춰야 한다."[40] 누구나 저격수를 할 수 있지만 훈련받은 자만이 좋은 저격수가 될 수 있다.

선거 상황에서 저격수에게는 '공작 정치 선동' '루머 제조기'라는 타이틀도 따라붙는다. 그럼에도 저격수를 '자처'하는 경우 또한 적지 않다. 아무래도 상대(특히 강력한 후보)를 때리면 자기도 주목받을 수 있다고 생각하는 얄팍한 인식과 때리는 사람을 조명하는 후진적 정치 문화 및 토양 때문일 것이다.

결론적으로 여기서 말하고자 하는 저격수는 전문적인 영역에서, 품격을 갖춘 채 효과적으로 상대의 문제를 공격할 수 있는 전문가다. 다시 말해 선거 캠페인을 과열시키고 혼탁하게 만드는 '앞잡이' '싸움꾼'을 의미하지 않는다. 그 차이는 크다.

공격의 기술 P: 고정된 틀을 두지 마라 Patternless

병서에 "병력 운용은 일정한 방식으로만 운영되지 않는다"[41]는 구절이 있다. 상황에 따라, 보유하고 있는 자원에 따라 수시로 변한다는 말이다. 전략이란 전쟁 실행 이전에 수립한다. 아무리 정교하게 짠다고 한들 종이와 서류 더미 위에서 자료를 놓고 분석하며 따지는 것은 한계가 있을 수밖에 없다. 즉, 세우는 계획과 실제 일어나는 일의 차이라 할 수 있다. 클라우제비츠는 이를 '마찰friction'이라 불렀고, 이는 현실 전쟁과 탁상 전쟁의 차이를 잘 반영하는 개념이다.[42] 그러하기에 "전쟁을 잘 아는 장수는 일단 출격하면 과단성 있게 행동하고, 작전 또한 적의 내부 사정 변화에 따라 무궁히 변화시킨다"[43]는 구절이 이야기하듯 변화는 두려워하거나 마다할 일이 아니다.

네거티브 캠페인 공격에서 이 구절이 던져주는 교훈은 매우 크다. 만약 공격 패턴이 일정하다면, 예를 들어 특정 지역에서, 특정 경로로, 특정 인물이, 특정 매체와 수단을 통해서만 지속된다면 그것은 효과적인 공격 기술이라 할 수 없다. 처음 두어 번 상대에게 충격을 주었다고 그 패턴을 지속해서 사용한다면 이내 상대방의 레이더에 포착되거나 물량 공세로 인해 무력화되기 십상이다. 즉, 공격 패턴이 일정하다면 그것은 좋은 방법이 아니라는 뜻이다. 이는 보유하고 있는 자원의 한계, 운용하는 사람의 상상력이나 경험 부족 등에서 기인한다. 하지만 다른 측면에서 보면, 상대방에 대한 연구나 고민 부족, 혁신적 방안과 기술에 대한 수용 거부, 편협한 사고가 대부분이다.

구전을 하더라도 계층과 지역을 다채롭게, 소셜 미디어를 통하더라도 다양한 툴과 채널로, 내용과 관련해서는 신상과 정책 등 다양하게, 시기와 관련해서는 때로는 집중하고 때로는 쉬어가면서 도저히 상대방이 공격 루트와 표적을 대비할 수 없게 만들고 이슈 꽁무니를 쫓아가게끔 하는 것이 최상의 공격 기술이다. 즉, 공격 패턴을 알 수 없게 만드는 것이라 할 수 있다.

이를 위해서는 사전에 보유하고 있는 커뮤니케이션 자원을 점검하고 기술을 연마하며, 정보 네트워크를 다원화하는 과학적인 분석과 대비가 필요하다. 아울러 선거 캠페인 전반을 관통하는 전략 마인드와 안목이 필요하며, 후보와 운동원, 스태프 간의 일사불란한 의사 결정과 기동성이 있어야 한다. 그렇지 않으면 무차별적인 난사와 '콘셉트 없는' 외침에 다름 아니다. 이 차이는 엄청나다.

공격의 기술 E: 쉽게&공감하게 Easy&Emotion

선거 캠페인은 후보와 유권자 간의 커뮤니케이션에 관한 것이고, 프레이밍은 그 커뮤니케이션의 내용을 규정하는(틀 짓는) 기능을 하므로 선거 캠페인은 프레이밍 싸움이라고 할 수 있다. 효과적인 정치 메시지는 이를 접하는 수용자(유권자)들의 고정관념과 정치철학까지 바꿔버리는 것이 아니라, 단순히 그들의 감정을 자극해 투표 행위에 영향을 미치게 할 뿐이다. 너무 거창할 필요는 없다는 말이다. 즉, 메시지를 접하는 수용자(유권자)들이 공감할 수 있는, 울림이 있는 메시지가 좋다는 얘기다.

앞서 메시지 작성 원칙으로 명료성, 논리성, 적절성이 필요하다고 제안했다. 여기에 덧붙여 네거티브 캠페인 상황에서 메시지는 한층 간결하면서 쉽게 짤 필요가 있다. 특히 공격 상황에서 네거티브 메시지는 결국 "저 사람이 되어서는 안 되겠군"이라는 결론을 내리게끔 만드는 데 궁극적인 목적이 있다. 일단 말이 길고, 너무 어렵고, 추상적이면 와닿지 않는다.[44] 특히 캠페인 막바지에 여러 이슈가 쏟아지면 그 차이를 구분하기 힘들다. 되도록 이해하기 쉽고 정서를 자극하는 메시지를 개발해야 한다. 그래야 유권자의 머리에 오래 남고, 효과 역시 크게 나타난다. 여기서 주의할 점은 내용이 맞더라도 보편적 윤리와 가치 체계를 유념하라는 것이다. 지나친 독설(물론 그 자체가 의도하는 바는 있다)과 비아냥, 진영 논리와 지역감정 등을 자극하는 편 가르기는 그 내용을 떠나 조심해야 한다. 국민을 찢어 갈라놓고 당선된들 자신이라고 그 대상이 되지 말라는 법은 없다.

네거티브 공방의 원칙

공격의 기술 A: '정타'로 때려야 '장타'가 된다 Aiming

네거티브 공격을 하는 측에서는 항상 '한 방의 유혹'에 빠진다. 그러나 웬만한 소재가 아니고서는 한 방에 선거 결과가 매듭지어지지 않는다. '절묘한' 한 방과 '찌질한' 한 수를 가늠하는 것은 정확도와 관련된 문제라 할 수 있다.

선거 캠페인 상황에서는 '장타'보다 '정타'가 중요하다. 들이대야 할 대상과 그렇게 하지 말아야 할 대상을 결정하기 위해서는 선거를 보는 직관과 과학적인 분석이 모두 필요하다. 특히 투표일을 며칠 앞두고 말 그대로 '창고 대방출' 수준의 온갖 네거티브 소재가 쏟아진다. 그러나 말을 한다고 다 듣는 것은 아니며, 듣는다고 모두 효과를 내는 것도 아니다.

타격하고자 하는 지점과 내용을 정밀하게 해야 한다. 한 방에 이것저것 다 결부시켜 판을 키우려는 욕심은 제기했던 이슈마저 초점을 흐리게 한다. 신상이면 신상, 정책이면 정책 등 그 사안과 관련된 내용에 대해서 정확히 타격해야 효과적이다. 과도한 견강부회식 해석은 자칫 초점을 흐릴 수 있다.

공격의 기술 R: 이어가라 Rally

공격하는 측에서는 제보나 탐사 등으로 상대 후보에 대한 네거티브 소재가 발견되면 일단 사실 관계를 검증하고, 연관된 다른 소재를 찾는 것이 필요하다. 상대를 때릴 때는 단타보다는 '연타'가 효과적이기 때문이다. 상대가 반박할 때 재반박할 수 있는 소재를 연이어 터뜨려야만 효과가 크다. 즉, 어느 정도 공방이 이어질 때 이슈가 되므로 상대의 예상된 수를 읽고 몇 개의 사안으로 쪼개서 공격을 진행하는 것이 효과적이다.

혹은 다소 결이 다르더라도 연관성을 부여하여 새로운 범주나 테마로 만들어서 제기할 때 그 효과가 배가된다. 이를 위해서는 우호적인 단체나 조직 등을 활용한 '세트 플레이'가 필요하다. 상대가 응수하지 않으면 자가 발전 형식을 취해 이슈를 끌고 가고, 상대가 해당 이슈에 대한 반박을 제기하면 '공적 영역'으로 끌고 들어와 판을 키우는 효과가 있다.

공격에는 항상 방어가 따르는 법이다.● 이는 좁게는 해당 이슈 자체에 대한 논박일 수도 있다. 또한 성격이 다른 이슈로 해당 이슈를 덮을 수도 있다. 이는 말 그대로 '난타전'으로 가는 것이다. 어디가 시작이고, 어디가 끝인지 알 수 없는 뒤죽박죽 국면이 된다. 공격을 하는 측에서는 공격 개시와 함께 즉각 반격에 대비해야 한다. 공격과 방어의 화력 강도 및 지점은 다를 수 있지만 시점은 같다. 내가 공격하는 시점이 동시에 방어 모드로 전환하는 시점이기 때문이다.

● 1988년 미국 대통령 선거에서 패한 듀카키스는 선거 몇 년 뒤 다음과 같이 말했다. "네거티브 공격을 받아들일 준비가 돼 있어야 합니다. 또한 그것을 예상할 수 있어야 하고, 반격할 준비가 돼 있어야 합니다."(데이비드 마크, 『네거티브 전쟁: 진흙탕 선거의 전략과 기술』, 양원보·박찬현 옮김, 커뮤니케이션북스, 2009, 267쪽)

선거 캠페인에서는 반격 시 유의 사항[45]이 있다. 즉 반격할 때는 원래 받은 공격에 대한 대답을 하는 동시에, 공격자에 대한 새로운 공격도 있어야 하며, 반격은 공격당한 방식과 똑같은 방식으로 해야 한다. 상대의 반격까지 염두에 두고 방어 전술까지 고려할 때 공격은 완전한 한 세트가 된다. 무조건 던진다고 공격이 아니다. 밝음 속에 어둠이 있고, 어둠 속에 밝음이 있듯 공격과 방어는 끊임없이 상호 작용한다.

칼은 써야 칼이다

2014년 지방선거 경기 지역 단체장 선거 때 있었던 일이다. 그해 지방 선거는 한마디로 '세월호' 선거라 해도 과언이 아니었다. '세월호 침몰' 사고는 우리 사회의 근본과 기초를 되돌아보게 한 실로 충격적인 사고였다. 당연히 각 정당에서도 사고 여파를 예의 주시했으며, 각 후보 캠프에게 경거망동하지 말 것을 주문하는 내용의 문자나 전화, 공문을 전달했다. 구체적으로는 명함 배포나 인사도 하지 말고, 당의 색깔을 연상시키는 옷도 입지 말며, 심지어 추모 플래카드나 메시지도 전하지 말 것을 주문했다. 사고, 특히 인명 피해가 큰 대형 사고일수록 연결 고리 끝에 '정치권'이 있어왔고, 결국 민심과 여론의 평가는 최종적으로 정치권으로 향했던 '학습 효과' 때문인지는 몰라도 각 정당에서는 자중, 또 자중할 것을 후보들에게 거듭 주문했다. 특히 여당인 당시 새누리당은 야당보다 더 세밀한 행동 지침을 전달했다. 아무래도 사고의 책임 소재를 묻는 '책임론'으로부터 직접적인 영향을 받기 때문이다.

이 와중에 단체장 후보로 나선 '갑' 후보가 살포 수준으로 명함을 배포하는 장면이 '을' 후보 측에 포착되었다. 당연히 사진을 찍어서 근거를 남겼다. 또한 '병' 후보 측에서는 갑 후보가 당의 색깔을 연상시키는 옷을 입고 인사를 하러 다닌 정황의 동영상을 확보했다. '정' 후보 측에서도 이와 관련된 내용이 레이더에 포착되었다. 관련자 진술도 받은 상태였다. 세 후보 모두 나름 '증거를 잡아라'라는 원칙에는 충실했다.

을, 병, 정 세 후보 측 책임자가 긴급히 회동하여 갑 후보에 대한 후보 자격 박탈 수준의 제재를 공식적으로 요청하기로 뜻을 모았고 관련 자료를 취합하여 문구를 작성했다. 다른 한편으로는 인터넷이나 소셜 미디어상에서 폭로하기로 했고, 당의 요로에 있는 관계자에게 '조용히' 처리해줄 것을 진정했다. 물론 여기에는 세 후보 측 모두의 정치적 셈법이 작용했다. 갑 후보가 선두권에 있었기에 그를 '제치면' 자기에게 이득이 되리라 생각했던 것이다.

실제 결과는 어떻게 되었을까? 결론부터 말하자면 '흐지부지'되었다. '그렇게까지 할 필요가' '지금 분위기가 너무 안 좋아서' '만약 한 번 더 그러면 그때 가서는 진짜로'라는 말로 끝났다. 지금 갑 후보를 주저앉히는 게 중요한 것이 아니라, 당의 승리를 바라는 대승적(?) 차원에서 소동은 막을 내렸고 해프닝으로 끝났다. 입으로는 세 후보 진영 모두 큰소리쳤지만 막상 방울을 달 사람도, 용기를 지닌 사람도 없었다. 자칫 '독박' 쓰는 건 아닌가 하는 불안감도 작용했다. 서로 속내는 '칼은 내가 줄 테니, 찌르는 것은 당신이 해줘라'였다.

네거티브 캠페인을 하려면, 더군다나 제대로 하려면 불편함을 감수할 뱃심도 필요하다. 네거티브는 아무나 하는 게 아니다. 정의감이든, 목적 달성을 위한 수단 때문이든 사실 관계가 확보된 소재라 하더라도 공개적인 자리에서 특정인을 비난하는 것은 쉽지 않다. 논란의 중심에 서는 것이 쉽지 않다는 뜻이다. 과열, 혼탁 선거의 주범으로 내몰리는 비난 정도는 감내해야 한다. 이 또한 정치적 근육의 한 요소다. 진짜 그것이 중요하다면 혹은 중요하다고 유권자들에게 말하고 싶다면 그만큼의 뱃심이 필요하다. 언론사에 흘리는 것은 부차적이다. 결국 당사자인 후보나 관계자가 나서야 판이 커지고, 화력이 붙는다. '차도살인지계'는 없다. 단, 섣불리 건드리거나 기본적인 사실 관계가 틀렸다면 그 화는 자기에게 온다는 것을 명심해야 한다.

한편 본인이 나서는 것이 여의치 않다면 때로 '저격수'도 필요하다. 그렇다고 아무나 저격수를 맡을 수 있는 건 아니다. 성공률도 부담스럽고 혹 실패하면 이미지가 구겨지는 것도 감수해야 한다. 때로 재판까지 갈 수도 있다. 대통령 선거 같은 큰 판에서는 자원자도 많지만, 지방선거나 지역사회 선거에서는 구하기가 만만찮다. 선거만 시작되면 지켜보라며 '호언장담'하던 사람도 행방이 묘연해지는 예가 허다하다. 대부분 자기 이해관계가 얽혀 있기 때문이다. 심리적 불편함도 있을 것이다. 뭐라고 탓할 문제는 아니다. 설득시키는 것도 정치력이다. 남의 일이 아닌 후보 자신의 일이다. 후보가 풀 문제다.

이 사례에서 전하고자 하는 말은 '칼은 써야 칼이다'라는 것이다. 상대방에 대한 기본적인 사실 관계가 확보된 네거티브 소재라면 어떻게든 써야 하고, 쓰는 것이 선거의 기본 속성이다. 윤리와 도덕, 당위적 측면으

로만 선거를 치를 순 없다. 또한 실제 네거티브 소재가 유권자들에게 중
요한 판단의 기준이 될 수 있기 때문이다.

방어 5술(A·E·G·I·S)

네거티브 캠페인에서 방어라 함은 상대 후보 캠프나 언론, 시민단체 등에서 후보나 관계자의 도덕성 등 신상이나 정책 및 공약과 관련한 문제 제기를 사전/사후에 해소하거나 이슈 파급력을 최소화하고자 하는 일련의 행위를 말한다. 선거 캠페인 상황에서 공격이 '집행력'이라면 방어는 '대응력'과 관계되어 있다. 방어는 공격과 달리 훨씬 많은 커뮤니케이션 자원이 필요하다. 또한 선거 흐름을 읽는 정무적인 감각과 판단이 더욱 요구된다. 어떻게 보면 네거티브 캠페인은 공격의 문제가 아니라 방어의 문제라 할 정도로 방어 여부가 곧 효과 여부와 직결되어 있다. 이에 제대로 된 네거티브 캠페인 방어를 하기 위해 명심해야 할 요소인 '방어 5술'을 'A·E·G·I·S'로 이름 붙여 제안하고자 한다.

방어의 기술 A: 깨끗한 사과 Apology

네거티브 공격, 특히 후보의 신상이나 언동과 관련해서 공격을 받을 때 대부분이 제일 먼저 취하는 행동은 부인이다. 상대가 맞는 사실로 정곡을 찌르더라도 일단은 버티고 본다. 관련 사실을 시인하면 그것이 무한 반복 재생되어서 이미지에 타격을 입을 수 있다는 우려와, 뻗대고 뭉개고 가는 것이 카메라 세례를 받으며 포토라인에 서는 것보다 낫다고 생각하기 때문이다. 이는 보통 지지도에서 앞서 있는 후보들이 취하는 입장이다. 설령 관련 자료를 들이대더라도 조작이네, 핵심이 빠졌네라며 부인부터 하고 본다.[•] 후보나 캠프

● 지난 2007년 대통령 선거에서 나경원 당시 한나라당 의원이 이명박 대통령의 광운대 강연에서 'BBK라는 회사를 설립했다'고 발언한 동영상에 대해 "(이명박 후보가) BBK를 설립했다고 말한 것은 맞지만 '내가'라는 주어가 없다"고 주장한 사례를 대표적으로 들 수 있다.

에서 관련 사실을 시인하지 않고 부인하는 것은 시간을 벌고 보자는 지연책이거나, '왜 네거티브 캠페인을 하느냐?'는 적반하장의 대응 격이 대부분이다. 심지어 허위 사실 공표나 명예훼손으로 걸고 본다.

네거티브 캠페인이 진행되는 과정 중 방어적 측면에서의 사과는 크게 두 가지로 나눌 수 있다. 시기상 사전적으로 하는 것과 이슈가 진행되어 더 이상의 악화를 막기 위해 하는 것이 그것이다.

사전적인 경우는 다음과 같다. 만약 후보의 배경과 과거에 부정적인 요소가 있고 그것이 상대 후보 진영이나 언론을 통해 나올 것이 확실하다면 선거 캠페인이 시작되기 전에 의도한 방식대로 공개하는 것이다.[46] 이는 일종의 '가스 빼기'로 상대 후보가 선거 막바지에 이 문제를 공개해서 이슈화할 것을 미연에 방지하고, 실제보다 더 나쁘게 기록된 내용이 있다면 언론을 통해 떠밀려 해명하기보다 미리 이 문제를 짚고 넘어가는 게 현명하다는 판단이다. 이와 관련해서 '면역효과 이론inoculation theory'이 설명하는 바가 크다. 이 이론에 따르면 선거에 출마하는 후보들은 이미 널리 알려진 자신의 결점을 인정함으로써 변덕스러운 지지자들을 계속 자신의 지지자로 붙잡아두고, 부동층을 끌어들이는 효과가 있다.

사후 사과는 상대의 문제 제기가 사실에 들어맞을 때 취하는 다분히 굴욕적인 방법이다. 이른바 경착륙도 아닌 동체 착륙에 가까운 긴급 조치라 할 수 있다. 상황이 꼬여서 더 나아가다가는 핵심 지지층 건사는 물론이고 그나마 희미한 승률마저 날아갈 상황에서 취하는 극약 처방이다. 부인이나 공격성 감소(정당화)와 달리 상황에 종지부를 찍으려는 대응 방법이라 할 수 있다. 사과할 때는 길게 토를 달 필요가 없다. 단 제기된 네거티브 이슈에 대한 개선 방안을 언급하는 것은 꼭 필요하다.

방어의 기술 E: 근거를 없애거나 제시하거나 Evidence

네거티브 캠페인 상황에서 방어를 하는 데 가장 우선할 것은 사전 정리다. 앞서 '가스 빼기'와 달리 특히 인터넷상의 블로그나 카페, 팟캐스트, 소셜 미디어 등에 남겨진 디지털 흔적은 고스란히 저장돼 비수로 돌아오곤 한다. 이러한 디지털 흔적은 작성자가 기억을 못 할 정도로 시간이 흘러도 그 내용이 인터넷 서버에 남는다. 이는 언론에 보도된 기사와는 또 다른 파급력을 지닌다. 대부분 후보 혹은 관계자가 직접 작성했거나 관계된 경우이기 때문이다. 더 심하게 이야기하면 언론 기사는 '오보'라든지, 사실과 다르다고 우길 수 있지만 이는 우길 수도 없는 명명백백한 사실일 때가 많다. 이를 위해서는 출마하기 전에 '잊힐 권리'를 활용할 필요가 있다. 이는 인터넷 사이트와 소셜 미디어 등에 올라와 있는 자신과 관련된 각종 정보의 삭제를 요구할 권리를 말한다. 일종의 개인 정보 자기결정권 혹은 통제권이다. 이를 통해 어느 정도라도 해소하는 게 한 방편일 수 있다.

이와 반대로, 관련 근거를 후보가 직접 제시하는 것도 유용한 해결책이다. 앞서 '사과'와 비슷한 상황이다. 사과가 일방적인 수용을 통한 조기 종결에 무게를 두었다면 근거 제시는 시시비비를 가리겠다는 공격적인 방어의 성격을 띤다. 즉, 실제보다 과하게 해석된 것을 부각시킨 상대의 의도에 초점을 맞추는 대응 방법이다. 이는 상대 후보와 진영에게 '진흙탕' '난타전'으로 들어가겠다는 신호 및 경고의 의미도 지닌다. 여기서 주의할 점은 근거로 제시한 사실 관계가 정확해야 한다는 것이다. 만약 '마사지'를 한 자료를 반박 근거로 제시했다가 그것이 허위로 판명 날 때에는 더 큰 피해를 입을 수 있음을 명심해야 한다.

방어의 기술 G: 진흙탕 속으로 Gloomy

앞서의 방식이 수세적 성격이라면 이 기술은 다분히 공세적 성격이 짙다. 아울러 흔히 보는 장면이며, 막장에 가서 남는 장면이기도 하다. 이는 말 그대로 난타전이다. 네거티브 이슈의 선후와 경중을 마구 섞어서 정치 혐오 및 불신을 증폭시킴으로써 자기 지지층만이라도 투표장에 오면 승부를 낼 수 있다는 셈법이 설 때 구사한다. 후보나 캠프가 나름 성의 있는 행동과 메시지로 해명하고 읍소해도 상황이 꼬여만 가고 안 풀린다면 혹은 풀릴 수 없다면, 차원을 달리해서 문제를 푸는 수밖에 없다.

여기에도 지켜야 할 원칙이 있다. 같이 삽바 잡고 진흙탕에서 뒹굴더라도 선결해야 할 요소가 있다. 우선 비난하는 사람(특히 후보자)의 신뢰성을 약화시키는 것이고, 다음으로 나보다 상대가 더 심각하다는 점을 주지시키는 것이다.

또한 진흙탕 돌입에 앞서 좀더 큰 '대의명분'을 제시해야 한다. 방어하는 입장에서는 공격하는 측의 지적이 지엽적이며, 오해라고 되받아쳐야 한다.• 아울러 그것은 '잘하려고 한 일'이라거나 '어쩔 수 없었다'며 과정과 결과에서 '일부' 문제점과 '약간'의 오해가 발생했지만 동기의 '순수성'은 의심치 말 것을 지지자들에게 호소해야 한다. 여기서 중요한 포인트는 지지자들이다. 상대의 공격은 의례적이며, 일상적이고, 만성적인 공격이라는 뉘앙스를 깔아야 한다. 이 과정에서 일부 약한 고리는 떨어지더라도 핵심 지지층까지 등을 돌리는 상황을 만들어서는 안

● 지난 대통령 선거 당시 'NLL' 이슈에 대해서 새누리당은 '서해 주권 포기'를, 민주통합당은 '정상 회담 유출'로 각각 맞붙었다. 민주통합당은 내용도 왜곡되었을뿐더러 유출 '과정'을 집중적으로 제기하여 도덕성에 타격을 주려 했다. 반면 새누리당은 과정의 문제가 아니라 '내용'이 더 큰 문제라며 대응했다. 여기서 이야기하고자 하는 것은 각자의 프레임을 걸어 공방을 벌였다는 점이다.

된다. 밑천까지 털리면 복구할 길은 난망하다. 방어하는 과정에서 일부 손실은 감내해야 한다. 하지만 무슨 일이 있더라도 핵심 지지층은 지켜야 한다. '대의명분'은 핵심 지지층을 위해서 던지는 메시지다.

방어의 기술 I: 무시도 방법이다 Ignore

정치세계에 "가장 바보는 상대가 묻는 말에 성실히 답하는 사람"이라는 속설이 있다. 상대가 공격을 가했을 때 바로 대응하는 것이 마냥 좋지만은 않다. 이른바 '프레임'의 덫에 걸려 이 과정에서 만약 사소한 실수를 하게 되면 더 큰 실수로 이어지기 때문이다.

'묵묵부답'도 해결의 한 방편일 수 있다. 흔히 하듯 '답변할 가치가 없다'는 식으로 뭉개면서 소낙비를 맞거나 잔 펀치를 맞고 가는 것이 차라리 어설픈 답변보다 나을 수 있다는 것이다. 대개는 말로써 말을 덮으려다 수렁으로 빠지곤 하기 때문이다. 어설픈 부인보다 확실한 부답이 낫다. 단 '동문서답'은 하지 말아야 한다. 최악의 장면이다. 실수를 할지라도 실소를 자아내서는 안 된다. 모양새도 빠질뿐더러 사람만 우스워진다. 호감도에 상처는 입더라도 신뢰도가 금 가는 일은 없어야 한다. 호감도는 빨리 복구할 수 있지만 신뢰도는 복구 속도도 비용도 많이 든다.

'무시하기'는 때로 큰 기술을 쓸 때 활용한다. 상대가 완전히 잘못된 사실 관계 등을 가지고 맹렬히 공세해온다면 때로는 그것을 지켜보며 방관할 필요가 있다. 그러다 적당한 시점에 상대의 주장을 반박하는 자료를 제시하여 상대를 '양치기 소년'으로 만들 수 있어야 이 기술은 큰 효과를 발휘한다. 하지만 효과만 노리며 지나치게 즐기다 시기를 놓치게 된다면 그 결과는 오롯이 자기 몫임을 명심해야 한다.

방어의 기술 S: 꼬리를 잘라라 Sacrifice

선거 캠페인 상황에서 후보는 '최고 존엄'이다. 비록 시골 군 의원 선거라 하더라도 후보는 마지막까지 지켜야 할 대상이다. 그러기에 당연히 상대의 과녁은 '최고 존엄'에 있다. 병서 36계 중 제18계가 '금적금왕擒賊擒王'인데, 이는 적을 잡으려면 우두머리부터 잡는다는 계책이다. 후보를 주저앉히면 스태프나 가족 등과 비교했을 때 선거 구도의 요동은 클 수밖에 없다.

관련 의혹 등 네거티브 공격을 받으면 처음에는 부인과 변명을 하더라도 상황이 심각하게 돌아간다면 어떻게든 조속한 '출구 전략'을 짜야 한다. 이슈 수명 주기로 설명하자면 그래프 방향을 아래로 틀어야 하는 상황이다. 앞서 부인이나 변명이 '말'로 공방을 벌이는 상황이라면 이제는 한 단계 더 나아가 실제 '행동'을 보여줘야 한다. 즉, 사건 자체와 개연성은 인정하나, 직접적인 연관성까지는 인정할 수 없을 때 누군가가 '희생양'이 되어서 그 책임을 안아야 하는 상황까지 가는 경우다. '희생양'이라 함은 대개 후보를 대신하여 그 책임을 지는 사람을 의미한다. 36계 중 제11계에 나오는, 자두나무가 복숭아를 대신해 죽는다는 의미의 '이대도강李代桃僵' 계책이라 할 수 있다.

이 기술은 다분히 비윤리적이고 반도덕적이라는 비난을 받는다. 또한 그 당시 성공적으로 꼬리를 잘랐다고 하지만 이것이 불씨가 되어 더 큰 참사로 이어지곤 한다. 세상에 아무 조건 없이 남 대신 자기 인생에 빨간 줄 그이는 것을 감내할 사람은 없다. 설령 있다고 해도 그것은 '의리'가 아닌 유권자를 농락하는 행위나 다름없다. 후과는 언제 나타나도 나타난다.

네거티브 공방의 원칙

'희생양'과 함께 방어 국면에서 '방탄조끼'도 필요하다. 방탄조끼는 피해를 최소화할 수 있는 장치나 네트워크를 말한다. 심각한 악재가 발생하면 조직과 기획, 홍보, 소셜 미디어 파트가 함께 조기 경보 체계를 가동해야 한다. 즉, 방탄조끼를 한층 더 두텁게 착용해야 한다. 이는 한 단위에서, 한순간에서 덮고 넘어갈 사안이 아니다. 문제의 진단과 처방은 한 라인에서, 일관성을 가지고 이루어져야 한다. 처방과 진단이 따로 가서는 안 된다. 문제가 발생하면 가용한 모든 장치와 네트워크가 일사불란하게 움직여야 한다. 이 과정에서 언론과의 긴밀한 관계는 매우 중요하다.● 최근에는 소셜 미디어의 중요성이 부각되었지만 이는 우선과 차선을 다툴 문제는 아니다. 대 언론 관계와 소셜 미디어 등 외부의 도움이든 자생적 해결이든, '방탄조끼'는 후보가 반드시 갖춰야 할 기본 사양이다. 희생양이 상황 논리와 압박에 내몰리는 데서 강요된 한 수라면, 방탄조끼는 사전에 준비하는 기본적 요건이라는 면에서 미묘한 차이가 있다. 희생양 한 마리를 살 돈이면 방탄조끼 여러 벌을 살 수 있다. 꼼수로 갈음하려 하지 말고 정수로 준비하는 것이 비용이나 효과 면에서 모두 월등히 낫다.

● 미국에서는 1992년 대통령 선거를 시작으로 후보들이 언론인과의 의사소통을 목적으로 최첨단 중앙상황관리센터High-tech nerve center를 세웠다. 클린턴의 첫 번째 선거 캠페인 중에는 이 센터가 전쟁 상황실war room로 불리기도 했다.

감수성을 고려하지 않은 '팩트 폭행'

2016년 20대 총선을 앞두고 경기도 A 지역에서 일어난 일이다. 보수 정당인 새누리당에서는 3명의 후보가 출사표를 던졌다. 판세는 대략 현 지구당 위원장인 '갑'과 청와대 비서관 출신 '을' 두 후보가 앞서고 시장 출신인 '병' 후보가 추격하는 양상이었다. 여론조사 1차 경선에서 병 후보는 탈락했고, 갑과 을 후보의 최종 승부 끝에 본선 티켓은 갑 후보가 거머쥐었다. 선거 결과 갑 후보는 야당 후보에게 밀려 낙선하며 총선 레이스는 막을 내렸다.

을 후보는 언론사 생활을 오래 했으며, 청와대 비서관을 역임하고 연고가 있는 A 지역으로 출마를 하게 된다. 사건의 발단은 중앙선거관리위원회 홈페이지 후보자 정보 공개에서 비롯됐다. 후보 관련 정보에 을 후보가 '전과 1범'이며 '군 면제'라는 사실이 홈페이지에 올라오고, 내용 중 국가보안법, 집시법 등과 함께 공문서 위·변조 사항이 공개됐다. 이에 갑 후보 측에서 "을 후보는 전과자" "자질과 함량 미달"이라는 내용을 소셜 미디어와 구전을 통해 전파했다. 실제 학생 운동권 출신인 을은 1980년대 시위 주동자로 몰려 2년여간 수배생활을 했다. 그 당시 시국 사건 관련 수배자들은 주민등록증을 변조해서 신분을 숨기며 도피생활과 위장 취업을 했다. 기소된 내용만 보자면 '공문서 위·변조'가 틀림없다. 또한 '수형受刑으로 인한 면제'이지만 군대를 가지 않은 것 역시 사실이다.

여기까지는 갑 후보의 문제 제기가 일견 타당했다고 할 수 있다. 문제는, 그 시대 상황의 특수성에서 빚어진 일에 대한 정확한 이해 및 인식과 그것을 받아들이는 수용자(유권자)의 감수성이다. 민주화된 정상 국가 및 사회에서 주민등록증 등 공문서를 위·변조하는 것은 중범죄에 속한다. 특히 선출직 공직자로 나서고자 하는 사람에게 이런 범죄는 자질을 의심케 할 정도로 사안이 큰 이슈다. 그런데 권위주의 군사 정권 시절 민주화 운동 과정에서 빚어진 일에 대해 트집을 잡는 것은 아무래도 억지로 우기는 견강부회나, 부풀려 과장하는 침소봉대의 성격이 짙다고 할 수 있다. 차라리 보수 정당의 정서에 기대어 "상대 당 후보로 적합한 인물이 아닌지" 혹은 "우리와 정체성이 근본적으로 다른" 등의 식으로 몰고 갔으면 나을 뻔했다. 이 역시 그렇다면 권위주의 군사 정권 시절이 정당했냐, 혹은 옳았냐는 논쟁의 여지가 없잖아 있지만.

소셜 미디어상에서 이런 내용이 횡행한다는 사실을 파악한 을 후보 측에서는 어떤 식으로 대응할 것인지에 대해 논의했다. 우선 을 후보의 기본적인 인식은 민주화 운동 과정에서 일어난 수감생활과 전과 기록을 훈장처럼 자랑할 일은 아니기에 양식 있는 유권자들이 알아서 판단할 문제라는 것이었다. 하지만 차제에 이와 관련된 전후 관계를 설명할 필요성은 다분히 느끼고 있었다. 그렇게 해서 내린 결론은 을 후보 본인이 직접 지역 커뮤니티 사이트에 지역과 연을 맺은 이야기, 학생운동 과정에서 벌어진 일에 대해서 담담하게 글을 올리는 것이었다.

이에 대한 반응은 좋았다. 이 글을 읽은 시민들이 그 시절 "갑 후보는 어디서 무엇을 했냐?"며 이런 것을 문제 삼는 갑 후보와 그 캠프에 "치졸한 네거티브는 하지 말 것"을 촉구하는 글이 올라오기 시작했다. 분위기가 반전된 것이다.

이 사례가 주는 교훈은 다음과 같다.

갑 후보는 분명히 사실 관계에 기반한 네거티브 공세를 진행했다. "상대가 전과자"라는 내용은 맞는 말이다. 그런데 '어떤 전과'인지에 대한 수용자(유권자)들의 감수성을 배려해 세심히 접근하지 않았다. 이를테면 사기나 음주 등 개인적 일탈이나 도덕성 등 기본적인 자질과 민주화 운동 과정에서 빚어진 '전과'를 같은 위치에 두고 평가하는 것은 적절치 못했다. '사실'에 기반한 문제를 제기한다고 해서 다 좋거나 맞는 것은 아니다. 그것이 '어떤 사실'인가에 대한 맥락과 배경까지 같이 고려해야 한다. 아울러 그것을 받아들이는 유권자의 감수성까지 동시에 헤아려야 제대로 된 공격이라 할 수 있다.

반대의 경우도 있다. 진보적인 정당의 모 후보는 전과가 여러 개 있었다. 사람들은 대부분 '전과'가 민주화 운동 과정에서 일어난 불가피한 일이라고 생각했다. 그런데 알고 보니 음주운전과 폭행 등 '잡범' 수준의 전과였다. 결과는? '폭망'이었다. 만약 그 후보가 국보법이나 집시법 등의 전과자였다면 평가는 달라졌을 것이다. 전과도 전과 나름이다.

증거가 만든
'인지 조화'의 기적

　2010년 A 지역 기초 단체장 선거 때 있었던 일이다. 현직인 '갑' 후보에게 '을' 후보가 도전장을 내밀었다. 갑 후보는 3선에 도전했고, 을 후보는 처음 치르는 선거였다. 문제는 갑 후보와 그의 동생에 관련된 '루머'가 선거 이전부터 지역사회에 널리 퍼졌다는 점이다. 특혜 시비, 재산 증식 등 주로 금전과 관련된 내용이 대부분이었다. 을 후보 측에서도 이를 공격의 소재로 삼고자 했지만 '물증' 없이 '심증'만 있었기에 그냥 유권자들의 루머에 기댄 채 불만 지피는 식으로 네거티브 캠페인을 진행했다. 그런데 어느 날 갑 후보 동생의 사업 파트너라는 사람이 캠프로 찾아왔다. 내용인즉슨, 갑 후보 동생이 차용증을 쓰고 돈을 빌렸는데, 이래저래 뭉개고 있다는 것이었다. 선거가 끝나면 해결해준다고 했는데 도저히 믿을 수 없고 그동안 마음고생도 많이 했으니 돈을 못 받더라도 혼을 내달라는 부탁과 함께 '관련 자료'를 캠프로 가져왔다. 다분히 '민원'성 소재였다. 을 후보 캠프에서는 이 '관련 자료'를—기껏해야 차용증과 각서 수준이지만—어떻게 활용할까 방안을 강구했다. 논의 끝에 장날 유세에 써먹기로 했다. 유세 기조는 갑 후보의 도덕성과 관련된 내용이었고, 그날 '묵직한' 한 방이 나올 테니 모든 운동원과 지지자를 집결시킬 것을 당부했다. 전날 후보 유세를 짤 때 유세 내용은 최대한 모호하게, 상대방의 도덕성에 초점을 맞추었다. 그리고 주머니에서 '자료'를 꺼내면서 펼쳐 보일 것을 주문했다. 일종의 퍼포먼스인 셈이다.

  이윽고 장날 유세 날. 묵직한 한 방이 무엇인지를 보기 위해 상대 후보 지지자는 물론 기초의원, 광역의원 후보와 운동원들까지 장터 유세장을 꽉 메웠다. 찬조 연사들이 판을 한껏 달군 다음 을 후보가 유세차에 올라왔다. 갑 후보에 대한 도덕성을 적절히 언급하면서 이윽고 주머니에서 '자료'를 꺼냈다. 순간, 유세장이 술렁거렸다. 후보의 유세 내용은 사실 별것 없었다. 관련 내용을 말하고 싶지만, 차마 말할 수 없으며, 이런 사람이 지역의 각종 사업에 관여되고 있으니 수신제가나 제대로 할 것을 운운하는 정도였다. 문제는 퍼포먼스를 통해 그동안 루머로만 떠돌았던 '심증'이 '물증'의 등장으로 확인되었다는 것이다. '인지 조화'를 확인시켜준 것이다. 물론 내용은 사실 관계가 맞았다. 선거 캠페인에서 가장 좋은 네거티브 기술은 '인지 조화'다. 자신이 믿거나 들었던 가치 혹은 정보가 눈앞에 증거로 등장하는 순간 그 폭발력은 훨씬 더 커진다. 보지 않고 믿으라고 할 게 아니라 보여주고 믿으라고 할 때 네거티브는 빛을 발한다. '인지 부조화'는 개인의 태도를 변화시키지만, '인지 조화'는 선거 판세를 변화시킨다. 참으로 오묘하고 신통방통한 인지 조화의 위력이다.

바람아 불어라,
風風風

2010년 지방선거 최대 이슈는 '천안함 폭침' 사건이었다. 1987년 민주화 이후 전국 단위 선거 때마다 '북풍'은 불었다. 정상회담 등 남북 관계 개선을 위한 성격의 '훈풍'이든 KAL기 폭파 사건 등 긴장 고조 성격의 '삭풍'이든, 또 영향력의 크기로 봤을 때 '미풍'이든 '태풍'이든, 사건이나 사안이 선거에 어떻게 유불리로 작용하는가에 따른 '순풍'이든 '역풍'이든, 발생지에 따라 '남발'이든 '북발'이든 선거철에는 항상 북풍이 불었다. 과거 사례에서 '총풍'이나 'NLL 포기 발언'도 북풍의 범주에 넣을 수 있을 것이다.

이제 북풍은 선거의 변수가 아니라 상수가 되었다고 해도 과언이 아니다. 공교로운 것은 과거부터 우파 성향의 정부(민정-민자-한나라)가 집권했을 때는 '삭풍'이, 좌파 성향의 정부(새정치국민회의-새천년민주-열린우리)가 집권했을 때는 '훈풍'이 불었다는 점이다. 그리고 최근 선거를 살펴보면 유권자들의 오랜 학습효과에서 오는 경험 때문인지 북풍을 제기하는 쪽에 오히려 득보다 실이 크게 작용한다는 것을 알 수 있다. 이 점은 앞으로 어떻게 작용할지 주목할 만한 사안이다.

그해 동시 지방선거를 두 달여 앞둔 2010년 3월 26일 서해 백령도 인근에서 '천안함 폭침' 사건이 발생했다. 다른 내용은 차치하더라도 이명박 정부가 반환점을 도는 시기에 치르는 전국 단위 선거를 눈앞에 두고 벌어진 이 사건은 우리 군함이 영해에서 폭침되었다는 성격도 그렇지만, 선거라는 상황과 맞물려 '북풍의 소용돌이' 속으로 급속히 빨려들어갈 수밖에 없었다.

당장 일각에서는 인터넷을 중심으로 선거 목적의 '신新북풍' 의혹이 제기되었다. 1번 어뢰의 글자체, 폭침이 아닌 좌초설, 의도된 사고라는 '의혹'을 둘러싼 논박이 인터넷을 중심으로 급속히 확산되었다. 심지어 '자작극'이라는 루머까지 등장한 상황이었다. 이들의 주장을 한마디로 정리하자면 '천안함 폭침'은 현 정부가 선거를 앞두고 국면을 조성하기 위해 만든 '기획 작품'이라는 것이었다.

초반에는 당시 한나라당에 유리하게 작용할 것 같았지만, '안보 무능론' '전쟁이냐 평화냐' 등의 대항 담론이 형성되면서 여론이 급격히 변하기 시작했다. 한편으로는 '또 북풍이냐?'는 의구심과 함께, 대통령을 포함한 몇몇의 군 미필자가 모여 상황을 지휘하는 장면이 나간 뒤 '군대 근처도 안 가본 사람들이 무슨?'이라는 반감까지 더해지면서 폭침 사건은 사건대로, 선거 국면은 국면대로 복잡하게 얽혀 들어갔다. 그 와중에 투표일을 얼마 앞둔 5월 24일 전쟁기념관에서 생중계로 방송된 이명박 대통령의 담화 장면은 상황을 더 가파르게 몰고 갔다. 다분히 선거를 의식한 행동이라는 의심을 야권 지지층으로부터 받았다. 실제 투표일이 열흘 정도밖에 남지 않은 상황이었다. 반대급부로 이대로 북풍에 휩쓸리면 패한다는 위기감이 야권 진영에 돌면서 후보 단일화의 '단풍單風'이 급물살을 탔다.* 선거 결과 전체적으로는 여당이 근소하게 앞섰다. 아무래도 북풍 효과를 무시할 수 없을 것이다.** 하지만 선거 초반 여당의 압승으로 끝날 것이라는 전망과 달리 야당도 상당히 선전한 선거로 평가받았다.***

이 사례가 던지는 시사점은 대략 다음과 같다.

남북이 대치하고 있는 분단의 현실, 전쟁의 기억과 상처가 아직까지 남아 있는 상황, 또한 그만큼 통일의 요구가 높은 상황에서 상대 당과 후보에 대한 이념 공세 및 북풍은 계속 있어왔고, 앞으로도 있을 수밖에 없는 현실을 우선 이야기하고 싶다. 또한 과거 권위주의 정권 시절 민주화 운동에 붉은색을 덧칠했던 공작 정치의 '흑역사'가 아직도 국민의 뇌리에 깊숙이 박혀 있는 것도 현실이다. 물론 개중에는 실제 북한과 연계된 인물이나 조직, 사건이 일부 있었던 것도 부인하기 힘들다.

이런 현실에서 상대 후보에 대한 이념 문제 제기와 공세는 막말, 학력위조, 탈세, 위장 전입, 논문 표절 등 후보의 신상과는 휘발성 및 폭발력에서 차이가 나도 한참 난다. 그만큼 중요하고 민감하기 때문이다. 결국 '표'의 흐름과도 상당히 밀접한 연관을 맺고 있다는 현실적인 측면이 강하게 작용한다.

* 물론 그 이전부터 폭넓은 수준에서 '야권 단일화' 논의가 있었고 후보 등록까지 마친 상태였지만, 압력이 한층 높아졌음을 의미한다.

** 김문수 지사는 그나마 이번 지방선거에서 한나라당이 일부 살아남은 것은 '천안함'이 가져온 북풍 덕이라고 말했다. 김 지사는 "그나마 천안함이 있었으니까 (한나라당이) 반사적으로 덕을 봤다"며 "이번 선거에서 천안함 효과가 없었다면 (한나라당은) 더 망했을 것"이라고 말했다.(한겨레, 2010년 6월 7일)

*** 당시 한나라당은 서울과 경기에서 당선자를 냈다. 하지만 당선 가능 지역으로 분류했던 경남과 강원, 충남에서는 야당에 패했다. 광역단체장을 놓고 봤을 때 야당의 '판정승'이라는 것이 대체적인 평가였다.

차분하게 사실 관계에 입각하여 중립적이고 객관적인 위치에 있어야 할 매스미디어까지 동원되어 상황을 과열시켰던 과거도 있다. 대표적인 예로 1997년에 있었던 15대 대통령 선거에서 '한국논단'이 주최한 '대통령 후보 사상검증 대토론회'를 들 수 있다.●

과거에는 이념 공세가 보수 진영 쪽에서 먼저 제기하면서 주도권을 잡은 이른바 '색깔론' 성격을 지녔다면, 최근에는 역으로 진보 진영 쪽에서 '역逆색깔론'을 제기하는 측면도 더러 있다. 어디서 먼저 했든, 성격이 어떠하든 분단의 현실에서 상대 정당과 후보에 대한 이념적 문제 제기는 당연하다. 사실 이념에 대한 문제는 '사상의 자유'와는 별개다. 강요할 수는 없지만 물어볼 수 있다. 특히나 선출직 공직자를 뽑는 선거 공간에서는 더욱 그러하다. 답하기 싫으면 안 하면 된다. 대신 그 결과는 자신이 책임지면 될 일이다. 한편으로는 자신들이 지향하는 바를 정확히 설명하고 그에 대한 동의와 지지를 이끌어내는 것이 '민주공화국'의 선거다.●● 문제는 그것을 은폐하거나 왜곡, 과장하는 것이다. 그 순간 '이념'에 대한 문제 제기와 논박은 네거티브로 급전환한다. 동시에 '수꼴'과 '좌빨'이라는 원색적인 용어가 난무한다.

북풍과 관련해서는 한편으로는 전쟁의 경험과 북한의 무력 행위에 따른 안보 현실이, 다른 한편으로는 민주화 운동 과정에서의 조작과 덧칠이라는 경험 속에서 형성된 선유경향predisposition●●●이 있고, 그 영향력

●1997년 10월 8일 한국논단이 주최한 토론회를 KBS, MBC, SBS 방송 3사가 오전 10시부터 오후 5시까지 생방송으로 전국에 중계했다. 이날 토론은 패널 구성이나 질문에 있어 후보자의 사상 문제나 안보관에 관한 내용이 주를 이루었다. 이 토론이 끝난 뒤 방송위원회는 방송 3사에 '대통령 후보 사상검증 대토론회'를 방송한 것에 대해서 공정성과 명예훼손금지 조항에 위배된다는 결론을 내리고 모두 '주의' 조치를 내렸다. 구체적으로 패널의 질문 중에서 "황장엽씨한테 직접 들은 얘긴데 김정일이 DJ를 제일 좋아한다" 등의 내용이 공정성에 위배되는 것으로 보았다.(『방송과 시청자』, 1997년 11월호, 29쪽)

●●2002년 서울시장 선거 텔레비전 토론회에서 있었던 일이다. 당시 원용수 사회당 후보가 텔레비전 토론회에서 "저는 사회주의자입니다. 사회주의자 후보가 출마한 것을 어떻게 생각하십니까?"라고 물었고 이에 이명박 한나라당 후보는 "좋은 일이지요, 함께 토론도 하고 얼마나 좋습니까?"라고 답했다.

이 크다는 현실 때문이다. 이른바 '레드 콤플렉스'와 평화 요구가 동시에 존재하는 것이다.

이념 문제는 분단의 현실과 과거의 경험 속에서 형성된 '학습 효과'로 인해 그 작용과 반작용이 가장 크게 나타나는 균열이라고 할 수 있다. 따라서 네거티브 캠페인이 위력을 떨칠 수밖에 없는 토양과 환경을 제시한다. 소재 자체도 그렇지만, 보수와 진보를 막론하고 그것을 둘러싼 이를테면 입장 요구나 처리 방식 및 태도에서 거친 말들이 쏟아진다. 그만큼 휘발성과 폭발력이 강하기 때문이다.

앞서 이야기했듯이 이제 북풍은 선거에서 상수가 되었다. 대통령 선거는 기본이고, 총선이나 지방선거에서 북풍이 불지 않은 적은 없었다. 북풍이 선거 캠페인에 어떻게, 얼마나 영향을 미칠지는 늘 관심의 대상이다. 차분하게 보고 싶어도 볼 수 없는 것이 북풍이다.

●●●보통 태도dispositon는 사물이나 사람, 이슈에 대한 개인의 평가나 신념, 감정으로 정의한다. 선유경향先有傾向이란 간단히 말하자면 어떤 사안에 대해 정확한 정보에 기반하여 인지하지 않은 상태에서 미리 재단하는 일종의 선입견이라고 할 수 있다. 이러한 선유경향은 사회적 자아가 형성되기 이전 가정교육, 신앙, 집단의 문화, 경험 등에서 형성되었다고 본다. 북풍과 함께 지역주의 투표도 대표적인 선유경향에 따른 반응이라고 할 수 있다. 커뮤니케이터 입장에서는 당연히 그 효과가 크기 때문에 자극을 주려 한다.

3장

네거티브를 고려한
선거 전략 마련 조사 방법

여론조사를 통한
네거티브 공방 대응책 마련

선거 캠페인에서의 여론조사의 필요성

지방선거에서 교육감 선거가 갈수록 흥미를 더해가고 있다. 유명 정치인들이 나서기보다는 교육 현장에 있던 이들이 후보로 대결을 펼칠 때가 많고 정당에서 공천하지 않기 때문에 유권자들의 관심이 상대적으로 크지는 않다. 하지만 선거 규모는 광역단체장급인 데다 여러 후보가 합종연횡을 펼치고 단일화를 통해 두서너 명으로 압축하는 과정을 들여다보면 다른 선거에서는 보기 힘든 재미있는 구석도 있다.

선거를 관전하는 입장에서 한층 더 흥미를 느낄 수 있는 이유 중 하나는 '살벌한 네거티브'의 향연이 펼쳐진다는 것이다. 네거티브에 크게 의존하게 되는 교육감 선거의 특성은 첫째, 후보들의 체급을 볼 때 중량감 있는 후보가 거의 없어서 유권자들에게 인지도가 떨어지고 선거 국면에서 존재감을 드러내기 어렵다는 점, 둘째, 교육감이라는 직책이 도덕적 순결성을 요구하는 데 반해 전교조 대 반전교조 혹은 교육계 출신 여부 등 검증이라는 이름으로 들이댈 수 있는 네거티브의 잣대가 많다는 점, 셋째, 정당 공천이 아니기 때문에 너 나 할 것 없이 로또식 입후보가 많다는 점 등으로 진흙탕 싸움이 되기 십상이다.

이런 과정에서 지난 2014년 서울교육감 선거는 네거티브 캠페인 역사에서 새로운 교훈을 남겼다. 고승덕 후보는 탄탄한 인물 경쟁력과 신선한 이미지로 선두로 치고 나가기도 하고 당선 유력으로 점쳐지기도 했다. 평소 여당을 지지하던 유권자이건 혹은 야당을 지지하던 유권자이건 교육감은 고승덕 후보를 지지하는 비율이 어느 정도 확인되어, 여야의 균열 구조에 의해 양분된 구도에 새로운 흐름을 만들 수 있지 않나 하고 기대하는 사람도 많았다.

문제는 가정사에서 비롯되었다. 이혼한 전처가 키우는 자녀에 의한 네거티브, 가정사에 대한 이야기가 언론 지면과 전파를 타더니 지지도는 한순간에 급락하고 말았다. 경쟁관계에 있는 다른 후보, 캠프, 지지자들에 의한 폭로성 네거티브가 아니라는 측면에서 새로운 네거티브 위험 요소가 드러났다고 볼 수 있다. 공직 선거 과정에서 가족 친지가 후보의 캠페인에 종종 방해가 된다 하더라도 캠페인에 정면으로 네거티브를 가하는 예는 흔치 않다. 일부 있었으나 선거가 임박하기 전에 갈등이 봉합되곤 했는데, 이번에는 폭발 시기가 폭발력을 결정했다. 뒤늦게 후보 측에서 여러 해명이 있었지만, 가족의 폭로가 가져오는 파괴력에는 속수무책이었다.

조희연 당선자도 일부 인정했듯이 '어부지리'로 승리할 수 있었다는 이야기가 많았다. 그렇지만 고승덕 후보의 딸과 조희연 후보의 아들이 보여준 극명한 대비는 네거티브가 어디에서 폭발할지 알 수 없는 선거판의 속성을 확인하기에 충분했다.

이와 같이 한 치 앞도 볼 수 없는 선거 캠페인 과정이니 미리 대비한다는 의미에서 여론조사는 필요하다. 흔히 당선 가능성을 미리 점쳐보고, 당선 가능성이 없는 선거에 출마하여 패가망신하지 않도록 돕는다는 것을 여론조사의 가장 큰 쓰임새라 하기도 한다. 그러나 선거 캠페인에 기여하는 여론조사의 많은 효용 가운데 사전에 유권자들에게 알려진 네거티브 위험 요소를 식별하는 것도 매우 중요한 역할이다. 위의 사례에서 만일 고승덕 후보가 좀더 다각도로 조사를 진행하고 대비책을 마련했다면 어땠을까? 정량 조사뿐 아니라 정성 조사와 소셜 분석 등을 모두 활용해서 조사하고 감지되는 위험 요소를 사전에 제거했다면 결과는 예측하기 힘들지 않았을까 싶다.

결국 어디에서 언제 터질지 알 수 없는 상황에 대비하기 위해 철저한 사전 조사가 필요하다. 상대 후보 측뿐 아니라 주변의 지인들도 언제 네거티브 공격자로 돌아설지 알 수 없는 상황의 연속이 바로 선거 과정이다. 강력한 네거티브 공격에 속수무책으로 무너지는 경우를 많이 봐왔다. 특히 개인 신상에 대한 폭로성 네거티브에 대해 처음에는 '사실이 아니다'라고 당당한 모습을 보이지만, 점차 진행되면서 마치 '어떻게 알았지? 절대 모를 줄 알았는데?'라고 외마디 비명을 지르는 형국이 되고 만다. 왜 이렇게 속수무책으로 당하는 것일까? 준비가 되어 있지 않은 탓이다. 그런데 도대체 왜 한 방에 좌초되는 네거티브 공격에 대한 방어 준비를 안 하는 걸까?

여러 이유 중 가장 흔한 것은 '이건 모르겠지'라는 심리라고 여겨진다. 그러나 지금 세상은 과거 어느 때보다 정보의 교류와 소통이 활성화되어 있다. 후보 개인의 신상과 관련된 내용이라면 정말 삼척동자도 유포할 수 있는 세상이 된 것이다. 후보자 스스로 타인에게 숨기고 싶어하는 네거티브 이슈가 있다 하더라도 그에 대해 철저히 준비해야 하는 것이다.

하지만 후보 입장에서는 숨기고 싶은 이슈에 대해 캠프에서 공식적으로 논의하고 싶어할 리가 만무하다. 캠프라고 해봐야 믿을 수 있는 사람이 몇이나 될 것인가? 일부 요직에는 친인척 등 도저히 배신하기 어려운 사람들을 앉히기도 하지만 가족이 더 무서운 존재로 돌변할 수도 있는 게 선거판 아닌가. 후보가 밝히기 힘든 어두운 과거가 있다면 누구에게 털어놓을 수 있을까? 독자 가운데 출마를 염두에 두고 있는 이는 다음 부류에 해당되는 사람의 얼굴과 이름 석 자를 떠올려보라.

- 배우자나 자녀 등 직계 가족
- 정치적 신념과 노선을 함께해온 동지
- 오랜 세월을 함께해온 아삼륙급 친우
- 중앙당이나 지역 당협에서 파견 온 성실한 참모
- 전문 컨설팅 업체 관계자

만일 이 글을 읽는 독자가 자신의 과거 중 밝히고 싶지 않은 일들을 털어놓을 수 있는 사람으로 위에 나열된 누군가를 지목할 수 있다면 행복한 사람이거나 바보이거나 둘 중 하나다. 만일 과거사라는 것이 아주 순박한 것으로 선거 국면에서 문제가 되지 않는다면 더할 나위 없이 행복한 사람임이 분명하다. 그러나 그런 사람은 거의 없지 않을까 한다. 정말 심각한 과거사를 마음 한 귀퉁이에 무겁게 간직하고 있는 후보가 위의 어떤 부류라고 하더라도 막역한 어느 누군가와 허심탄회하게 의견을 나눌 수 있다고 생각한다면 어쩌면 바보일 수 있다. 조변석개하는 존재가 인간인데, 누굴 믿겠는가.

그런데 문제는 누군가와는 자신의 네거티브 이슈에 대해 허심탄회하게 논의하고 대책을 마련해야 한다는 것이다.

네거티브 대비책 마련을 위해 활용 가능한 여론조사의 종류

이러한 난처한 네거티브 공격 상황을 사전에 예방하기 위한 대표적인 것이 여론조사와 텍스트 분석이다. 가장 먼저 갈대밭에서 울려 퍼지는 소리가 있는지를 들어봐야 하는 것이다. 아무도 제기하지 않는 과거사를 후보 스스로 부끄러워 고해성사하듯 퍼뜨릴 이유는 없다. 유권자들의 목소리에 섞여 있는 소문들 속에 혹시 묻어 나오는 네거티브 이슈를 찾아내야 한다. 이를 위해서는 다음과 같은 몇 가지 방법이 있다.

- CATI 방식 전화 조사의 개방형 문항
- 표적집단심층면접FGI: Focus Group Interview을 통한 이슈 토론
- 전문가 개별심층면접IDI: In-Depth Interview을 통한 이슈 청취
- 텍스트 분석을 통한 이슈 분석

위와 같은 방법을 통한다면 기본적으로 여론화되거나 혹은 여론화될 가능성이 있는 네거티브 이슈를 감지해낼 수 있다. 앞의 세 가지를 보통 여론조사라 하고 텍스트 분석을 빅데이터 분석이라고도 하는데, 텍스트 분석은 나머지 세 가지 방법과는 다르니 뒤에서 다시 설명하기로 하자.

위 세 가지 조사 방법의 장단점은 다음 표를 보면 알 수 있다. 세 가지 방법을 혼합해서 설계한 뒤 선거를 앞두고 최소 6개월 전에 시행해야 한다. 지나치게 임박해서 조사를 진행하면 시간적 여유가 너무 없어 촉박하다. 진행하기 위해서는 믿을 만한 실력을 지닌 연구원이 근무하는 조사 기관에 연락해서 '선거 전략과 후보 PI 수립을 위한 여론조사'를 발주하겠다고 하면 된다. 상담을 위한 방문을 요청하고 견적서와 간략한 제안서를 제시해달라고 하면 된다.

	CATI	FGI	IDI
구분	정량 조사	정성 조사	
규모	1000표본	4개 각 그룹 8명	10명 내외
예산	표본당 1만~1만2000원	그룹당 300~500만 원	1명당 50~80만 원
산출물	통계표, 차트, 보고서	스크립트, Verbatim, 보고서	

[표 3] 선거 시 자주 쓰이는 여론조사 방법의 구분

ARS 방식의 여론조사도 알아두면 도움이 된다. 많은 캠프에서 ARS 방식의 여론조사를 수행하는데, 그 이유는 비용 합리성 때문이다. CATI는 조사원이 일대일로 응답자와 대화를 나눠 설문 문항에 대해 응답을 받는 것이며, ARS는 녹음된 음성이 전달되고 응답자는 정해진 선택 항목의 번호를 전화기 키패드의 숫자로 선택한다. 조사연구학회나 학계에서는 ARS 방식을 여론을 파악하는 방법으로 인정하고 있지 않지만, 선거판에서는 가장 많이 활용되는 여론조사 수단이다.

그런데 ARS 방식으로는 오픈 문항을 묻기 어렵다. 시스템 자체가 오픈 문항을 적용하기 어려운 것은 아니다. 응답자가 녹음을 할 수 있기 때문에 ARS 조사라고 하더라도 오픈 문항을 넣을 수는 있다. 그렇지만 ARS 조사를 하는 이유 중 하나는 오픈 문항을 적용해 어떤 현안에 대한 의견을 묻고자 하는 게 아니기 때문에 보통 넣지 않는다. 대개는 인지, 선호, 지지 등 지표로 활용할 수 있는 문항을 넣고 트래킹을 한다. 이렇다 보니 네거티브 이슈를 확인하기 위해서는 이미 이슈화된 사안을 인지하고 있는지 혹은 정해진 선택 항목 내에서 인식을 확인하는 정도로 그쳐야 한다.

따라서 자주 활용하고 있는 위의 세 가지 방법을 통해서 네거티브 여론을 청취할 수 있어야 한다. 먼저 서베이 조사는 크게 정량 조사와 정성 조사로 나뉘는데, 이 두 가지에 대해 살펴볼 필요가 있다. 흔히 여론조사라고 하면 정량 조사다. 전체 국민 중 일부를 표본으로 추출하여 응답받은 내용을 분석하는데, 양적인 방법 즉 빈도를 통해 일반화를 시도한다. 이와는 달리 정성 조사는 응답자가 특정 사안에 대해 갖고 있는 인식에 대해 깊이 있게 질문하고 때로는 토론하는 것으로, 인식의 정도 혹은 강도를 측정하고 인식 형성의 근원을 밝히는 것이라 할 수 있다. 깊이 있는 서베이를 위해서는 복합 설계라고 해서 이 두 가지 방법을 함께 섞는다. 선거 캠페인을 위한 전략 조사에 있어서도 이 둘을 모두 적용하는데, 특히 정성 조사 중에서는 그룹 토론인 FGI와 개별 면접인 IDI가 모두 활용된다.

선거 캠페인을 위한 전략 조사는 네거티브 공방을 위한 이슈만을 조사하진 않지만, 네거티브 공방에 활용할 수 있는 정보를 청취한다는 목적을 반드시 투영해야 한다. 이를 위해서는 위의 조사 중 정성 조사에 만전을 기해야 한다. FGI와 IDI를 통해 실마리를 잡아야 한다.

소셜 빅데이터 분석의
활용과 정성 조사

정성 조사 전에 필요한 데스크 리서치와 소셜 빅데이터 분석

본격적으로 정성 조사와 정량 조사를 진행하기 전에 필요한 절차를 말하는 데스크 리서치Desk Research는 대부분 사전이나 논문을 찾는 것이었다. 문헌 조사라고도 하는 데스크 리서치는 책상에 앉아 인터넷 검색을 하거나 도서관에 가서 여러 정보를 탐색하는 것을 뜻하니 너무나 당연하다. 논문 중에서는 학위논문과 학술지 연구논문이 주로 검색 대상이었고, 각종 연구소가 공개하는 자료도 대상이 됐다. 따라서 데스크 리서치는 정해진 절차가 없으며 주제에 따라 검색해야 하는 자료도 달라지는 문헌 및 온라인 탐색 조사라고 볼 수 있다.

데스크 리서치를 위해 꼭 방문해야 하는 사이트로는 네이버, 구글 등 대형 검색 엔진이 있을 것이고, 도서관으로는 국회도서관(nanet.go.kr)

이나 한국교육학술정보원KERIS이 운영하는 학술연구정보서비스(riss. kr) 등이 있다. 꼭 비즈니스 자료가 아니더라도 삼성경제연구소(seri.org)나 LG경제연구원(lgeri.com) 등 경제연구소 및 정부 기관의 자료를 찾아보기도 한다. 그런데 언제부터인가 찾아봐야 할 사이트 중 두 군데가 꼭 등장하고 있으며, 특히 여론의 흐름을 간파하기 위해서는 꼭 봐야 할 사이트로 지목되는 곳이 몇 군데 있다. 하나는 언론 매체에 등장한 뉴스 키워드를 분석하는 빅카인즈(bigkinds.or.kr)이고, 다른 하나는 다음소프트가 운영하고 있는 소셜메트릭스인사이트(socialmetrics.co.kr)다. 나머지 둘은 구글트렌드(google.com/trends)와 네이버 데이터랩(datalab. naver.com)이다.

이와 같은 소셜 빅데이터 분석 사이트 중에서 네이버와 구글을 먼저 살펴보자. 구글트렌드와 네이버 데이터랩은 모두 검색어에 대해 시간 흐름에 따른 관심도와 지역별 관심도를 100점 만점으로 표현하는 그래프를 제공하고, 여러 검색어를 하나의 그래프에 넣어서 비교할 수 있도록 해준다. 기간 설정도 자유롭고 검색량 비교를 할 때 매우 유용한 툴이다. 국내에서는 네이버가 검색 엔진으로는 1위를 고수해오기 때문에 굳이 구글을 검색할 필요는 없지 않은가 싶지만, 구글은 관련 검색어를 웹, 이미지, 뉴스, 쇼핑, 유튜브 등으로 나눠서 검색할 수 있는 등 장점이 있다. 네이버 데이터랩은 사용자가 보유한 데이터를 통합해서 같은 차트에서 비교할 수 있도록 하는 기능도 있어 활용도가 더욱 높다. 나아가 네이버에서는 지역별 인기 업종을 시기별, 구역별(동별)로 차트화해서 보여주는 기능도 있어 지역 상권을 이해하는 데 큰 도움이 된다.

또한 키워드를 주제어와 검색어로 나눠서 하나의 주제어에 다수의 검색어를 포함해 찾아볼 수 있도록 하고 있다. 이처럼 네이버에서 주제어를 두고 하위에 검색어를 포함해 찾을 수 있도록 하는 기능은 검색어 주제어에 후보자 이름을 넣고 검색어에는 후보자와 관련된 특이한 사항을 넣어서 검색할 수 있도록 해준다는 의미에서 상당히 강력한 기능이다. 가령 네거티브에 해당되는 단어들을 함께 넣어서 검색하면 검색 결과가 달라진다.

이처럼 네이버와 구글 두 검색 엔진이 제공하는 검색어 트렌드는 강력한 시사점을 주는데, 2016년 미국 대선에서 트럼프를 검색한 빈도가 힐러리를 검색한 빈도를 상회해서 다수의 여론조사 기관과 언론이 힐러리가 승리하리라 예측한 것과는 달리, 다수 유권자는 오히려 트럼프에 대해 궁금해하고 기대를 걸었다는 주장도 있다.

이러한 검색 트렌드를 좀더 다양하게 보려면 두 개의 사이트를 더 방문해야 한다. 하나는 언론 매체를 검색하는 빅카인즈다. 일부 언론은 포함되지 않지만 대부분의 주요 언론을 검색할 수 있는 빅카인즈는 언론 기사와 매칭되어 기사 검색도 같이 볼 수 있다는 점에서 매우 유용하다. 또한 선거 시기 후보와 관련된 내용은 언론 기사가 더 정확할 뿐 아니라 파급력이 클 수 있다는 점에서 유용성을 지닌다. 비주얼 면에서도 연관 이슈를 워드클라우드 형식으로 보여주고 검색어에 대한 관계도를 인물, 장소, 조직의 세 가지 카테고리로 나눠서 보여주는 등 직관적으로 이해하기 편한 인터페이스를 제공한다.

마지막으로 꼭 방문해보길 권하는 사이트는 소셜메트릭스인사이트다. 다음소프트가 운영하고 있으며 트위터와 네이버 블로그를 탐색한 결과를 보여주는데, 연관어는 15개까지 나오고 탐색된 트윗과 포스트도 나타난다. 네이버 블로그가 지나치게 상업화되어 개인화된 미디어로서 일상을 담아내는 기능은 이제 퇴색된 것이 아닌가 하는 비판적 목소리도 있으나, 국내 최대 포털 사이트인 네이버를 기반으로 하는 블로그는 다른 블로그들이 역사의 뒤안길로 사라진 후에도 막강한 영향력을 발휘하고 있어 블로그 탐색도 눈여겨봐야 한다. 소셜메트릭스인사이트의 주요 기능으로 탐색어 긍/부정 추이라는 것이 있다. 탐색어에 대해 긍정, 중립, 부정 등으로 성격을 분류해 차트로 보여준다는 것 자체가 매우 유용하며 이를 통해 언급량이 증가했다고 해서 다 긍정적인 시그널로 볼 수 없다는 것, 부정적인 언급량이 어느 정도 높아진 것인지를 반드시 나눠서 봐야 한다는 것도 확인하자. 또한 중립 외에 긍정과 부정에서는 분류의 기준이 되는 다른 키워드도 볼 수 있도록 해준다.

이와 같이 전체적인 언급량을 네이버와 구글의 검색 트렌드를 통해서 살펴보고, 언론 기사에서는 어떤 흐름이 있는지를 직관적으로 살펴본 뒤 증감 혹은 감소한 언급량이 긍정적인 언급인지 부정적인 네거티브인지까지 체크한다면 네거티브 캠페인 관련 전략과 전술을 마련하는 데 상당한 도움이 될 것이다. 그런데 이러한 소셜 분석을 해석하고 캠페인에 적용할 때에도 그 한계를 분명히 확인해야 정확히 활용할 수 있을 것이다. 지금부터는 소셜 분석의 한계를 살펴보자.

소셜 빅데이터 분석의 한계

몇해 전부터 빅데이터라는 단어가 대유행이다. "빅데이터가 미래의 원유"라는 말이 대변하듯 이제 미래 성장의 자원으로 인식되고 있다. 그런데 언론에서 '빅데이터 분석'이라며 나오는 기사들은 소셜 분석을 의미할 때가 많다. 온라인상의 텍스트를 긁어서 분석하는 것인데, 그 데이터가 대부분 텍스트이기 때문에 텍스트 마이닝이라고 부르는 게 더 정확할 것이다. 이와 같은 텍스트 마이닝의 원천 소스는 매우 다양하겠지만, 과거 내용 분석의 대상이 되었던 특정 인물의 연설문 등의 자료보다 최근에는 블로그나 트위터, 페이스북 등 뉴미디어와 소셜 미디어 서비스에 올린 게시물이 대부분이다. 왜냐하면 최근 추세는 온라인과 모바일에서 개인이 남긴 의견들을 취합해 검색을 많이 하는 단어 혹은 그런 단어들의 연관성과 의미상의 긍·부정 등에 분석의 초점이 맞춰지기 때문이다. 그런 까닭에 이러한 분석을 소셜 분석이라고 한다.

따라서 소셜 분석 혹은 텍스트 마이닝은 빅데이터 중 일부를 의미한다고 봐야 한다. 기업체에서 다루는 빅데이터는 오히려 기업의 수익활동이 만들어내는 데이터를 의미할 때가 많고, 그 안에의 거래 정보가 핵심일 수 있다. 또한 고객의 행동을 분석하거나 제품을 사용하는 과정에서 발생하는 데이터, 제품 생산 과정을 분석하는 데이터가 많다. 이러한 데이터는 소셜 분석과는 거리가 있다. 따라서 언론에서 텍스트 마이닝을 통한 분석이 마치 빅데이터의 전부인 양 소개하는 것은 그리 좋지 않은 듯하다.

그럼에도 최근 여론조사의 정확도가 많이 떨어졌다는 비판적 시각과 더불어 빅데이터를 활용한 예측이 필요하다는 주장이 설득력을 얻는 게 사실이다. 최근 국내 선거에서 출구조사를 제외하고 언론이 보도했던 여론조사는 상당히 부정확한 것으로 드러났다. 투표 전에 각 언론사가 앞다퉈 보도한 내용이 실제 개표 결과와 다르면 어김없이 여론조사 무용론이 등장하고 언론사들에게 의뢰를 받아 조사를 수행한 기관들이 부정확한 여론조사를 양산한 주범으로 몰려 뭇매를 맞는 패턴이 반복되고 있다. 불량 여론조사를 양산하는 데 중심 역할을 한 일부 언론사는 어찌 된 일인지 선거 후에는 여론조사 기관의 부정을 파헤치는 데 앞장서곤 한다.

　최근 트럼프의 당선을 예측하는 데 실패한 미국의 언론은 조금은 다른 태도를 보여줬는데, 여론조사가 부정확하다는 사실을 알고도 이를 대체할 만한 분석 모델을 개발하는 일에 게을렀다는 식의 반성 섞인 리뷰가 나온 것이다. 이러한 견해는 사실 여론조사 기관 입장에서는 더욱 서글픈 현실을 정확하게 지적하는 것일 수도 있다. 왜냐하면 이제 여론조사가 선거 결과를 예측할 수 있으리라는 기대가 바닥까지 떨어졌기 때문이다. 여기서 여론조사를 대체할 수 있는 분석 모델로 주목받는 게 빅데이터다. 소셜 분석만을 의미하는 것은 아니지만, 소셜 분석을 포함해서 유권자의 행동을 예측할 수 있는 분석 모델이 필요하다는 데 많은 관계자가 공감하고 있는 것이다.

　그러나 최근 언론에 소개된 소셜 분석이 어떤 내용인지를 살펴보면 조금 실망스러운 것도 사실이다. 지금까지 빅데이터 분석이라고 언론에 소개된 소셜 분석의 한계로는 모호한 분석 베이스, 특성에 따르는 교차분석이 불가능하다는 점, 연관어 분석에 있어 해석이 곤란한 경우 등을 들 수 있다.

　먼저 여론조사에서는 표본 전체의 규모를 밝히고 있다. 흔히 '국민 1000명에게 물어봤다'는 식이면 모집단은 국민 전체이고 표본 수는

1000명인 것이다. 표본 수에 따라 오차 범위를 계산할 수 있어 조사의 정밀도가 어느 정도인지도 가늠해볼 수 있다. 그런데 소셜 분석에서는 보통 어느 사이트를 중심으로 분석한다는 정보를 알려주기는 하지만 그 사이트 내의 어떤 텍스트를 어느 정도 규모로 크롤링하여 분석한다는 것인지 등의 전체적인 정보를 세세히 알려주지 않는다. 그래서 전체 단어가 어느 정도인데 그중 검색한 키워드가 차지하는 비율은 이러저러하다는 베이스BASE에 근거해 비율을 알려주는 것이 아니고 언급량이 몇만 건이라는 식으로 총량적 수치만 제시하곤 한다.

더군다나 연도별 추이를 비교한다 하더라도 연도별 베이스가 없어서 과연 전체 대비 증가인지 감소인지 알기 어렵다. 가령 전년 대비 올해 언급량이 5만 건에서 4만 건으로 줄었다고 하는데, 그게 정말 그 키워드에 대한 유저들의 언급량이 줄어서 그런 건지, 아니면 해당 사이트의 유저 자체가 줄고 다른 소셜 미디어나 커뮤니티로 이동해서 그렇게 나타난 것인지를 알기 어렵다. 그러니 정확하게 줄었다 늘었다 하는 기준을 잡기가 매우 어려워진다.

둘째, 우리나라는 특히나 개인 정보를 취합하는 것이 불가능에 가깝기 때문에 소셜 분석에서도 키워드를 언급한 네티즌의 특성별로 분석하는 것은 사실상 어렵다. 여론조사에서는 통계 처리를 위한 배경 문항demographic question이 필수적으로 들어간다. 이들 문항을 교차변수로 활용하면, 교차통계표를 통해 전체 빈도와 함께 남녀 성별로 어떤 의견 차가 있는지, 연령대별로는 어떤 차이를 보이는지 다양하게 분석해볼 수 있다. 기술통계descriptive statistics의 기본은 바로 이러한 교차분석이다. 교차분석을 통해 집단별 빈도나 평균의 차이가 눈에 띄는지를 확인해서

소셜빅데이터 분석의 활용과 질적 조사

통계적 가설 검정까지 이어지게 된다.

　소셜 분석에서는 이러한 배경 정보를 함께 보기가 매우 어렵다. 그러니 교차분석의 결과를 제시하는 예는 많지 않다. 자체 사이트 내 게시글을 분석하면서 게시자 정보를 매칭해서 하나의 데이터 테이블로 만들지 않으면 현실적으로 어렵다고 봐야 한다. 이렇다보니 소셜 분석 내용이 배경 정보에 따른 여러 측면의 풍부한 해석을 결여해 지나칠 정도로 단조롭다. 어떤 책자에서는 소셜 분석 결과를 제시하면서 남녀의 구분 혹은 연령대의 구분에 대해 언급하는데, 실제 그 분석 결과를 그렇게 나눠서 볼 수 있다는 것인지 아니면 다른 데이터를 보니 그렇다는 것인지, 혹은 분석 결과 검색어를 남성에 해당되는 표현과 여성에 해당되는 표현으로 나눌 수 있다는 것인지가 모호하다.

　마지막으로 연관어의 해석이 불분명한 경우가 있다. 가령 스트레스에 따르는 연관어가 엄마라면 엄마가 스트레스를 많이 받는 것인지 엄마 때문에 스트레스를 많이 받는 것인지 분명치가 않다. 연관어의 의미나 감정을 분석하는 게 정말 하나하나의 문맥을 이해해서 코딩하지 않는다면 사실상 소실되는 의미가 많을 수밖에 없을 것이다. 사실 자연어를 자동으로 처리하는 과정인 NLPNatural Language Processor의 논리는 명사 위주라고 봐야 한다. 우리말처럼 조사에 의해서 명사의 의미가 문장 내에서 달라지거나 역할이 변한다고 하더라도 그러한 차이는 무시된다. 등장하는 명사의 빈도 규모 자체가 더 큰 함의를 제공하는 것이다.

　그럼에도 불구하고 연관어의 해석에서 이렇게 원인과 결과를 섞어서 해석하는 것은 과도할 수 있겠다. 이러한 해석은 결과적으로 언론 매체에 등장해서 결과를 전달하는 연구자들의 주관적 통찰에 대한 하나의 근거로 제시되거나 혹은 소셜 분석 외에 관련 여론조사의 결과 및 통계 조사의 결과와 함께 제시하지 않고서 독립적인 결과로는 설명이 불가능한 경우가 많다. 그래서 소셜 분석의 결과는 '꿈보다 해몽이 좋을' 때가 종종 있다. 변하기 어려운 수치를 두고 조사의 신뢰성과 결과의 유의성을 논하는 여론조사와는 좀 다르다. 맥락적 해석을 중심으로 하는 소셜 분석은 분석 결과가 주는 의미보다는 연구자의 몫으로 던져지는 추가적 해설에 무게가 실릴 수밖에 없는 것 같다.

위와 같은 분석 결과의 한계에도 불구하고 소셜 분석은 이제 하나의 흐름으로 정착되는 단계에 와 있다. 여론조사도 독립적으로는 이제 불완전하기는 마찬가지라고 인식되는 데다 특히 투표와 같은 사회적 행동을 예측하는 데에는 여론조사가 계속 실패하는 모습을 보여줬기 때문일 것이다. 이러한 맥락에서 본다면 소셜 분석은 이제 여론조사와 함께 사회 여론의 흐름을 읽는 또 다른 툴로 생각해야 할 것 같다. 서로 대체할 수 있는 방법이라기보다는 상호 보완적인 관계라 볼 수 있으며, 소셜 분석이 줄 수 있는 임팩트가 있는가 하면, 여론조사가 더 정확한 잣대로 기능할 수도 있는 것이다.

정성 조사를 직접 수행하기 위한 준비 사항

많은 캠프의 담당자들이 정성 조사를 직접 해보고 싶어한다. 정량 조사는 전문 여론조사 기관의 시스템을 통하지 않고서는 어렵다고 봐야겠지만, 정성 조사는 대량으로 표본을 추출해서 일반화를 도모하는 것이 아니기 때문에 직접 시행할 때가 더러 있다. 다음과 같은 몇 가지 질문 모두에 긍정할 수 있다면 정성 조사를 직접 할 수도 있다.

정성 조사 직접 실행 가능 체크 리스트

· 완벽한 공정성을 지킬 수 있는가?

· 선거운동의 일환으로 변질될 우려는 없는가?

· 정성 조사 설계와 결과 해석을 잘할 수 있는 인력을 보유하고 있는가?

· 정성 조사 인터뷰에 숙련된 인력을 보유하고 있는가?

· 정량 조사와 복합 설계에 대해 이해하는 인력을 보유하고 있는가?

위와 같은 체크 리스트 중 어느 하나라도 부정적인 답변이 나온다면 되도록 외부 전문가에게 맡기는 것이 좋다. 자칫 잘못하면 지지를 호소하는 선거운동이 되는데 이는 관련 법에 저촉된다. 더군다나 정성 조사는 인터뷰 대상자 및 참석자에게 일정한 사은품이나 참석비를 주는데, 이게 금품 제공으로 오인될 우려도 있으니 섣부르게 시도할 바에는 전문 기관이나 프리랜서로 활동하는 전문 인력에게 맡기는 게 낫다.

위의 체크 리스트를 확인해본 후 직접 진행해도 무리가 없다는 판단이 서면 캠프 내의 인력을 활용하여 정성 조사를 설계하면 될 것이다. 정성 조사라고 하면 다음의 두 가지가 대부분이다.

개별심층면접IDI: In-Depth Interview은 보통은 전문가, 연예인, 정치인 등 찾아가서 만나야 하는 사람을 대상으로 한다. 일대일 대면 면접을 기본으로 하며, 특수한 경우에 전화로 면접하기도 한다. 비구조화된nonstructured 인터뷰 가이드로 진행하는 것이므로 인터뷰 대상자가 하는 말을 막지 않고 끝까지 경청한다. 그렇기 때문에 삼천포로 심하게 빠져서 핵심을 놓치는 예도 많다. 이를 방지하기 위해서 인터뷰 가이드 중 골격이 되는 주요 주제들을 미리 인터뷰 대상자에게 전달해 사전 준비를 할 수 있도록 조치하기도 한다. 녹음이나 녹화를 해 녹취록 작성 후 의뢰처에 버버팀Verbatim 보고서를 제출하는데, 찾아가서 인터뷰를 하는 경우가 많아서 사실 녹화는 거의 하지 않고 주로 녹음을 한다. 정해진 인터뷰 대상자의 규모는 없지만, 보통 리서치 이슈가 요구하는 분야별 1인 이상을 선정해서 인터뷰해야 한다.

표적집단심층면접FGI: Focus Group Interview은 같은 정성 조사라고 하지만 상당히 다르다. 주로 일반인을 대상으로 하며, 전문가를 대상으로 할 때에는 한자리에 모일 수 있는가와 모여서 토론이 가능한가를 사전에 면밀히 살펴봐야 한다. 한자리에 모이기도 어렵고 모인다고 해도 사실상 솔직한 토론이 되지 않는 대상이면 IDI로 전환하여 진행해야 한다. FGI는 참석자 규모에 따라 5~6명이 모이면 소그룹, 7~9명을 리크루팅하면 중그룹, 10명 이상을 참석시키면 대그룹이라고 한다. 그런데 대그룹으로 구성하면 토론에 참여하지 않고 침묵하는 사람이 2~3명 생기고, 소그룹으로 구성하면 자칫 불참자로 인해 지나치게 적은 인원이 되는 경우 고객이 취소를 요구할 수도 있다. 그래서 보통은 중그룹 규모로 한자리에 모여 1시간 반~2시간 반 정도 토론하는 방식을 취한다. 토론에 숙련되고 해당 이슈에 어느 정도 지식을 갖춘 사회자moderator가 반 구조화된semi-structured 인터뷰 가이드에 따라 진행하는데, 사회자가 토론을 주도하므로 IDI보다는 집중적으로 토론할 수 있다. 녹화 장비가 있는 미러

룸에서 진행하면 동영상으로 저장해 녹취록(스크립트)을 작성하고 고객에게 보고한다. 녹취록은 IDI와 마찬가지로 버버팀 보고서로 만들고 최종적으로 분석 보고서로 작성된다. IDI와 마찬가지로 몇 명, 몇 그룹을 하도록 정해진 것은 아니며 어느 계층 어떤 사람들을 대상으로 조사하느냐에 따라 그룹을 구성하게 된다. 동질적인 집단으로 그룹을 짠다는 원칙을 따르는 것이다. 정치적인 이슈라면 한 지역에서 남녀와 연령대로 나눠 4개 그룹 정도를 진행하면 된다.

개별심층면접을 직접 해야 한다면 다음을 고려해서 진행한다.

체크 리스트

· 인터뷰 대상자 명부는 프로젝트의 기획 의도와 일치하는가?
· 인터뷰 진행자는 논의해야 할 이슈에 대해 중립적인 사람인가? 인터뷰 대상자가 어떤 이유로 발언을 주저하게 만드는 사람은 아닌가?
· 녹음기는 2개 이상 준비했고, 배터리는 충분한가?
· 사전에 대상자에게 녹음한다는 사실을 안내했는가?
· 인터뷰 장소는 조용하고 방해받지 않는 공간인가?
· 인터뷰 내용의 골자를 사전에 대상자에게 보냈는가?
· 답례품 혹은 답례비는 준비되어 있는가?
· 답례비 수령증 혹은 영수증이 준비되어 있는가?

표적집단심층면접을 준비하고자 하면, 다음의 체크 리스트를 확인해야 한다.

체크 리스트

· 한 그룹에 이질적인 대상자가 섞여 있지는 않은가?

· 섞여 있다면, 과연 한자리에서 토론이 가능한 구성인가?

· 서로 눈치를 보면서 자기 의견을 피력하지 못하는 상황이 예상되는가?

· 섞이지 않아 동질적이라면, 너무 동질적인 구성원들이어서 토론이 잘 안 될 것 같지는 않은가?

· 녹화/녹음 시설은 제대로 갖춰져 있는가?

· 참석자들에게 녹음한다는 사실을 사전에 고지했는가?

· 장소는 조용하고 다른 음성이 섞이지 않도록 차단되어 있는가?

· 사회자는 토론 진행에 숙련되어 있는가?

· 사회자는 논의 이슈에 대한 배경지식이 충분한가?

· 참석자 사례비는 봉투에 넣어 준비가 잘되어 있는가?

· 참석자 사례비 수령증 및 영수증은 준비가 잘되어 있는가?

· 개인 정보 제공 동의서는 준비되어 있는가?

· 참석자 보안서약서는 준비되어 있는가?

· 참석자들 앞에 놓을 명패는 준비되어 있는가?

이러한 준비와 함께 토론 가이드라인을 만들어야 하는데, 의뢰한 고객이 있거나 내부에 보고해야 한다면, 읽는 사람의 편의를 위해 대화체

소셜 빅데이터 분석의 활용과 정성 조사

로 작성해야 한다. 사회자 스스로 보고 진행하는 정도로 된다면 논의 이슈에 해당되는 크고 작은 주제들을 정리하는 수준으로 작성해도 될 것이다. 어떤 형식으로 정리하든 간에 가이드라인은 전체 주제들을 세밀히 나열하여 누락되는 것이 없도록 목록화해야 하는데, 어떤 이슈에서 파생될 수 있는 내용을 마치 시나리오를 작성하듯이 정리해야 한다. 가령 "이러한 이슈에 대해 들어보셨나요?"라고 논의 주제를 던졌다면, 들어봤다는 참석자에게 준비된 추가적인 소주제, 즉 "어떤 경로로 들어보셨나요?" 혹은 "처음 들었을 때 느낌은 좋았나요, 나빴나요? 왜 좋고 나빴나요?"라며 논의를 이어가야 한다. 들어보지 못했다는 참석자에게는 내용을 설명한 뒤 "어떤 느낌이에요?"라고 이어갈 수도 있다. 이와 같이 추가적인 질문을 프로빙probing 혹은 레더링laddering이라고 한다. 재질문을 통해서 추상화 혹은 구체화하는 질문을 던지거나 이어지는 다른 주제를 물어 핵심적인 이슈로 넘어가는 것이다.

그런데 네거티브 캠페인을 준비하는 정성 조사에서 주로 다뤄야 하는 것은 무엇일까? 마케팅 캠페인에서도 네거티브 이슈를 논의하는 데 상품과 브랜드에 대한 구체적인 질문이 필요하듯이, 선거 캠페인에서도 후보와 소속 정당이라는 고정적인 토픽이 있다. 그러면 어떻게 접근해야 할까? 다음과 같은 단계를 생각해보자.

1단계

선거에 출마할 것으로 거론되는 후보들이 누구인지 참석자들에게 묻는 단계다. 참석자들은 과거 선거의 출마자를 떠올릴 수도 있고 현직자를 떠올릴 수도 있다. 언론에서 자주 언급하는 인물을 떠올리는 참석자도 있을 것이고 얼굴을 자주 봤다는 참석자도 나올 것이다. 이런 모든 언급이 중요하며, 논의할 때에는 좀더 구체적으로 언제 어디에서 봤고 만나면 어떤 느낌인지 혹은 어떤 매체에서 어떤 내용으로 그 후보에 대해 다루는 것을 보았는지 등에 대해 들어본다.

언급된 후보들 전체에 대해 정리해서 모든 참석자 각각의 인식에 대해 짧게 물어본다. 알고 있는 내용과 평소 호감이 있었는지 여부, 그리고 왜 그런 인식을 하게 되었는지 등을 포괄적으로 공유한다.

2단계

준비한 후보들의 사진을 나눠주고 이미지의 호감도 여부를 묻는다. 어떤 인상인지를 전체적으로 묻고 나서 왜 그렇게 느꼈는지를 질문한다. 만일 예비 후보로 등록되어 사전 선거운동 기간이라면 예비 공보물이나 명함을 배부하고 논의할 수 있다. 그렇지 않다면 보통은 인터넷에서 가져온 사진일 수밖에 없다. 이때 자신의 소속 캠프 후보는 고해상도의 좋은 사진을 쓰고 경쟁 후보의 사진은 저품질 이미지를 사용해서는 안 된다. 또 세 장 정도를 배부해야 하는데, 표정이나 상황 등이 다른 이미지를 사용한다. 대선이나 광역 캠프라면 동영상을 틀어주는 것도 좋다. 텔레비전이나 기타 영상 매체를 통해 후보를 많이 접할 수밖에 없는 선거라면 당연히 동영상을 통해 목소리나 제스처를 보고서는 호불호를 공유할 수 있다.

과거 총선 지역구 출마자의 명함을 가지고 토론을 해본 결과, 참석했던 유권자가 사진에 대해 매우 의외의 느낌을 말한 적이 있다. 후보 측은 후보자의 인물을 가급적 선명하게 제시하기 위해 소위 '뽀샵질'이라는

소셜 미디어 분석의 활용과 정성 조사

후보정을 하게 되는데, 이게 과도하면 유권자에게 거부감을 준다는 사실을 알게 된 것이다. 너무 미끈하게 생긴 인물에 대해서는 인위적인 조작을 잘할 것 같다는 이미지를 느낀다는 것. 후보 측은 깜짝 놀라서 명함을 바꿨다. 조금 흠집이 있고 티끌이 보이는 사진, 머리카락이 조금 흐트러진 사진에서 친숙함을 느낀다는 것이니 참고할 만했다.

3단계

경력 사항을 배부하고 같이 읽은 뒤 호불호를 토론해야 한다. 이때 경력은 인물 정보 사이트에 공개된 것을 쓰면 되고 홈페이지나 블로그에 스스로 공개한 것이 있다면 이를 그대로 옮기면 된다. 좋고 나쁜 것에 대해 캠프가 생각하는 것과 일반 유권자가 생각하는 것은 매우 다르다. 따라서 이것저것 최대한 많은 것을 넣고 평가를 들어봐야 한다. 어떤 스태프는 우리 후보의 경력은 좋은 것을 위주로 넣고, 상대 후보의 경력은 안 좋은 것을 많이 넣고 싶어하는데, 크게 잘못된 생각이다. 참석자 한 명 한 명에게 후보의 좋은 인상을 남기고 싶다는 것인데 그러려면 왜 조사를 하는가? 홍보를 해야 마땅한 것 아닌가.

후보자 관련 FGI를 수십 차례 진행하다보면 유권자들이 대강 비슷한 패턴의 인식을 보이는 대목이 있다. 학벌이 좋을수록 후보에 대한 첫인상은 좋아진다. 따라서 이 글을 읽는 독자 중 입후보를 고려하는 이는 지금이라도 주요 대학의 특수대학원에 원서를 내길 바란다. 나중에 입후보 기한에 임박해서 무리하게 학력을 세탁하려 하면 곤란하다. 늦지 않았으니 당장 '가방끈 연장 전술'을 실행하길 바란다.

그렇다면 중앙 행정부에서 오랜 기간 공직자로 있던 경력과 지역에서 꾸준히 활동한 경력 중에서는 어떤 것이 선호될 것 같은가? 경력을 바꿀 수 없다면, 상대 후보는 우리 후보의 두 가지 상반된 경력에 대해 어떤 네거티브로 찌르고 들어올 것이고, 캠프는 어떤 대비책을 가져야 할 것인가? 바로 이러한 고민이 반영되어야 한다.

소셜 빅데이터 분석의 활용과 정성 조사

여론조사를 통한
전략 수립의 실제

여론조사 기관의 선택 포인트

그러면 어떤 조사 기관에 맡겨야 할까? 선거 캠페인을 준비하는 많은 캠프가 힘들어하는 것은 바로 조사 기관을 선택하는 문제다. 두 가지 방법 중 하나를 택해야 하는데 쉽지가 않다.

첫째는 선거 기획사 혹은 컨설팅 회사를 통해서 여론조사와 선거 공보물 기획 등을 모두 맡기는 방법이다. 선거 기획사 담당자가 선거 여론조사에 대해 잘 알고 있다면 이 방법도 추천할 수 있다. 선거 기획사가 ARS 여론조사 장비를 갖추고 있는 경우도 흔해서 ARS 조사는 바로 진행할 수도 있고 컨설턴트가 조사의 문항 설계와 결과 해석을 세밀하게 진행해줄 뿐 아니라 공보물 기획 등 캠페인에 바로 적용할 수 있다는 점에서 강점이 있다. 그러나 기획사가 조사 회사에 외주를 맡겨야 하므로 중간 이윤을 취하게 되어 비용이 높아지는 문제가 생길 수 있다. 이보다 더 큰 문제는 기획사의 담당자나 컨설턴트가 조사에 대해 전문적인 지식을 갖고 있지 못한 경우다. 오히려 조사 회사와 관계가 멀어지게 되는 예도 흔한데, 조사 회사에 정확하게 요구 사항을 전달하지 못하거나 혹은 모든 것을 떠맡겨서 조사 품질 저하를 초래하는 것도 흔히 목격된다. 심지어 자신이 조사 기관에 근무했다거나 혹은 오랜 기간 조사를 해왔다고 자부하는 일부 컨설턴트가 어처구니없게 얕은 지식을 어깨너머로 배워 선무당이 사람 잡는 식으로 캠프의 조사를 망치는 경우도 본 적이 있다. 그런 컨설턴트들 대부분은 탈법과 편법을 동원해서 나중에 문제를 일으키기도 한다.

둘째는 캠프 내에 조사와 관련하여 유능한 참모가 조사 기관을 직접 컨택해서 여론조사를 발주하는 경우다. 대선이나 광역지자체장 선거 정도 되면 자금력이 충분해서 이처럼 전문 참모를 기용하는 것이 문제가 되지 않는다. 여론조사 전문 기관 관계자와 처음부터 끝까지 함께하면서 지속적으로 자문을 받는 경우도 흔하다. 그렇지만 이렇게 하기란 쉽지 않은데, 그 이유는 전문 참모를 기용하기 어렵다는 것과 동시에 선거 캠페인을 속속들이 잘 알고 있는 여론조사 기관 담당자도 드물다는 사실 때문이다. 오랜 세월 선거 여론조사를 수행해온 리서치 연구원이라고 하더라도 자신이 맡은 영역을 벗어나면 한계가 드러난다. 가령 출구조사를 전문으로 해온 리서치 연구원에게 선거 전략을 맡길 수 있을까? 심지어 언론사에서 맡기는 여론조사를 몇십 년 동안 해온 조사 기관 임원도 선거 전략을 논하라고 하면 말을 더듬는다. 선거에서는 경선 혹은 단일화 조사가 민감하고도 중요하지만 규모가 작은 조사 기관에서는 이

여론조사를 통한 전략 수립의 실재

런 조사를 담당할 전문 연구원을 아예 보유하고 있지 못하다. 결국 능력 있는 참모를 구하든가 능력 있는 업체를 선택하든가 둘 중 하나는 갖춰야 한다.

위의 두 가지 방법 중 어느 것을 선택하더라도, 실사를 맡는 조사 기관에 대해서는 다음과 같은 체크 리스트를 적용해서 살펴보자.

조사 기관 선정 체크 리스트

- 실사를 직접 수행하는지 혹은 외주를 맡기는지 여부
- CATI 시스템이 갖춰져 있는지 여부
- 일상적으로 보유하고 있는 조사용 전화 회선의 규모
- Dual RDD 번호를 직접 생성할 수 있는지 여부
- 통계 처리 전문 연구원을 보유하고 있는지 여부
- 선거, 정치 및 정무 분야 전문 연구원을 보유하고 있는지 여부
- KORA 등 협회 가입 여부 및 사회조사 전체의 매출 규모 등

먼저, 실사를 직접 수행하지 않고 외주를 주는 기관과는 거래할 이유가 없다. 외주처와 거래하면 되기 때문이다. 이런 기관은 고객의 요구에 대한 대응이 너무 느려서 캠프가 긴급한 조사를 진행하려 할 때 큰 어려움을 초래한다. 캠프에서는 상대 캠프나 언론이 제기할 수 있는 네거티브 이슈에 대한 유권자의 인식을 확인하거나 혹은 네거티브 공격에 직면했을 때 선호도 및 지지도에 변동이 있는지를 확인할 목적으로 긴급히 조사를 진행하게 된다. 그런데 이와 같은 긴급 조사를 실시할 수 없을 만

큼 열악한 조사 기관과 거래를 텄다면, 더군다나 장기 계약을 맺었다면 상당히 곤란한 상황에 처하고 만다. 왜냐하면 이 조사 기관이 조사를 수행할 수 없다면서 다른 기관을 찾는 데 시간이 상당히 들 뿐 아니라 다른 기관에 맡겼다고 하더라도 기존 결과와 비교하는 데 어려움을 겪게 되기 때문이다. 조사 기관마다 실사와 통계 처리 방법이 달라서 기존 추이와 그대로 비교하는 것이 어렵거나 불가능하며, 심지어 새로운 조사 결과를 기존 결과에 맞춰 보정할 방법도 사실상 없다. 그러니 실사 역량이 떨어지는 조사 기관과 장기 계약을 한다는 것은 매우 위험하다.

이러한 실사 능력을 고려할 때는 CATI 장비를 갖추고 있는지, 동시에 투입 가능한 전화 회선의 규모는 어느 정도인지, RDD 번호 DB를 만드는 능력은 어떠한지 등을 포함시켜야 한다. 앞으로 안심번호를 조사 기관도 구입해서 활용할 수 있게 된다면 RDD 번호는 큰 사안이 되지 않을 수도 있겠으나, CATI 시스템과 회선 규모는 변함없이 고려되어야 할 것이다.

실사와 더불어 통계 분석을 전문적으로 할 수 있는 연구원을 보유하고 있지 않고, 통계 분석을 외주로 처리한다든지 혹은 고객 서비스 연구원이 통계 처리까지 모두 맡아야 한다면 거래를 다시 생각해봐야 한다. 보통 고객 서비스 연구원은 설문 문항을 만들고 보고서를 작성하는 역할을 하는데, 통계 처리 관련 기술을 보유하고 있더라도 통계 처리를 전문으로 하는 연구원이 별도로 있는 것이 당연히 좋다. 업무 하중 분산이라는 측면에서도 그렇지만 분업을 통해 효율적인 업무와 효과적인 결과를 얻을 수 있기 때문이다.

고객 서비스 연구원은 오히려 선거와 관련된 지식을 많이 보유한 것이 좋다. 기업 마케팅 현장에서 당연히 해당 분야에 대한 경험과 지식을 많이 가진 연구원이 작업을 맡는 것이 좋듯이 선거 정치 영역에서도 그러한데, 더군다나 선거법은 여론조사를 잘못하면 법적인 제재 조치가 있어서 더욱더 그렇다. 네거티브 관련 내용은 특히 선거법에 대한 어느 정도의 지식을 요구한다는 점에서 고객 서비스를 담당하는 연구원은 내용에 대한 이해도가 높아야 한다. 캠프 담당자와 호흡이 척척 맞지는 않더라도 질의응답은 될 정도여야 한다. 담당 연구원이 이러한 지원을 하지 못하는 수준이라면 본부장급 혹은 임원진에서 밀착 마크가 가능해야 한다.

마지막으로 그 기관이 얼마나 안정적으로 조사를 진행할 수 있을지, 선거 중간에 연락이 두절되지는 않을지 사전에 점검해봐야 한다. 여야를 막론하고 정당에서 맡기는 경선 조사나 비중 있는 장기 계약 조사는 KORA 회원사 등 업계 내의 공인된 협회 소속 기관을 거래 대상으로 하는 게 대부분인 것도 이런 이유에서다.

전화 조사를 통해 네거티브 이슈의 단초를 찾자

그런데 선거 준비기에 전략 수립을 위한 기획 조사 이후에는 사실 조사의 무게감이 좀 줄고 속도는 조금 빨라져야 한다. 신속히 조사하여 주요 지표에 대해 트래킹하는 과정인 것이다. 이 시기에 네거티브 공방에 대해 오픈 문항으로 간단히 유권자의 인식을 체크해야 한다. 그렇지 않고 인지도, 선호도, 지지도 등 주요 지표만 묻는다면 갑작스런 지표의 변화에 있어 동인을 파악하기 힘들어진다. 아주 좋은 예가 바로 대통령 지지도를 매주 조사하여 발표하는 갤럽의 데일리 조사다. 이 조사는 의뢰를 받지 않고 시행하기에 조사 결과의 공정성이 담보된다는 점, RDD 조사 방법을 적용해 꾸준히 트래킹하여 유용한 자료를 제공한다는 점 등의 장점이 있지만, 무엇보다 네거티브 캠페인의 공격과 방어를 위한 여론조사에 대한 좋은 착안점을 제시하고 있다. 갤럽의 대통령 지지도 발표에는 항상 지지하는 이유와 지지하지 않는 이유를 오픈으로 묻는 문항이 뒤따른다. 매주 보고서를 보는 사람들에게는 그다지 큰 감흥이 없을 수 있지만, 보고서를 오랜만에 보는 사람이나 처음 접한 독자들에게는 흥미로운 정보임이 분명하다. 특히 지지도에 변화가 생겨 추이 그래프의 기울기가 커지는 국면에는 그 이유가 더욱 궁금할 텐데 갤럽의 데일리 보고서는 분명하게 그 이유를 보여준다.

조사는 이와 같이 해야 한다. 주요 지표 중심으로 한다는 판세 분석 추이 파악 트래킹 조사에서도 가장 중요한 지표 문항 바로 뒤에서 그 이유를 물어야 한다.

그런데 오픈 문항은 보통 코딩 과정을 거치게 된다. 코딩을 통해 응답자의 목소리가 몇 가지 주요한 항목으로 묶이는 이른바 유목화 작업이 바로 코딩이다. 이를 통해 산만하게 보이는 응답자들의 개별적인 목소리가 통계 분석과 보고에 용이한 항목으로 코드를 부여받는다. 위에서 예시로 본 갤럽의 대통령 지지/비지지 이유도 코딩 작업 후 몇 가지로 묶여서 제시되고 있다.

이와 같이 오픈 문항을 코딩한 결과를 받으면 좋은 점도 있고 불편한 점도 있다. 좋은 점은 1000명의 응답자가 모두 한마디씩 했을 텐데 그 내용 모두를 엑셀 파일로 보면 전체적인 빈도가 한눈에 들어오지 않겠지만, 코딩된 결과는 유사한 응답을 하나로 묶어줬으니 당연히 주요 응답 키워드를 일목요연하게 확인할 수 있을 뿐 아니라 그 빈도도 알 수 있다는 것이다. 물론 앞서 소개한 한국갤럽의 대통령 지지도 이유를 묻는 문항의 결과처럼 매주 지지와 비지지의 이유도 트래킹하여 확인할 수 있다는 점 역시 큰 장점이다. 지역구 조사에서도 마찬가지다. 많은 응답자가 언급한 내용이라면 당연히 더 관심을 가져야 하며 때에 따라서는 상위 10개 항목에 대해서는 교차표를 요구해 특성별로 볼 필요도 있다.

그런데 코딩하여 유목화한 결과를 보는 것에는 장점뿐 아니라 단점도 있다. 응답자가 언급한 내용 중 유사한 것들을 하나의 항목으로 묶는 과정에서 당연히 일부 정보는 버려질 수밖에 없다. 만일 "홍길동 후보를 지지하는 이유는 무엇인가요?"라고 묻는 문항에 "인물이 좋아서요" "잘생겼죠" "좋은 학교 나와서 능력도 좋고 큰 인물입니다"라는 응답이 나왔다고 치자. 세 응답은 모두 '인물이 좋아서'에 묶일 수 있다. 그러나 이렇게 분류된 항목은 '큰 인물론'의 근거가 될 수는 있겠지만, '잘생긴 인물' '학벌 좋은 인물' 등 구체적인 정보는 누락되기 마련이다. 그러므로 조금 더 구체적인 정보야말로 입소문 전술에 활용 가능한 좋은 소스가 된다.

결국 오픈 문항을 제대로 활용하려면 다음과 같은 세 가지 형태로 데이터를 받아야 한다.

1. 오픈 코딩 전 개별 응답자들의 응답 내용을 그대로 담은 데이터
2. 유사한 항목으로 코딩한 빈도표
3. 상위 10개 항목의 교차분석표

더 나아가서는 1번 데이터를 받은 뒤 2번과 비교하는 표, 즉 응답 내용과 코딩 결과를 비교할 수 있는 표를 받은 뒤 캠프에서 반드시 트래킹하면서 관리해야 할 항목이 있다면 그 세부 내용을 수정해서 보낼 필요도 있다. 2차, 3차, 4차 등 이어지는 조사 결과에서 동일한 항목을 얼마나 많은 응답자가 언급하는지를 트래킹하여 캠페인 효과를 측정하고 대응 방안을 모색하기 위함이다.

하지만 위와 같은 세 가지 종류의 파일을 모두 생성하는 데는 조사 기관마다 차이가 있겠지만 시간이 소요된다. 이때 촉박한 일정으로 즉각적인 대응이 필요한 법정 선거운동 기간에는 과감히 1번 응답의 데이터를 먼저 받아야 한다.

그런데 유권자들 사이에서 설왕설래가 있건 혹은 누구가의 마음속에만 있었던 울분에 찬 건의 의견이건, 이를 취합하는 여러 방법을 막론하고 확보한 자료의 대부분은 이른바 대표성을 띠지 못한 것이 사실이다. 대표성이란 게 표본의 특성(통계치)이 모집단의 특성(모수치)을 얼마나 잘 반영하고 있는지를 의미한다면, 유권자의 목소리를 취합하는 방법과 과정은 처음부터 이러한 대표성을 염두에 두지 않아서 통계적인 보정을 시도하기도 어렵다. 네거티브 소스에 대한 단초를 제공하는 목소리는 매우 소수일 확률이 큰데, 지나치게 적은 수치는 여론조사에서 일반화시킬 수가 없어서 무시되곤 하기 때문이다.

그렇다면 이처럼 대표성이 갖춰지지 못한 목소리는 의미를 지니지 않는 것인가? 대표성이 없을 때는 어떻게 활용해야 할 것인가.

위에서 언급한 세 가지 방법 중 모집단의 특성을 어느 정도 잘 반영했는지 여부를 논할 수 있는 건 사실 전화 조사뿐이다. 전화 조사는 응답자의 거주지, 성, 연령에 따라 모집단의 분포에 맞게 가중치를 적용해 사후 보정한다. 따라서 '과연 이러저러한 소문에 대해 언급하는 유권자가 몇 명인가'라는 궁금증을 풀려면 선거 국면에서는 전화 조사만이 유일한 해답이며 대표성을 띠게 된다.

그렇다면 왜 포커스 그룹 인터뷰FGI나 인뎁스 인터뷰IDI를 캠페인 초반에 넣어야 하는가? 대표성이 결여될 수 있는 정성 조사의 대표 격인 두 조사 방법은 우리에게 무한한 상상력의 원천이 되는 많은 생생한 목소리를 제공한다. 나열되어 있는 숱한 숫자가 유기적으로 결합된 정보의 체계로 보이지 않고 무미건조한 파편의 무더기로 여겨질 때, 정량적인 근거에 목마르지만 가설은 물론이고 조사 주제도 만들기 어려운 캠페인 초기에 정성 조사를 활용해야 한다.

또한 네거티브 이슈에 대한 조사 기획에서는 정성 조사가 더욱 빛을 발휘한다. 똑같은 이슈에 대해서도 정량과 정성은 접근 방법이 다르다. 정량 설문지는 구조화structured에 만전을 기해야 하지만, 정성 조사 진행 가이드라인은 때로 반 구조화semi-structured 혹은 비구조화anti-structured 된 형식을 따라야만 더 양질의 결과를 얻을 수 있다. 한마디로 "하실 말씀 모두 해주세요, 욕도 좋습니다"라고 해야 한다. 인터뷰 대상자의 톤과 매너를 현장감 있게 반영해야 더 좋은 보고서, 더 유용한 기획서가 나온다.

그렇더라도 대표성이 없어서 활용하기 어렵다면? 정성 조사에서 확인한 정보를 통해 정량 조사를 새롭게 기획할 필요가 있다. 그렇지 않고 예산을 핑계로 정성 조사 인터뷰 대상자 몇 명의 응답을 정량적으로 해석하는, 즉 정성 조사로 정량 조사를 대체해보겠다는 어처구니없는 실수를 저지르는 건 초짜만이 하는 것이다. 정성 조사에서 "왜 임꺽정 후보를 지지하지 않으세요?"라는 논의에 "철새 같아요"라는 응답이 나왔다면, 정량 조사는 오픈 문항이라 해도 더 나아가는 질문을 하기 어렵다. 철새론의 등장과 그 확산 정도, 계층별 확산 현황을 대표성 있게 확인할 수 있었다고 하더라도, '왜 철새론이 유포되었는지' '어떤 매체로 주로 전파되는지' '철새론이 유권자의 비토 감정에 어떤 강도로 영향을 주는지' '극복 가능한 대항 논리로는 어떤 것이 있는지'는 정성 조사에서 단초를 찾아야 한다. 비록 대표성이 분명하지 않더라도 비판적인 정보는 단 한 줄로도 고맙다.

네거티브 캠페인을 위한 SWOT 분석

이 책에 관심을 갖고 펼쳐든 독자라면 SWOT 분석에 대해 한 번은 들어봤으리라 생각한다. SWOT 분석이야말로 마케팅 리서치와 소셜 리서치 영역에서 모두 활용하고 있는 대표적인 전략 분석 방법 중 하나다. 물론 선거 캠페인에서도 자주 사용하는 툴인데, 무엇보다 외부 환경과 내부 역량에 대한 교차를 통해 여러 전략을 도출할 수 있다는 점, 그중에서도 실행 우선순위에 대해 숙고할 시간을 준다는 점에서 상당히 매력적이다. 비즈니스 영역에서뿐 아니라 경쟁 상황에서 외부 환경을 활용 혹은 극복해야 하는 여러 캠페인에 두루 활용되는 이 분석에 단점이 없는 것은 아니다. 하지만 단점 및 활용의 세밀한 내용은 다음 기회에 다루고 여기서는 네거티브 전략을 마련하는 데 있어 SWOT 분석을 어떻게 활용할지를 간략하지만 집중적으로 살펴보고자 한다.

　SWOT 분석은 잘 알려진 바와 같이 내부 역량을 의미하는 강점과 약점, 외부 환경을 양분하는 기회와 위협을 2×2 양식으로 조합하여 네 가지 전략을 도출하는 것을 기본으로 한다. 네거티브 캠페인을 위해서는 이와 같은 SWOT 분석의 S, W, O, T의 의미가 조금 달라진다. 내부 역량의 강약점은 후보 이미지에 대한 강약점으로 놓는다. 외부 환경의 기회와 위협은 경쟁 후보의 이미지에 있어 우리 쪽에 기회가 될 요소와 위협적인 요소를 놓아야 한다. 그러면 후보 상호 간의 네거티브 공방을 위한 네 가지 전략을 마련할 수 있게 된다.

　보통 SWOT 분석이 내부 역량의 강약점과 외부 환경의 기회 및 위협을 나누는 가장 중요한 차이로 '통제 가능성'을 두는데, 여기서 주의할 것은 네거티브 캠페인을 준비하는 분석에서는 SW나 OT 모두 객관적인 시각을 요한다는 점이다. 즉, 내부 역량의 강약점도 사실 유권자들에게 이미 회자되고 있는 이미지의 단초들로 제시되어야지 절대로 캠프 내부의 주장만을 반영해서는 안 된다. 예를 들어 후보의 행정능력이 뛰어나고 캠프와 후보가 이를 내세우고 싶더라도, 유권자에게 전혀 알려지지 않은 사실을 전략의 기초로 삼기는 힘들다. 선거운동 기획 초기에 이미지 조사를 해보니 유권자들에게 인식된 이미지가 전혀 없다면 다르겠으나, 조사 결과 감지된 이미지 요소들이 있을 경우 이를 강약점으로 나누어 전략을 구성하는 것이 캠페인을 위해서는 더욱 안정적이다.

　이와 같이 이미지 조사를 통해 드러나는 긍부정적 평가, 경쟁관계에 있는 후보 각각에 대한 평가를 고스란히 옮겨서 S, W, O, T를 정리해야 한다. 그다음에 전략을 네 가지로 제시해야 하는데, SO 전략과 WT 전

		내부 역량	
		강점Strength (후보 이미지의 강점)	약점Weakness (네거티브 잠재 위험 요소)
상대 후보	기회Opportunity (상대의 약점)	SO 전략(적극적 전략) '네거티브 공격 준비'	WO 전략(국면전환 전략) '물타기 소스'
	위협Threat (상대의 강점)	ST 전략(다각화 전략) '선제적 프레이밍'	WT 전략(방어적 전략) '방어 논리 개발'

[표 4] 네거티브 전술 도출을 위한 SWOT 분석

략이 기본 골격을 형성한다. SO 전략, 즉 적극적 전략은 후보의 강점을 상대 후보의 약점과 함께 대비시켜 효과를 극대화할 수 있는 공세 전략이 될 것이고, WT 전략은 역으로 상대 후보의 강점에 의한 공격에 우리 후보의 약점이 노출되지 않게 하는 방어적 전략이 될 것이다. 이 두 가지가 바로 SWOT 분석의 골격이 되는 가장 기본적인 전략이라고 할 수 있는데, 문제는 ST 전략(다각화 전략)이나 WO 전략(국면 전환 전략)과 같이 후보 간 강점과 강점, 약점과 약점이 부딪치는 전략 공간에서의 공방은 더욱 치열할 수 있다는 것이다.

가령 ST 전략의 네거티브 캠페인에서는 우리 후보와 상대 후보의 강점이 맞붙는 상황이다. 원래 ST 전략을 다각화 전략이라고 부르는 이유는 강점이 뚜렷함에도 외부 환경은 위협적이어서, 비즈니스에서라면 주력 상품을 판매함에 있어 대규모 캠페인보다는 시장 세분화를 통해 타깃 소비층을 달리하는 상품으로 다각화하는 게 유효하다는 것인데, 다른 캠페인에서도 마찬가지로 무작정 대규모 캠페인을 벌이기가 쉽지 않은 상황이다. 내 강점이라고 대대적으로 홍보하고 났더니 되려 상대의 강

여론조사를 통한 전략 수립의 실제

점만 부각시키는 우를 범할 수도 있다. 좀더 예리한 분석으로 비교 우위에 있는 강점을 발굴해야 한다. 따라서 이러한 ST 전략을 네거티브 캠페인에서 활용하기 위해서는 일단 선제적인 프레이밍이 필요하지만, 선택적으로 활용해야 한다. WO 전략도 마찬가지다. 약점과 약점의 조합이다. 우리 후보의 약점이 분명한데 상대 후보의 약점을 공격할 여유가 있느냐라고 반문하겠으나 그렇지 않다. 우리 측 약점을 공개하여 오히려 상대 후보의 약점을 더 크게 폭로할 수 있다면 약점이 될 만한 점을 공론화시켜야 할 것이다. 또한 WO 전략은 차후 네거티브 공격을 당했을 시 물타기를 위해 효과적으로 활용될 수 있는 전략이니 상대 후보의 약점과 관련된 내용은 사전에 많이 준비해놓아야 한다. '나만 그런 게 아니고 상대 후보도 그러하다'는 동일시 효과를 위해 간직하고 있는 것이 물타기 소스다.

그런데 위에서 언급한 네 가지 전략 전술 중 시기에 따라 거의 선택될 수 없는 것도 있다. 선거를 준비하는 기간에는 모든 전술을 두고 중요도와 선후를 따질 수 있겠지만, 법정 선거운동 기간에는 사실 방어적 전략을 취한다는 게 다른 후보를 크게 앞지르고 있는 캠프에서나 선택 가능하다. 불과 2주 내에 승부가 갈리는 선거운동 과정에서 방어적인 전략 전술을 선택할 여유가 없기 때문이다. 총력전을 펼쳐야 하는 선거 캠페인에서는 대부분 공격적 전략을 기본으로 한다.

그런데 기초 전력을 구비하는 것이 아닌 상대 후보의 공격에 대한 대응이라는 차원에서는 방어적 전략이 유효하다. 이와 같은 의미의 방어적 전략 전술은 사실 평소 자료를 모으고 워크숍을 진행하는 등 캠프 내에서 빈틈없이 훈련되어 있어야 한다. 이것이 바로 방어의 수순이다.

기업 마케팅에서 BIBrand Identity는 매우 중요하다. 브랜드의 정체성을 분명히 하는 것은 브랜드 자산 축적을 위한 토대를 놓는 작업이다. 정체성 없이 모호한 브랜드에 소비자가 일체감을 느끼고 충성적 태도를 갖기란 불가능하다. 마찬가지로 선거 캠페인에서도 후보의 PIPresident Identity를 제대로 만드는 것이 필수다. 사실 후보가 이미 많은 유권자에게 잘 알려진 유명인이건 새로 등장한 신인이건 PI는 필수적인데도 이를 간과하는 일이 종종 발생한다. 정치인들이 "열심히 하면 좋은 이미지가 쌓이겠지"라며 안이한 생각을 많이 하기 때문이다.

어떤 브랜드든 후보든 누군가에게 선택을 받아야 하는 공간에서 경쟁한다면 경쟁자로부터의 공격에 이미 노출된 상태에서 캠페인을 시작한다는 존재의 규정으로부터 자유로울 수 없다. 혼자만 열심히 잘하면 다들 인정해줄 것이라는 단선적 사고는 스스로를 큰 위험에 빠뜨릴 것이 분명하다.

이러한 단세포적 사고가 갖는 캠페인 실패의 대표적 패턴이 바로 ARS 조사를 통한 인지도 제고 전술이다. 유권자 전체를 대상으로 대량 접촉을 시도할 수 있다는 점 때문에 ARS 조사는 응답률이 낮다는 한계에도 불구하고 애용되어왔다. 2000년대 초중반에는 당선 이유로 ARS 조사를 많이 했다는 점을 자랑스럽게 말하곤 했다. 지금보다 단가가 2~5배 높은 견적도 척척 받아주던 때다. 그러나 어느새 부작용이 스며들었는데, 이는 경쟁 후보들에 의한 적극적인 네거티브 때문이다.

보통 ARS 조사를 이용한 인지도 제고 전술에 크게 의존하는 후보들은 아무래도 인지도가 10퍼센트에도 미치지 못하는 신인들이다. 신인이라고 해도 지역에서 꾸준히 얼굴을 비치고 나름 여러 활동을 해온 후보는 다를 것이다. ARS 콜을 대량으로 뿌리길 바라는 후보는 그와 달리 해당 지역을 오래 떠나 있었던 인물일 때가 많다. 중앙 정부의 행정 부처에서 관료로서 잔뼈가 굵고 나름 성공한 사람이나 기업인들이다. 방송인이나 문화예술인이라면 오히려 인지도가 그리 낮지 않겠지만 관료나 기업인 출신 혹은 군 장성 출신자들은 인지도가 떨어질 수밖에 없다. 지역 내 지인들은 출마하면 도와주겠다고 독려하지만, 처음 인지도 조사를 해보면 깜짝 놀랄 정도로 낮게 나오곤 한다. 이때 강력한 해결 방안으로 제시되는 것이 바로 ARS 조사다.

이런 까닭에 시작한 정례 ARS 조사는 차츰 높아지는 인지도를 보여주고, 캠프 내 후보 등 관계자들을 크게 고무시킨다. 인지도가 50퍼센트를 넘어서면 뭔가 큰 기대를 하지 않을 수 없게 되지만, 실제 40퍼센트를 넘으면서는 인지도가 더 탄력을 받아 높아지더라도 호감도의 향상 비율은 그에 미치지 못한다.

40퍼센트를 넘은 인지도가 더 가파르게 상승하는 것은 당연하다. 인지도가 어느 정도 오르면 지역 언론에서도 관심 갖고 보게 되어 언론에 노출되며, 인지자들 사이의 입소문도 산술급수적이라기보다 기하급수적 전파 효과를 지니기 때문이다. 그러나 그 시기에 발생하는 문제는 호감도의 정체다. 인지자 베이스 호감 비율이 정체되거나 심지어 낮아지기까지 한다. 캠페인이 과열 양상을 띠면 전체 베이스에서도 낮아질 수 있다. 사실 그 이유 또한 간명하다. 경쟁 진영에서도 모니터링하다가 어느 시점에서는 해당 후보에 대한 네거티브 캠페인을 본격적으로 펼치기 때문이다. 무소속이었다가 정당을 선택해서 입당하면 경쟁 정당 지지자들의 비호감이 급격히 증가하는 것도 이유가 된다.

이쯤 되면 PI 수립 여부가 문제로 떠오른다. 상대 캠프에서 뿌리는 네거티브 공격이란 게 사실 매우 단순하면서도 강력한 딱지 붙이기인데, 가령 "뜨내기 홍길동" "철새 임꺽정" 등 이름 앞에 후보의 부정적 이미지를 함축하는 식이다. 그런데 이런 딱지 붙이기는 유권자 각각의 인식에 한번 달라붙으면 떼어내기가 매우 어렵다. 더군다나 한번 형성된 부정적 이미지는 반복적 노출에 의해 긍정적으로 바뀌기보다는 부정적인 인식을 강화시켜간다. 즉 ARS 조사 등으로 이름 석 자만 계속해서 알리는 방식은 상대 캠프의 네거티브 캠페인을 돕는 격이 된다. 부정적 인식을 더 강화시키고 더 많은 유권자에게 널리 알리는 결과를 가져오는 것이다. 이런 사정을 안다는 스태프들이 흔히 저지르는 실수 중 하나는 "그래서 우리 후보는 여론조사할 때마다 경력 중 ○○○를 앞에 붙입니다"라는 변명이다. 그런 '자랑스런' 경력을 네거티브 딱지로 만드는 데 몇 분이 걸릴 것 같은가? 스스로 만들어보라. 텐스맨이라고 생각하고 잠시 후보에 대한 애정을 제쳐둔 채 만들어보라. 실제로 이 대목에서 포기하는 후보도 여럿 있다. 전임자 혹은 후원자인 줄 알았던 명망가의 쓴소리를 못 견디고 불출마 선언으로 마무리하면 오히려 가문에 대한 경제적 민폐는 피할 수 있어 좋다. 15퍼센트를 득표하면 선거 자금의 100퍼센트를 회수할 수 있다는 계산도 있긴 하다. 아무튼 분명한 것은 PI 수립을 놓치는 순간 선거 캠페인이 끝날 때까지 영향을 미친다는 점이다.

그렇다면 PI 수립은 언제 누가 어떻게 해야 하는가? 사실 정치계에 입문하여 활동을 시작한다는 것은 다른 말로 하면 PI를 수립하고 대중 활동을 한다는 뜻이다. 정치활동을 본격적으로 시작하기 전에 이미 수립되어야 한다는 것이다. 만일 PI를 수립하지 않고 대중 활동을 시작했다면, 우선 PI 수립을 위해 시간과 자원을 투입해야 한다.

물론 그 과정이 전문 컨설턴트를 통해야만 하는 것은 아니다. 자기 스스로도 할 수 있고, 스태프들과 함께 작업해도 될 일이다. 가족과 하는 것도 가능할 터이다. 다만, 애정을 지닌 사람들 중에서 다양한 경험을 한 이들이 모여서 논의하는 게 도움이 될 것이다. 기업 브랜드를 만드는 데에도 여러 단계를 거쳐 많은 전문가가 공동으로 참여하지만 동네 아주머니가 조언해주신 그대로를 간판에 써넣기도 하듯, 정치인의 PI도 그처럼 작업의 주체와 규모 면에서 천차만별이다.

그렇지만 공통된 점 하나는 선거 캠페인에서는 후보 개인이 중심이 된다는 것이다. 그건 바뀔 수 없다. 물론 인지하는 후보가 없더라도 지지하는 정당에 투표하기 위해 투표소에 꼭 가는 유권자가 있다고는 하지만, 이를 고려하더라도 캠프 입장에서는 이미 정당을 선택하는 문제 역시 후보에 의해 결정되기 때문에 후보의 PI에 의해 소속 정당 또한 결정된다고 봐야 한다. 결국에는 후보가 스스로 구성한 PI에 의해 정치적 입장과 정책 및 노선을 결정한다고 볼 수 있다.

이처럼 후보 개인의 능력과 매력, 인품과 특질, 정책과 노선을 선택하는 과정으로서의 선거를 생각해본다면 무엇보다 중요한 것은 PI다. 정책도 마찬가지다. 어떤 특정한 정책에 대한 선택이라고 여기는 많은 이론과 주장이 있지만 사실 그렇지 않다. 실제로 후보들 간 정책적 차이는 점차 없어지는 추세인 데다 지지하지 않던 후보가 매력적인 정책을 내놓았다고 하더라도 그 정책 때문에 지지 후보를 바꾸는 일은 흔치 않고,

다만 지지 후보를 결정하지 못한 미결정층 가운데 고관심자라면 움직일 수 있다.

가령 운동화를 고를 때 나이키 운동화가 기능, 가격, 착화감, 디자인 등에서 어떤 한 가지 속성이 아디다스에 비해 좋지 않다 하더라도 나이키를 선택하던 소비자는 그대로 나이키를 구매한다. 습관화된 구매가 아닌 분명한 선호가 반영된 합리적 선택이다. 나이키가 갖고 있는 브랜드 이미지와 나 스스로 추구하는 삶의 이미지를 동일시하고 있다면 기능이나 가격은 사실 큰 문제가 되지 않는다. 디자인은 조금 달리 봐야 할지도 모르지만, 나이키의 디자인은 다른 브랜드에 비해 결코 떨어지지 않을 뿐 아니라 선택 또한 다양하다.

정치인을 택하는 과정에서도 정책 하나하나가 큰 문제가 되지는 않는다. 정책의 실용성 및 자신에게 돌아올 혜택은 고령자일수록 더 민감하게 반응하는데, 사실 고령층 유권자들에게 돌아가는 복지 혜택에 대해서는 여야 정치인이 모두 대동소이해서 문제가 되지 않는다. 사실대로 말하자면, 정책적 차이에 따라 선택을 달리하는 비율은 그리 높지 않다고 봐야 한다.

결국 PI는 정치인의 본질을 설명할 수 있는 것이어야 하며, 소속 정당의 특성을 밝히거나 혹은 특정한 정책을 부연하는 것일 수는 없다.

가령 예전의 박진 의원을 생각해보자. 박진 의원이 종로구에서 무려 3선을 한 중진급 의원임은 잘 알려진 사실이기도 하지만 이제 잊혀가는 정치인이 아닌가 싶을 정도로 최근 활동은 뜸하다. 2012년 4선에 도전한 박진 의원은 민주통합당 정세균 후보에게 패하고 말았나. 20대를 준비하면서는 오세훈 전 서울시장과의 당내 경선에서 아쉽게 패하여 본선에도 올라가지 못했다. 이렇게 3선 의원으로 승승장구하던 인물이 패배하는 과정을 어떻게 봐야 할 것인가? 2012년 총선은 새누리당이 전체적인 의석 수에서는 앞섰다고 하지만 야당인 민주통합당도 큰 성장세를 보였다. 이명박 정부의 마지막 해로, 야권에서는 정부에 대한 심판론을 강하게 제기했던 때다. 그러나 박진 의원은 임기 중에 박연차 사건으로 계속해서 검찰에 불려다녔던 시기로 기억되는 18대를 보냈다. 그리고 사실 그 전에 폭탄주 사건으로 구설수에 올라 지지하던 유권자들에게 실망감을 안겨줬다. 그런데 문제는 박진 의원이 갖고 있던 PI가 '돌고래'라는 귀여운 이미지의 동물 외에는 유권자들에게 인식된 것이 없다는 것이었다. '돌고래 박진'이라고 내세운 PI는 돌고래의 스마트하고 귀여운 이미지가 박진 의원의 신선한 이미지와 잘 어울려서 채택했을 텐데, 문제는 폭탄주 사건 이후 돌고래에서 술고래로 비칠 수 있다는 점이었다. 이렇게 되니 조선시대의 무인 복색을 하고 명절 때 혼잡한 시내 차량을 통제하기 위해 나섰던 그의 신선한 모습은 모두 사라지고 폭탄주를 즐기는 기득권의 이미지로 전락했다. 정치인으로서는 상당히 후퇴하게 된 것이다. 여기에 박연차 사건의 중심인물로 떠오르니 회복하기 어려울 만큼 이미지가 손상되어버렸다.

물론 박진 의원이 다른 어떤 PI를 수립하고 있었다 해도 박연차 사건처럼 대형 이슈의 장본인으로 언급되기 시작하면 헤어나오기 쉽지 않다. 80만 원 벌금형으로 의원직을 유지할 수 있었다고 하더라도 그 후 계속해서 당선을 보장받으려면 뭔가 이미지 쇄신을 위한 작업이 이뤄졌어야 했다. 2008년 18대에서는 손학규를 상대로도 승리를 거두었던 정치인이 2012년에는 정세균에게 밀렸다는 것. 정부의 출범과 쇄락의 파고 속에서 자신의 정체성을 제대로 수립하지 않은 결과가 그대로 드러난 것이다.

이와는 정반대의 인물이 있다. 이재오 전 장관이다. 그는 20대 총선에서는 무소속으로 출마해 더불어민주당 후보에게 패배했다. 하지만 무소속으로 출마했음에도 30퍼센트에 육박하는 지지도를 얻어 2위를 지킨 것인데, 19대 총선에서 당선을 거머쥔 것이 어찌 보면 더 대단하다고 해야 할 것이다. 이명박 정부의 핵심 요직인 특임장관을 지내고도 이명박 정부 심판론이 거세게 제기되었던 선거에서 지역구를 방어한 것이다. 사실 정부의 마지막 해인 2012년에 치러진 19대 총선은 집권 여당인 새누리당 소속 후보들에게는 매우 곤혹스러웠을 것이다. 서울의 48개 선거구 중에서 새누리당은 불과 16곳에서 승리를 거두는 데 그쳤다. 어찌 보면 정부에 대한 국민의 아쉬움이 집중되었어야 할 저조한 성적 속에서도 이재오 전 장관은 당선으로 선거를 이끌었다.

이재오라는 인물의 PI를 생각해보면, 많은 사람이 이재오 전 장관을 이명박 전 대통령의 정치적 호위무사 혹은 친이계의 좌장으로 인식하고 있다. 정치계 내에서의 역할이 그러했다는 데 크게 이의를 제기할 사람은 없을 듯하다. 장관직도 특임장관이라는 지극히 정무적인 업무를 맡아 처리했던 것을 보면 이명박 정부에서 추진했던 많은 정책 가운데 이재오 전 장관의 손길이 미치지 않은 것이 없겠구나 하는 생각도 든다. 그럼에도 레임덕을 예고하는 19대 총선에서 지역구를 방어할 수 있었던 동력은 무엇일까?

위와 같은 특정 계파의 좌장 이미지와는 달리 정치인 이재오는 은평구 주민들에게 이웃과도 같은 존재였다고 한다. 그의 선거 공보물에 빠지지 않고 등장하는 단어는 '은평 사람 이재오'다. 어느 후보가 그렇지 않겠냐 하겠지만, 이재오 후보가 제시하는 증거는 남다르다. 신혼 때부터 은평에서 살아온 개인사, 은평의 발전을 위해 챙겨온 정책들이 빼곡하다. 사실 선고 공보에는 드러나지 않지만, 정치인 이재오는 동네에서 '때밀이'로도 유명하다고 한다. 공중목욕탕에서 유권자들의 등을 밀어주면서 표를 다진다는 것이다. 이보다 더 확실한 정체성으로 또 무엇이 있겠는가?

이런 사례는 더 있다. 천안 병의 양승조 의원은 지역에서 20명만 모여도 그 자리를 찾아간다는 말이 돌 정도로 열심히 지역 활동을 한다. 천안은 지리적으로 서울과 멀지도 가깝지도 않은, KTX를 이용하면 서울역까지 한 시간 내에 도달할 수 있는 거리다. 양승조 의원은 거의 매일 KTX를 이용해서 서울 여의도 의사당과 지역구를 왕복했다고 한다. 의정활동도 소홀히 할 수 없고, 지역구 민심 청취도 결코 뒷전에 둘 수 없기 때문일 것이다. 이렇게 일상화된 유권자와의 소통 정치는 안정적으로 4선 당선을 만들어냈다. 재선 때에는 낙선하리라는 전망이 우세했다. 2008년 총선은 아무래도 대통령 당선자인 이명박 전 대통령의 정책 기조에 호흡을 같이하는 여당 의원들이 프리미엄을 가지고 있었고, 현역이라 하더라도 압도적인 지지를 얻기 어려운 경합 지역에서는 여당 후보의 우세가 점쳐지곤 했다. 양승조 의원도 초반 15퍼센트포인트 이상 밀리던 여론조사 결과를 뒤집고 신승을 거뒀다. 그의 발로 다진 소통 행보가 선거 기간에 위기를 극복하게 해준 원동력이었음은 두말할 필요도 없다.

위와 같은 두 가지 사례를 통해 보듯이 PI라는 것은 그리 복잡할 것도 없지만, 하루아침에 완성시킬 수도 없는 것임은 분명하다. 유권자의 인식에 자리 잡은 후보의 이미지와는 다른 것으로서 후보의 정체성identity

은 전략적으로 구상하고 있어야 한다. 이러한 정체성이 유권자 인식에 자리 잡게 하기 위해서는 의지적인 캠페인을 통해, 다양한 행보와 메시지로 전파되어야 한다. 따라서 PI를 페이퍼에 담아 수립했다고 하더라도 실제 이를 유권자의 인식에 확고히 자리 잡게 하는 데에는 시간과 자원이 투입되어야 한다.

위의 사례처럼 다년간의 활동을 통해 '지역 일꾼'이라는 PI를 수립하는 데 성공한 인물은 선거 기간에 매우 유리하다는 점을 알 수 있다. 이와는 반대로 지역에서 오래 활동했음에도 지역민에게 거만하다는 평가를 받았던 사례(이방호), 다른 인물의 지역구에 전략공천 식으로 진입했으나 지역민에게 인정받지 못한 사례(오세훈, 김문수) 등은 얼마든지 찾아볼 수 있다. 새로운 선거에서 자신의 기존 이미지를 점검하고 새롭게 PI를 수립해야 할 때를 놓치면 네거티브에 취약해질 수밖에 없다. 그런 후보들이 선거 승리를 보장받기란 어려운 것이다.

그렇다면 PI는 어떤 내용을 갖춰야 하는가? 우선 PI 자산equity을 정확하게 파악하는 데서 출발해야 한다. 후보의 PI 자산으로 어떤 것이 있는지, 어떤 긍정적인 측면과 부정적인 측면으로 구성되어 있는지를 학력·경력 등 인생사를 뒤적여봄으로써 파악해야 한다. 후보가 인지하고 있는 내용도 있을 것이고, 후보는 모르지만 주변인이 평가하는 후보의 면모가 자산이 될 수도 있다. 어떤 내용은 별것 아닌데도 유권자에게는 크게 평가받을 수 있으니 하나하나 명세서를 만들듯 따져봐야 한다.

이 과정에서 중요한 것은 후보자의 네거티브 취약점을 파악하는 것이다. 이때 이미 드러나 있는 것에 대해서도 생각해봐야 할 테지만, 그렇지 않은 다른 여러 요소도 생각해봐야 한다. 보통 네거티브 요소 중 정말 한 방에 훅 갈 정도로 강한 영향력을 지닌 것은 후보가 가족들에게도 숨길 때가 많다. 사실 이런 것을 컨설턴트에게 말하지 않는 이유는 어차피 터지면 걷잡을 수 없어져 막장으로 간다고, 컨설턴트라 하더라도 그에 대해 뾰족한 수가 없다고 생각하기 때문이다. 숨겨놓은 자식이나 학위논문 대필 문제가 그런 사례에 해당된다. 이런 정도의 네거티브에 대해서도 사실 캠프의 핵심 멤버들은 대책을 마련해놔야겠지만, 후보가 그 누굴 믿을 수 있겠는가. 어려운 일이다. 만일 후보가 이를 털어놓는다면, 최고 수준의 보안을 유지하면서 PI 수립 과정에서 이에 대한 대책을 마련해야 할 것이다.

그러나 이미 밝혀진 네거티브 요소에 대해서는 분명히 PI 자산 명세를 작성하면서 빠뜨리면 안 된다. 캠페인 도중 그것이 끊임없이 입소문을 타고 전파되리라 예상된다면, 이를 고려하여 미리 대응 논리를 개발하지 않으면 안 되기 때문이다.

4장

선거 캠페인 방법과 네거티브

선거 캠페인과 커뮤니케이션, 미디어와 구전의 조화

커뮤니케이션이 선거 캠페인의 전부다

정치의 본령이 경세제민이며, 그 과정에서 사회 구성원들의 공통성 확보와 합의를 조성, 도출하는 도구로서 매스미디어의 유용성을 생각한다면 정치와 커뮤니케이션은 불가분의 관계에 있다. 일찍이 커뮤니케이션 이론을 정립한 4명의 비조 중 한 사람인 해럴드 D. 라스웰은 정치의 합리화 수단으로서 커뮤니케이션의 중요성을 역설하면서 "현대의 정치와 정치학은 라자스펠드 등의 '국민의 선택People's Choice'이 보여주었듯 주어진 정치 목표들을 합리화해서 국민으로 하여금 받아들이게 하는 것"[47]이라고 주장했다.

지역 공동체와 조직의 대표를 뽑는 선거 기간에 매스미디어의 역할은 매우 중요하다. 매스미디어는 선거의 쟁점을 부각시켜 국민의 관심을 끌

199

어들이고 선거를 둘러싼 정보를 제공함으로써 개인의 합리적인 의견이 형성되도록 도와줄 뿐만 아니라 개인들의 의견을 표현하고 토의가 이루어지도록 조력함으로써 선거 분위기를 이끌어가기도 한다. 말하자면 선거 기간에 매스미디어는 정보의 전달 수단으로서뿐만 아니라 의견의 표현 수단으로서, 타인의 의견을 경청하는 수단으로서 그리고 토의의 장으로서 선거 과정과 결과를 결정하는 중요한 역할을 한다.

그렇다면 커뮤니케이션이란 무엇인가? 커뮤니케이션의 정의와 관련해서는 여러 학자의 정의가 있지만 대체적으로 "두 사람 이상이 기호를 매개로 하여 서로 공통된 의미, 즉 경험 영역을 공유해나가는 것"[48]이라 할 수 있다.

왜 '의미의 공유'라고 하는가? 지식이나 사실, 정보, 신념이나 가치도 아닌 '의미'를, 그것도 전달이나 전파, 확산이 아닌 '공유'를 한다고 할까? 물론 전달에 방점을 둔 입장도 있다. 대표적으로 설득 커뮤니케이션의 입장에서는 메시지 전달을 통한 태도나 행동의 변화를 중심에 두고 본다. 태도나 행동의 변화에 앞서 미디어를 이용하는 수용자(유권자) 입장에서는 '의미'를 '공유'하는 과정이 선행한다. 부연하자면, 수많은 커뮤니케이션 현상을 단순하게 개념화하면 '의미의 공유'라는 정의가 타당하다고 할 수 있다.

앞서 라스웰은 정치 커뮤니케이션 연구에서 "누가 무엇을 누구에게 어떤 효과를 갖고 말하는가?"라는 질문을 했다. 이 물음 속에 있는 '효과'는 선거 캠페인에서 매우 중요한 위상을 점한다. 이런저런 말이 많아도 선거 캠페인은 결국 효과를 내기 위한, 즉 수용자(유권자)들에게 자기 후보(당)에 대한 좋은 평가와 지지를, 상대 후보(당)에 대해서는 부정적인 평가를 끌어내는 것이 선거 캠페인 시기 커뮤니케이션 활동의 궁극적인 목적이기 때문이다.

선거 캠페인에서 캠프가 가장 많이 신경 쓰는 대목은 '커뮤니케이션' 파트다. 제아무리 좋은 정책과 내용이 있어도 결국 그것을 이미지와 메시지로 만들고, 유권자들에게 제공하고, 반응을 살피고, 순환 과정을 거치는(피드백) 일련의 과정이 커뮤니케이션과 관련된 일이기 때문이다. 차이가 있다면 과거에는 주로 기자 출신들로 구성된 '공보단'을 중심으로 대 언론관계에 신경을 썼다면 최근에는 소셜 미디어 대응을 중심으로 하는 미디어 전문가들에 대한 비중이 높아졌다는 점이다. 이는 미디어 환경과 이용 행태의 변화도 있지만 미디어 중심에서 수용자 중심으로의 패러다임 변화라고 보는 게 더 타당할 것이다. 또한 그만큼 수용자들의 활동 폭과 영향이 커졌다는 반증일 수도 있다.

선거 캠프는 수용자들의 태도나 행동을 변화시키기 위해 계속해서 자신에 대한 지지를 호소하고(포지티브 이슈), 상대가 당선되어서는 안 되는 이유들을(네거티브 이슈) 여러 형태와 방식의 메시지로 제공한다. 이러한 '태도' 변화가 과거 미디어 효과 연구의 주요 주제이자 측정 척도였다면 최근에는 한층 더 나아가 '인지'로 옮겨갔다고 할 수 있다. 태도를 형성하는 것은 인지 반응의 결과물이기 때문이라는 것이다. 부연하자면, 과거에는 자극을 주어 태도를 변화시켜 행위 반응을 이끌어냈다면, 최근에는 자극을 주어 인지 구조에 영향을 미침으로써 행위 반응을 이끌어낸다는 것이다. 즉, 효과의 초점이 '태도'가 아니라 '인지'에 있다는 것이다.

인지認知란 수용자가 선거 캠페인에 관한 지식을 습득하는 과정이다. ●
유권자는 선거 관련 메시지를 접했을 때 후보 관련 정보 중 후보의 속성은 어떠하고, 그 속성이 자신에게 얼마나 유익할 것이며, 다른 수용자들은 그 속성에 대해 어떻게 생각하는지 등을 평가한다. 이러한 정보 처리 과정을 인지적 처리 과정이라고 한다. 즉, 수용자들이 선거 정보를 이해하고 추론하여 후보를 인지하거나 후보에 대한 태도를 형성하는 과정이다. 선거 캠페인에서 수용자의 인지 반응에 영향을 미치는 요인으로는 동기 유발, 정보 처리 능력, 지식, 메시지 반복 정도, 정보원 신뢰도 등을 꼽을 수 있다.

● 인지cognition라는 말은 수용자가 외부 자극의 정보 처리를 위하여 상당 수준의 노력을 필요로 하는 지식 습득 과정을 말한다. 반면, 존재 유무를 알아차리는 것은 인식awareness이라고 한다. 흔히 여론조사나 언론 보도에서 많이 쓰이는 후보 '인지도'는 정확히 하자면 '인식도degree of awareness' 혹은 '인식 수준level of awareness'이라고 해야 한다. 하지만 '인지도'라는 말로 통용되고 있기에, 이 책에서는 후보와 관련된 '인지도'를 '인식도'의 개념으로 사용한다.

뭐라 해도 아직까지는 매스미디어가 중심

선거 캠프에서는 다양한 커뮤니케이션 활동을 한다. 실제로 선거 캠페인의 대부분이 커뮤니케이션 활동이라고 해도 과언이 아니다. 일상적으로 소셜 미디어를 통해 후보의 일거수일투족을 알리고, 문자 메시지를 통한 정책이나 일정 고지, 유세 등을 통한 대면 커뮤니케이션 활동, 구전 논리 개발, 더 나아가 선거 공보물 등도 커뮤니케이션 활동에 포함될 수 있다. 그중에서 아직까지 가장 고전적이면서도 효과와 영향력이 큰 것은 신문이나 방송, 인터넷 매체 등과의 관계, 즉 매스미디어 활동이라 할 수 있다. 아무래도 캠프 입장에서는 매스미디어 활동이 앞서 언급한 여러 내용보다 수용자들과의 접촉 범위가 넓어 파급력이 크고 그 내용(정보)을 접하는 유권자들의 신뢰도가 다른 방법보다 높기 때문이다.

커뮤니케이션 효과론 중에서 매스미디어가 수용자에게 미치는 효과가 크다고 보는 '의제 설정 이론'에 따르면 정치 커뮤니케이션, 특히 선거 캠페인에서 '모든 뉴스는 현실의 구성물'이라 전제한다.[49] 즉, 수용자의 인지세계를 구조화하며, 쟁점에 대한 공중의 인식 수준에 미디어가 강력한 영향력을 행사한다는 것이다. 선거 캠페인 상황에서 매스미디어는 '무엇을 생각하는가?'뿐만 아니라, '무엇에 관해서 생각하는가?'에 영향을 미치며, 더 나아가 이제는 '어떻게 생각할 것인가?'에도 영향을 미친다는 주장이다. 정리하자면, 의제 설정 기능이란 매스미디어가 특정 쟁점을 선택하고 강조하면 공중이 이를 중요한 것으로 인지하게 된다는 것이다.

그렇기에 후보가 선거 출마를 결심하고 캠프가 꾸려지면 가장 먼저 찾는 분야나 인력이 언론계 출신, 소셜 미디어 전문가, 홍보 전문가, 심지어 글을 잘 쓰는 사람 등 커뮤니케이션 전문가* 임은 지극히 당연한 일이다. 대통령 선거는 말할 것도 없고, 광역 단체장 선거에서도 공보단 및 대변인실에서는 언론 모니터링, 현장 뉴스 생산, 전파 기자단 응대 등

● 흔히 이런 일을 하는 사람을 통칭해서 '스핀 닥터(spin doctor)'라 부른다. 스핀 닥터는 여론을 의도적으로 몰아가는 부정적 의미로도 사용된다.

적지 않은 인력이 결합한다. 총선이나 자치 단체장 선거에는 공보팀 수준에서, 광역의원과 기초의원 선거에도 공보 담당자가 미디어 업무를 수행한다. 특히 첫 출마자라면 반드시 매스미디어 사정에 밝은 사람이 캠프에 필요하다. 언론계 출신이면 좋고 하다못해 뉴스 생산과 유통 메커니즘 및 생리를 잘 아는 사람이 반드시 필요하다. 상품(후보)이 아무리 좋아도 그것을 전달할 방법이니 채널(커뮤니케이션)이 부실하면 수용자(유권자) 입장에서는 그 존재를 모르거나 미약하게 인지하기 때문이다.

선거 캠페인 상황에서 후보나 캠프가 매스미디어에 '뉴스 거리'를 제공하는 방법은 크게 보도자료 배포, 기자 접촉, 행사 안내 등을 꼽을 수 있다. 그중 가장 일상적·기본적인 활동이 보도자료 작성 및 배포다. 성명, 논평 등 캠프에서 발표하는 내용과 후보가 어디 가서 무엇을 한다는 고지 및 취재 요청 역시 보도자료 범주에 포함된다.

언론사 입장에서도 보도자료는 뉴스 출처와 근거가 명확하고, 취재에 들어가는 품이 적기 때문에 선호한다. 또한 보도 내용에 대한 사후 입증과 사실 관계 확인이라는 도의적 책임을 지더라도 법률적 책임에서 비교적 자유롭기 때문에 보도자료를 '관행적으로' 활용한다.

보도자료는 크게 기본 정보와 내용 정보, 부가 정보로 구성된다. 기본 정보는 발신 정보와 자료 정보로 다시 나뉘는데 발신 정보에는 담당 부서, 담당자 성명 및 직위, 담당자 연락처와 이메일 주소, 팩스 번호, 사무실 주소 등을 기재한다. 자료 정보는 보도자료의 분류 표시(정보 공개형, 홍보형, 해명 자료, 참고 자료 명기), 분량 및 첨부 파일 여부, 배포 일시, 보도 일시(언론에 보도될 날짜), 보도 시 유의 사항 등을 명기한다. 내용 정보에는 표제와 부제 등 제목과 요약문, 본문 내용(리드 포함) 등이 포함된다. 부가 정보는 상세 내용 관련 자료나 사진 등을 말한다.

선거가 격화될수록, 달리 말해 네거티브 공방이 후보자 간에 치열하게 전개될수록 언론의 관심은 높아지고, 수용자(유권자)의 관심 또한 높아진다. 이에 따라 이슈화하는 유용한 도구로서 보도자료는 활용 가치가 높다. 언론은 긍정적 내용의 보도자료보다는 공격적 내용의 보도자료에 더 잘 반응하는 속성이 있기 때문이다.

선거 캠페인 상황에서 '공격형' 보도자료는 공격 후보자와 공격 대상 후보자의 인지도가 높을 때, 정당과 후보자 간 갈등이 심화될 때, 선거 구도나 사회적 파급력에 미치는 영향력이 클 때, 일탈 행위 등 비규범적 성격을 지닐 때 높은 뉴스 가치를 가지며, 이에 따라 기사화될 개연성도 높다.•

• 2011년 서울시장 보궐선거 당시 나경원 후보 측이 캠프가 꾸려지기 시작한 10월 4일부터 10일 오전까지 언론에 보낸 정책 보도자료는 5개에 불과했으나, 박 후보를 비판한 보도자료는 19개로 하루 평균 3개 안팎의 자료를 쏟아냈다. 대표적으로 '박원순은 론스타 스폰서 진실을 밝혀라' '6방 혜택 박원순 후보 장군의 아들인가' '빚 4억 강남 60평 사는 박원순 서울 살림 제대로 할까' '병적 위조도 모자라 이번엔 학적 위조까지' 등이었다.

'방어형' 보도자료는 상대측 후보나 시민단체, 언론 등에서 제기하는 해당 의혹에 대해 육하원칙에 맞춰 입증 가능한 자료를 제시하고, 사후 조치에 대한 방안을 제시해야 한다. 공격은 보도자료로 시작되었지만 언론의 생리상 부정적 이슈에 대해서는 후보나 가족, 측근 등 해당 관계자의 입장을 직접 들으려 한다. 이를 회피하거나 무시하는 것은 의혹만 증폭시키므로 가급적 보도자료 형식보다는 직접 해명을 하는 것이 좋다.

보도자료와 함께 뉴스를 제공하는 주요 경로는 기자단 접촉이다. 이는 주로 성명이나 논평, 백 브리핑 형태로 진행된다. 기자단을 접촉하는 이는 후보, 대변인(혹은 공보단장), 선대위 관계자, 관련 분야 책임자, 전문가 등이다. 이 중 언론사에서 가장 관심을 많이 가지며, 비중이 가장 높은 사람은 물론 후보다. 그다음으로는 대변인과 선대위 고위 관계자가 언론의 주목을 받는다. 아무래도 해당 이슈와 직접적 연관성이 높기 때문이다.

성명과 논평을 가르는 공식적이고 뚜렷한 기준은 없다. 주제의 경중이나 완급 수준, 캠프에서 해당 이슈를 대하는 공식화의 정도, 주장이나 요구의 강도, 발표자의 지위 등에 따라 성명과 논평으로 나눌 수 있다.

선거 캠페인과 커뮤니케이션, 미디어와 구전의 조화

해당 이슈가 중요하고 신속함을 요구하며, 캠프에서도 심각하게 다룬다는 것을 표명하고, 책임자급 인사가 나선다면 '성명' 형태로 진행한다. 반대로, 심각하지 않다고 판단하여 일축하거나 가볍게 처리한다면 '논평' 형태로 진행한다.

최근 뉴스 생성 메커니즘은 과거와 달리 특정 이슈가 소셜 미디어상에서 널리 퍼지고, 이것이 실시간 검색어에 오르면 주로 인터넷 언론사가 기사화하며, 이후 다시 주요 언론사가 보도하는 패턴을 보인다. 보도 자료를 통한 언론 작업이 '정책正策'이라면 소셜 미디어를 활용하는 언론 작업은 '기책奇策'이라 할 수 있다. 이는 소셜 미디어를 통한 정보 유통이 대세인 상황에서 뭐라고 할 성격의 문제는 아니다. 중요한 것은 모니터링 역량의 강화와 신속 대응을 할 수 있는 구조를 만드는 것이다. 물론 그 대상에는 가짜 뉴스(페이크 뉴스fake news)도 당연히 포함된다. 언론사와 소셜 미디어의 구분은 적어도 선거 캠페인 상황에서, 특히 네거티브 공방 상황에서 그 경계가 없다고 해야 할 것이다.

구전口傳, word-of-mouth이란 사람들이 매스커뮤니케이션이나 인터넷 등의 도구를 이용하지 않는 비공식적인 방법을 써서 면대면으로 정보를 교환하는 커뮤니케이션이다.

구전 행위는 본질적으로 호기심과 불안, 불만으로부터 발생하며, 자발적인 인간 고유의 본능으로서 감정적인 표현으로 나타나는데, 그 과정은 단순화하기 어렵다는 특성이 있다. 특히 긍정적인 것보다 부정적인 구전 정보가 그 메시지를 접하는 수신자에게 더 큰 영향을 미친다.

구전이 커뮤니케이션 효과로서 중요한 점은 구전을 통해 전달된 정보가 수용자에게 큰 신뢰감을 줄 수 있고, 일상생활에서도 접촉 가능하며, 저항감을 덜 불러일으킨다는 것이다. 또한 수용자로 하여금 어떠한 확신 없이도 즉각 행동으로 유도할 수 있다는 점에서 더욱 중요하다 볼 수 있다. 요컨대 구전의 효과는 구전 정보를 수용함으로써 일어나는 수용자의 행동상의 변화와 이를 다른 사람에게 재전달하는 활동이라고 할 수 있다.[50]

빛의 속도로 무한대로 확장되는 커뮤니케이션 환경에서 구전이라는 커뮤니케이션 방법은 여전히 유효하다. 따라서 당연히 정확하고 깊이 있는 이해를 요구한다. 특히 소셜 미디어의 중요성이 날로 증가하고 있는 현실에서 소셜 미디어의 원형질로서 구전의 존재와 가치는 중요하다. 달리 말하면 소셜 미디어는 구전이라는 속성에 기술을 입혔다고 해도 과언이 아니다. 따라서 소셜 미디어를 제대로 운용하기 위해서는 구전에 대한 이해가 반드시 필요하다.

이는 선거 캠페인에서도 마찬가지다. 여러 커뮤니케이션 도구와 방법 중에서 구전이 중요하게 취급되는 이유는 다음과 같다.

우선 빠른 전파 속도를 들 수 있다. 구전은 순식간에 많은 유권자에 의해 전달되기에 타매체보다 전파 속도가 빠르다. 물론 모바일과 인터넷을 기반으로 한 소셜 미디어에 비할 바는 아니지만 여전히 빠르다고 할 수 있다.

둘째, 영향력을 들 수 있다. 구전을 통해 전달되는 메시지는 사실 관계만 다루는 것이 아니다. 사실 관계를 둘러싼 전후 정황에 대해 전달하는 유권자들 나름의 해석과 긍정적/부정적 평가가 덧붙여지기 때문에 메시지를 듣는 사람들의 투표 행위에 적지 않은 영향을 미친다.

셋째, 관계를 들 수 있다. 구전하는 유권자와 구전을 듣는 유권자는 친소의 정도 차는 있지만 대부분 서로 웬만큼 아는 사이다. 그러므로 관계 정도가 약하거나 없는 후보 및 선거운동원에 의한 지지 호소보다 메시지에 대한 설득력이 더 효과적이라고 할 수 있다.

넷째, 일관성 유지를 들 수 있다. 다른 유권자에게 특정 후보에 대한 긍정적인 구전을 한 유권자는 자신의 구전에 역행하는 행위를 하지 않기 위해 그 후보에게 투표할 가능성이 높다. 또한 특정 후보에 대한 부정적인 구전을 한 유권자 역시 자신의 발언에 대한 일관성을 유지하기 위해 특정 후보를 거부할 가능성이 높다.

다섯째, 높은 '가성비'를 들 수 있다. 구전은 유권자들이 자발적으로 전파하므로—적어도 '책략적 겉치레' 차원에서는—비용이 거의 들지 않는다. 물론 현실적으로 지역 단위 선거에서는 '구전 홍보팀'을 운용하고 세일즈 북을 통해 대응 논리를 교육시키며, 이슈가 발생하면 '지침'을 내려 확산과 방어를 한다. 이는 구전이 매스미디어나 광고 등 다른 커뮤니케이션 방법에 비해 비용 대비 효과가 좋다는 차원에서 이해하면 적절하다.

여섯째, 규모나 범위를 파악하기 어렵다는 점을 들 수 있다. 앞서의 내용이 주로 공격적이고 자기 주도적인 측면에서의 특징이라면 마지막은 방어적인 측면에서의 특징이라고 할 수 있다. 실제 선거 캠페인에서 나름의 예측 가능한 악재나 기존 평가에 대해서는 선제적으로 대응 논리를 개발하고 이를 운동원 교육이나 사전에 흘리는 식으로 나름의 면역 효과를 노린다. 문제는 돌발 상황이다. 이때는 후보가 자신에게 불리한 구전을 막는 데 대책을 수립하기가 난감하다. 자칫 과민 반응을 보이거나 과잉 대응을 하다보면 괜히 하지 말아야 할 말까지 하게 된다. 무엇보다 조급증과 초조함을 내비침으로써 사실 관계나 메시지의 내용을 넘어서는 이미지 손실도 초래한다. 따라서 구전 메시지의 정확한 내용과 함께 규모나 범위까지도 측정할 수 있는 방안을 고려해야 한다.

그렇다면 선거 캠페인에서 효과적이고 성공적인 구전을 위해서는 어떤 요건이 필요할까? 이는 구전의 내용과 커뮤니케이션 환경 두 가지 측면에서 살펴봐야 한다. 먼저 구전의 내용적인 측면에서는 크게 특이성, 일반성, 상대 우위가 필요하다.

특이성은 메시지 내용이 유권자의 흥미를 유발할 수 있을 정도로 특이해야 한다는 것이다. 이는 다시 메시지 내용 자체와 평소 특정 후보에 대한 평가로 나눌 수 있다. 내용이 통상적이고 보편적인 가치나 윤리 수준을 벗어날수록 특이성은 높다. 또한 후보가 도덕적이고 깨끗하다고 평가받을수록 작은 흠결도 크게 보인다. 이럴 때 구전 효과는 크다.

다음은 일반성이다. 특정 후보와 관련된 구전 주제에 대해 유권자들이 관심을 보여야 한다. 특히 평소 유권자들이 가지고 있던 불만이나 호기심과 연계되어 있으면 폭발성이 더 클 것이다.

마지막으로는 상대 우위다. 선거 캠페인 기간에는 수많은 말이 횡행한다. 단언컨대 선거판에 목적과 대상 없이 그냥 떠다니는 말은 없다. 말의 홍수다. 하지만 많은 구전 내용이 동시에 유권자들의 관심을 끌 수밖에 없다. 그러므로 같은 기간에 발생하는 다른 구전들보다 유권자들의 주의와 관심을 집중시켜야 한다. 시점을 봐서 터뜨릴 필요가 있는 것이다.

다음으로 커뮤니케이션 환경을 보면 신뢰성, 다변성, 협동성을 들 수 있다.

먼저 신뢰성은 구전 내용을 전하는 사람, 즉 송신자와 관련된 측면이다. 구전은 그 내용이 사실이라는 것을 뒷받침할 증거나 신뢰받는 사람에 의해 전달될 때 효과가 크다. 선거 캠페인 상황에서는 때로 메시지 내용보다는 전하는 사람의 신뢰, 지위, 평판 등에 따라서 효과가 달리 나타난다. 공격과 방어를 위한 메시지 내용 개발만큼 좋은 전달자를 섭외하고, 캠프와 관계를 맺는 것도 중요하다. 제아무리 좋은 말이 있더라도 전달자가 시원찮으면 그 효과는 반감된다.

다변성은 연령대나 지역, 직업 등 전달 경로가 다양해야 한다는 뜻이다. 이는 조직 작업과 긴밀하게 관련되어 있다. 만일 메시지 전달 경로가 편중되어 있다면 전파되는 메시지 내용도 편중될 수밖에 없다. 왜냐하면 자기 분야의 관심사가 아니거나 자기 지역 이외의 문제에 대해서는 몰입도가 떨어지며 당연히 효과도 떨어지기 때문이다. 전일적인 메시지보다는 맞춤형 메시지가 효과적이고 그러려면 전달 경로가 다변적이어야 한다. 이는 필수 조건이다.

마지막으로 협동성을 들 수 있다. 협동성이라 함은 구전의 내용이 공식적인 입장 발표를 통한 기사나 광고, 인터넷 댓글 참여나 소셜 미디어 전파 등과 같이 결합되고 보완될 때 효과를 보인다는 말이다. 면대면으로 부딪쳐서 듣는 말과 다른 자료를 통해서 확인되는 말이 일치될 때, 메시지는 피드백 과정을 거치게 되고 이 과정에서 한층 더 정교해지면서 효과가 커진다. 사실 관계가 확보되고, 선거에 큰 영향을 미칠 만한 휘발성과 폭발성을 지닌 소재일수록 이런 협동성은 더 필요하다.

정리하자면 구전은 내용이라는 소프트웨어와 환경이라는 하드웨어가 어우러질 때 효과가 커진다. 온라인을 이용했든* 오프라인 상이든, 노림수를 가지고 의식적으로 했든(버즈)** 어처구니없는 실책에 기인했든 그 본질은 사람과 사람을 연결하는 커뮤니케이션 활동에 다름 아니다.

다른 커뮤니케이션 도구에 비해 구전은 말하는 사람의 감정과 의지 등 애증의 전도율이 높다. 이는 아무래도 구전의 본질이 사람들 사이의 '연결'에 있기 때문일 것이다. 구전은 인터넷이나 모바일에 의해 매개된 커뮤니케이션 방법보다 훨씬 더 직접적이고 공감각적인 속성을 지녔기에 그 영향력은 꽤 크다. 구전은 기술의 발달과 함께 진화했고, 앞으로도 진화할 것이다. 그때그때 변화하는 기술적인 단면에 앞서 구전을 이해해야 하는 이유가 여기에 있다. 특히 선거 캠페인을 공부하고 실행하는 사람들의 입장에서는 더욱더 그러하다.

● 흔히 말하는 바이럴viral은 바이러스virus와 오럴oral이 합쳐진 용어다. 전통적인 의미에서는 온라인 홍보를 위한 설득력 있는 메시지를 통해 기업 혹은 기업의 제품과 서비스를 프로모션하는 행위를 말한다. 여기서는 좁은 의미로 온라인상에서 특정 후보에 대한 평판을 유도하기 위해 행해지는 일련의 의식적인 행동으로 규정한다.

●● 버즈buzz의 원래 의미는 흥미진진한 관심이나 소문을 뜻한다. 마케팅 개념으로는 '입소문을 창출하기 위해 실제 이벤트나 공연을 이용하는 기법'이라고 정의할 수 있다. 또한 '반향echo을 창출하기 위해 실제 이벤트나 공연을 이용하는 기법'이라 할 수 있다. 여기서는 좁은 의미로 미디어로부터 긍정적인 평가를 얻기 위해 계획된 활동으로 규정한다.

개인이 미디어다,
소셜 미디어

소셜 미디어의 핵심 가치는 '관계'

이제 정치인들에게 소셜 미디어는 필수적으로 장착할 기본 사양이 되었다.● 운용을 어떻게 하는지, 평가는 어떤지 여부는 논외로 하더라도 이제 정치와 선거 영역에서 소셜 미디어는 아주 일상적이면서도 깊숙하게 스며들었다.

● 한겨레 신문 2015년 8월 30일자 기사에 따르면 국회 입법조사처 조사 결과, 19대 국회의원 10명 가운데 9명 정도가 트위터(266명)와 페이스북(255명) 등 사회관계망서비스를 이용하는 것으로 나타났다.

정치인들은 보통 사람과 달리 다른 이에게 말하고 싶은 DNA가 크게 활성화되어 있다. 극단적으로 표현하면 다른 사람이 듣건 말건 우선 '던지고' 본다. '양질 전화의 법칙'을 신봉해서인지는 모르겠지만 노출 빈도가 높다보면, 자연스레 인지도가 올라가고 그것이 곧 호감도와 지지도로 연결된다고 철석같이 믿고 있다. 하기야 정치인들은 신문 부고란에 자기 이름 올라오는 것 말고는 다 좋다는 속설에서도 알 수 있듯이 끊임없이 말을 하고 싶어하고, 노출증 환자라는 비난을 듣더라도 화제의 중심에 서고 싶어한다.

인적 네트워크가 자산인 시대에 이와 같은 현상을 딱히 탓할 일은 아니다. 특히 정치인들에게는 사람 자체가 곧 '자산의 전부'라고 해도 과언이 아니기에 더더욱 그럴 것이다. 하지만 소셜 미디어의 기본 속성이 말 그대로 홍보가 아닌 '관계 맺기'라는 점을 감안할 때 원 소스 멀티 유즈식의 '퍼나르기'는 그냥 자신의 활동을 전달해주는 여러 커뮤니케이션 도구 중 하나일 뿐이다. 그러다보니 자연히 개성과 재미는 떨어질 수밖에 없다. 이왕 쓰려면 제대로, 알고 쓸 필요가 있다.

과거와 달리 현재는 각 매체의 특징에 맞게끔 매체 계획을 짜고 있다. 신문이나 전파, 인터넷과 모바일은 이용자 특성뿐만 아니라 이용 패턴과 정보의 형식도 다르기 때문에 그에 맞게끔 메시지를 구성해야 한다. 똑같은 주제를 매체 특성에 맞춰 변형하는 차원이 아니라 최적화해야 한다는 것이다. 이것이 곧 통합적 마케팅 커뮤니케이션에서 주장하는 매체 운용이다.

앞서 이야기한 바와 같이 소셜 미디어는 말 그대로 '사회적 관계망'을 위한 도구다. 중요한 것은 '관계'에 있다. 기본적으로 게시자와 친구(혹은 팔로어)들 간에 소통을 통해 움직이는 쌍방향 커뮤니케이션 수단이다. 홈페이지나 블로그, 트위터, 유튜브, 카카오스토리 등 가용한 마케팅 채널의 특질을 살려야 한다. 소셜 미디어의 본질은 '소통에 기반한 어울림과 공감'이다. 소셜 미디어를 다룬 모든 책에서 공통적으로 제일 중요하다고 지적하는 것은 '진정성'이다. 사람과의 관계에서 진정성이 없다면 상대는 목적 달성을 위한 수단이나 도구일 뿐이다. 그러고도 '관계'가 오래가기를 바랄 수는 없다.

지난 대선을 살펴보면 박근혜 캠프는 일반적인 통념과 달리 소셜 미디어 '전쟁'에서 문재인 후보보다 양적인 측면에서 앞선 것으로 나타났다.● 양적인 측면뿐 아니라 '질적 측면'에서도 앞섰다고 자평하고 있다. 이와 관련한 당시 새누리당 대선 캠프 소셜 미디어 본부장의 한 언론 인터뷰 내용이다.[51]

● 데일리안 2012년 12월 20일자 기사에 따르면 카카오톡 플러스 친구 맺기의 경우 박 당선인이 68만5703명(19일 21시 30분 기준)으로 문재인 민주통합당 후보(53만8574명)보다 크게 앞섰다. 트위터 팔로어의 경우 박 당선인이 24만3000명으로 문 후보(31만 명)보다 뒤졌지만, 관심도에선 문 후보보다 앞섰다. 예컨대 공식 선거운동이 시작된 11월 27일부터 12월 19일 저녁 6시까지 박 당선인이 거론된 트윗은 178만2000여 건으로 문 후보의 163만1000여 건보다 많았다.

"김(철균) 본부장은 '박 당선인의 진정성을 보여주고, 그의 휴먼 스토리를 공유하는 방안에 초점을 맞추었다'고 말했다. 사실 박 당선인은 바쁜 유세 일정으로 인해 많은 메시지를 직접 작성하지는 못했다고 한다. 그러나 진솔하고 잔잔한 감동을 주는 메시지를 남겨 좋은 반응을 얻었다. 예컨대 페이스북에선 '오늘 말씀드린 가계 부채 대책을 꼭 실천해서 국민 여러분의 고통을 덜어드리겠습니다'라는 친필 메시지와 격려 영상 등을 올려 국민의 눈높이에 맞춰 소통하려 했다."

승자의 여유가 잔뜩 묻어난다. 여기서 주목할 것은 다른 기사와 후일담에서도 확인한바 '새누리당답지 않게' 소셜 미디어를 운용했다는 점이다. 이는 소셜 미디어의 본질과 속성을 정확히 간파했기 때문이다. 아울러 캠프 차원에서도 그 중요성을 인식하고 그에 상응하는 재량과 힘을 실어준 정치적 판단의 결과물이기도 하다. 그 결과 세간의 예상과 평을 뒤엎고 소셜 미디어 대결에서 승리를 거두었으며, 대선 승리에 기여했다는 평가를 얻었다.

위의 인터뷰에 이어 새누리당 대선 평가 백서에 담긴 아래 내용은 향후 소셜 미디어 운용에 있어 많은 시사점을 준다.[52]

"소셜 미디어에서 가장 주력했던 점은?"

"세 가지다. 첫 번째는 당선인이 직접 흑색선전과의 전쟁을 선포할 정도로 소셜 미디어에서 흑색선전이 심했다. 상대방 주장에 대해 사실을 확인하고, 시시비비를 가리는 콘텐츠를 만들어 소셜 미디어에 유통시키는 데 주력했다. 두 번째는 과도하게 싸워서 이기려 하기보다 합리적 설득 공간으로 활용하고자 했다. 야당은 이기는 공간으로 이해하다보니 가끔 무리하곤 한다. 세 번째는 어떤 소셜 미디어 채널에 주력할 것인지에 '카펫 전략'을 썼다. '카펫' 전략은 소셜 미디어 매체 영향력을 말하는 카카오톡, 페이스북, 트위터 순으로 집중하는 것이다. 사실 카펫 전략은 민주통합당에서 먼저 만들었는데, 우리가 더 효과적으로 운영한 것 같다."

이기는 데는 다 그만한 이유가 있다.

누구나 논객이 될 수 있는 고효율 캠페인 툴, 소셜 미디어

21세기를 살아가는 최첨단 정보화 사회에서는 이제 어느 언론 매체 혹은 여론조사 기관보다 더 무서운 존재가 바로 소셜 미디어에서 활발히 활동하는 빅마우스들이다. 이들의 위력은 사실 PC통신 시절로 거슬러 올라간다. 1990년대 초중반부터 시작된 나우누리, 천리안, 하이텔, 유니텔 등의 PC통신에 연결될 때 나던 모뎀의 신호음이 아직 귀에 선명하다. 전화 국선으로 연결해 사용하던 PC통신은 당시에도 정보의 대규모 공유라는 차원에서 논란이 뜨거웠다. 그러다가 인터넷이 일상화되면서 오마이뉴스가 '언론 권력을 시민에게 돌려주겠다'는 기치를 내걸고 시민기자를 양성하면서, 사실상 일상적인 정보의 흐름을 강력히 통제하던 기성 언론사 데스크의 장악력이 서서히 약화되어갔다. 이러한 시민기자들이 여기저기서 나서면서 '논객'이라 불리는 칼럼니스트가 등장해 정치, 경제, 사회 문제에 대해 날카롭게 해부하고 입장을 전개하는 단계에까지 이르렀다. 그런데 사실 이때까지만 해도 커뮤니티 내에서 상호 논박하는 수준이었다면, 블로그는 본격적으로 한 사람이 자신만의 언론을 손쉽게 만들 수 있는 시대를 열었다. 그 시대가 더 고도화되어 이제는 비정형 데이터가 순식간에 공유되고, 이들 데이터가 미디어 정보의 형태를 급격히 변화시키고 있으며, 그야말로 생산자와 소비자가 구분되지 않는 정보 공유 시대가 열렸다.

이와 같은 발전 과정을 살펴보면, 사실 '논객'들이 커뮤니티 내에서 현란한 글솜씨를 통해 정세를 해부하던 시대와 그 이후 시기를 질적으로 구분해야 한다. 두 시기는 정보의 소통 범위에 있어서 큰 차이를 보이는데, 범위가 넓어지면서 당연히 규모도 엄청나게 커졌다. 또 다른 측면에서는 논객 사이트 내에서 활동하던 논객들이 전문가 뺨치는 글솜씨를 자랑하는 준전문가들이라고 봐야 한다. 당시 그 반열에 올라 논쟁을 이끌던 인물들이 최근 정계에서 활동하기도 하는 것으로 미루어 분명히 알 수 있다. 당연히 '논객 따로 독자 따로'의 양분화된 소통 구조가 크게 달라지지 않았으나, 블로그 등장 이후에는 어르신들도 동네 주민센터에서 블로그 만드는 방법을 배우고, 초등학생도 한글만 떼면 만들 수 있게 됐다. 사실 글쓰기 수준도 천차만별이고 내용도 천양지차라서 그야말로 다대다 소통 구조가 현실화된 것이다.

관공서나 기업체나 여론의 동향을 모니터링해야 하는 모든 기관 내에는 이제 뉴미디어팀이 공식적으로 자리를 잡았다. 그들의 주요한 모니터링 대상은 바로 블로그를 포함한 1인 미디어, 카페, 동영상 UCC를 업로딩하는 아프리카TV나 유튜브 및 공개된 소셜 미디어다. 이 중 블로그가 핵심에 있으며 점차 동영상 공유 사이트로 무게 중심이 옮겨가고 있다.

네거티브 소통 채널은 이제 통제를 벗어났다고 봐야 한다. 필자의 군 생활은 전방 GOP 경계 근무와 사단본부 공보장교 근무로 채워졌는데, 공보장교 근무 시 주요한 업무 중 하나는 언론 매체 모니터링이었다. 그때 이미 오마이뉴스 등을 통해 시민기자들이 활동하던 시기로 접어들었는데도 모니터링은 대부분 공중파 방송 매체나 지방지와 중앙지 등 기성 언론 매체에 집중되었다. 군청 기자실 출입 기자들과 안면을 트고 사진을 첨부한 보도자료를 거의 매일 3~4건씩 제공했지만, 그보다 더 중요한 업무는 역시 '공보 상황'이라 불리는 언론 위기 상황에 대한 대처였다. 공보 상황에 대비한 핵심적 수단은 기자들과 인상적인 회식을 갖는 것이었다. 아마 군 공보 계통뿐 아니라 사회 대부분의 기업과 관공서에서도 마찬가지였을 것이다. 최근 김영란법으로 기자들에게 금품 향응을 제공하지 못하게 규제받고 있으나 두고 볼 일이다.

김영란법에 의한 규제와는 완전히 다른 측면에서 언론 권력이 분산된 것은 기정사실인 듯싶다. 언론인 하나하나를 보면 권력을 휘둘렀다기보다는 정치 자본 등 각종 권력에 맞서거나 혹은 견제하기 위해 나름 필봉을 휘둘렀다고 해야 할 텐데, 이러한 상황과는 무관하게 어쨌든 새로운 시대에 새로 편입된 세대들이 보기에는 이것을 또 다른 권력으로 보고 너도나도 미디어 서열 경쟁에 뛰어든 셈이 됐다. 그러다보니 사실 언론 위기 상황에서 대응해야 할 면면이 너무 많아졌으며, 예전처럼 기자실에 있던 몇몇 기자와 형님 아우 하면서 관계를 돈독히 해놓는다고 해서 위기 상황이 손쉽게 극복되지 않는다.

선거 캠페인에서 소셜 미디어가 차지하는 위력은 실로 대단하다. 선거 캠페인의 여러 도구 중 후보 개인이 혼자서도 다룰 수 있는 것을 생각해보자. 얼마 전까지 간담회나 모임 등에서 말을 나누거나 혹은 명함을 뿌리고 악수를 하는 방법, 차량을 이용하거나 특정 장소에서 진행하는 유세 외에 후보 개인이 실행할 수 있는 캠페인 툴은 전화나 문자 메시지 정도였다. 이러한 툴도 개인이 할 수 있다 뿐이지 보통은 캠프 인력의 지원을 요한다. 그런데 이제 평시에나 선거운동 기간에 혼자서 혹은 캠프 인력과 함께 진행할 수 있는 강력한 도구가 새로 생겨났다. 더군다나 이 도구가 상당한 효율과 효과를 보여준다는 점은 매우 고무적이다. 물론 소셜 미디어의 물결이 이렇게 대단하지 않을 때에도 홈페이지가 있었다. 그런데 홈페이지를 만드는 데에는 상당한 자원이 투입되어야 했다. 필자도 예전에 정치인을 위한 홈페이지를 기획하고 제작했는데, 지금과는 비교할 수 없을 정도로 고가였다. 이후 블로그라는 1인 미디어가 등장했고, 지금도 블로그를 잘 활용하면 큰 효과를 볼 수 있어 필자는 주변에서 뉴미디어 전략에 대한 조언을 요청하는 캠프에는 많은 온라인과 모바일 도구 중 블로그를 가장 강력하게 추천한다.

소셜 미디어, 네거티브 셀프 폭로의 장

그런데 블로그를 직접 활용하는 정치인은 많지 않은 것 같다. 페이스북이나 트위터보다 블로그를 더 어렵게 생각하는 것 같기도 하고, 사무실에 앉아서 사진을 편집하고 글을 다듬는 등 시간과 공력을 많이 들여야 한다고 생각하는 것 같다. 그에 반해 페이스북이나 트위터는 짧은 메시지로도 운용이 가능하고 폰으로 촬영한 이미지나 동영상을 바로 링크할 수 있다고 생각하는지 비교적 많이 사용한다. 이 점이 장점이자 맹점이다. 정치인을 포함한 유명 인사들이 트위터나 페이스북을 폐쇄하거나 사용을 중단하는 예는 종종 있다. 메시지를 올린다는 게 실수로 잘못된 내용을 올리는 경우가 간혹 있는 것이다. 특히 밤에 술을 마시고 나서 올리는 메시지들은 다음 날 아주 곤혹스러운 상황을 만들곤 해 최근 정치인들 사이에서는 음주 후에는 트위터와 페이스북에 접속하지 않는 것이 상례가 됐다.

이렇게 소셜 미디어상에서 실수하는 것은 스스로 만든 소소한 위기 상황이고, 네거티브의 소스를 제 발로 제공한 것이다. 자충수를 두는 것이라 크게 번지는 수도 있고, 사소한 실수로 치부되어 금방 잊히기도 한다. 모 광역단체장은 당선 직후 주점에 가서 술을 마시면서 올린 글로 인해 소소한 물의를 일으키기도 했다. 어떤 광역단체장은 다른 나라의 재난 현장 사진을 두고 어울리지 않는 말을 해서 물의를 빚기도 했다. 일상의 소소한 재미를 공유하고자 했을 수도 있고, 도시개발에 대한 정책을 강조하고자 했던 것으로 과거에는 큰 문제가 되지 않았을 수 있지만 요즘 세상에서는 쉽지 않다. 정리하자면, 소셜 미디어는 최고로 효율성 좋은 캠페인 도구일 수도 있는 반면 양면적이어서 잘못 쓸 경우에는 스스로 네거티브 소스를 노출하는 어이없는 자충수를 두는 꼴이 되기도 한다.

최근 미디어 환경으로 인해 언제 어느 블로거가 네거티브 정보를 저 광활한 온라인의 바다에 던질지 알 수 없게 됐다. 블로거들이 던지는 크고 작은 네거티브 논란거리는 얼마 지나지 않아 기자들의 관심을 끌 것이고 기자들은 취재한 정보를 방송이나 신문 또는 언론사 인터넷 매체를 통해 보도한다. 이 정도면 걷잡을 수 없는 상황으로 돌입하게 된다. 이슈 수명 주기에서 공공의 관심권으로 등장하는 시점이다.

이러한 네거티브 입소문의 확산을 어떻게 막을 것인가? 확산을 막으려면 먼저 발화되지 않게끔 관리해야 하는데, 과연 블로거들이 네거티브 소스를 어떻게 확보하는가 하는 문제를 먼저 해결해야 한다. 앞서 후보들의 어두운 과거 혹은 거짓말을 전문적으로 탐문하고 조사하는 전문 네거티브 담당자가 상대 캠프 내에 있다는 것은 확실하다. 없어도 있다고 생각하고 대비해야 한다. 그런데 블로거들도 그러할까? 꼭 그렇지는 않다. 네거티브 소스는 여러 곳에서 얻었겠지만, 주요한 근거들은 온라인 검색을 통해서 얻는다는 점을 잘 알고 있어야 한다. 결국 온라인 검색으로 얻어지는 언론 기사, 다른 블로그의 포스트, 카페의 글, 웹사이트에 올라가 있는 정보, 이미지와 동영상이 네거티브 스토리를 구성하는 크고 작은 정보들이다. 어느 언론사에서 "유력한 대권 주자 자녀 외국에서 사고 쳐"라는 기사가 떴다고 하자. 이 유력 대권 주자의 이름을 알아내는 데에는 하루도 걸리지 않는다. 네이버와 구글에서 검색해 걸리지 않는 정보는 거의 없다고 봐야 한다.

그렇다면 최우선적으로 네거티브 소스가 될 만한 정보를 후보 스스로 만들지 말아야 한다. 왜냐하면 사실 그런 정보는 후보나 혹은 주변인들이 실수로 흘리는 게 대부분이기 때문이다. 다음의 체크 리스트를 살펴보고 과연 해당되는 것이 있는지를 확인해보자.

- 취할 정도로 음주를 자주 하는가?
- 음주 후 셀피/셀카를 찍는가?
- 음주 후 페이스북, 카톡, 트위터, 밴드 등에 들어가는가?
- 취침 전에 페이스북, 카톡, 트위터, 밴드에 혼자 글을 올리는가?
- 자신을 포커싱하는 카메라를 보면 습관적으로 웃는가?
- 문자 메시지, 카톡, 댓글을 통해 농담을 많이 하는 편인가?
- 지인 여러 명과 있을 때 농담을 많이 하는 편인가?
- 지인 여러 명과 있을 때 타인에 대한 뒷담화를 즐기는 편인가?
- 분노하면 심하게 표현하는 편인가?
- 평소 마음속으로라도 혐오나 증오를 표현하는 대상이 있는가?

위의 10개 항목 중 5개 이상에 해당된다면 당신은 위험한 상태에 있다고 봐야 한다. 당신이 남긴 디지털 흔적은 언젠가 네거티브 소스로 활용되고 비수가 되어 딩신 등에 꽂힐 수 있다. 일단 명심힐 깃이 디지털 속에 남긴 흔적은 절대 지워지지 않는다는 점이다. 그렇다면 결코 지워지지

개인이 미디어다, 소셜 미디어

않는 디지털 흔적을 남기지 않을 방법은 무엇인가? 사실상 없다. 당장 공인이 되겠다고 나선 후보들은 움직임 자체가 디지털로 기록된다. 따라서 절대로 대중적인 공간에서는 음주를 하면 안 될 것이다. 술 한 잔에 실수 하나라고 생각하고 마시면 틀리지 않을 것이다.

또한 술을 마시고 온라인에 접속하는 것 자체가 매우 위험하다. 어쩔 수 없이 술을 마셨다면 절대로 온라인에 접속해서는 안 된다는 점을 명심하라. 셀카를 찍어서도 안 된다. 그 순간을 기록해서 좋을 건 하나도 없다는 점을 잘 알고 있으면 된다. 말을 함부로 하면 녹음된다는 사실을 기억하라. 앞에 있는 모든 사람이 스마트폰의 녹음 앱을 켜놨다고 보면 된다.

인증샷 혐오 시대, 모든 카메라는 몰래카메라다

위의 체크 리스트 중에 정말 잘 안 되는 것이 카메라 앞에서의 표정 관리다. 누군가의 카메라가 후보를 포커싱할 때, 그리고 카메라를 들이미는 사람이 "웃어주세요"라고 말하는 순간 정치인들에게는 언제나 활짝 웃는 습관이 배어 있다. 웃을 필요가 없는 상황 혹은 웃어서는 안 되는 상황에서도 얼굴 근육이 카메라에 바로 반응하여 웃는 표정이 된다면 큰 문젯거리가 되는 사진으로 남을 수 있다. 자신을 향하고 있는 모든 카메라가 몰래카메라라고 생각해도 무리가 아니다. 실수를 유도하여 망신을 주기 위해 들이미는 카메라라고 생각해도 과언이 아닌 시대가 됐다. 이 점을 특히 조심해야 한다.

사진과 관련된 또 다른 지뢰는 '인증샷'이다. 지금은 그런 경우가 많지 않지만, 예전에 정치인들은 어디든 가면 인증샷을 남긴다고 하여 수해 등 재난 현장에서 많은 사람이 죽거나 다친 상황인데도 카메라로 서로를 찍어주거나 혹은 셀카를 찍는 사례가 있었다. 정치적 자해라고 볼 수 있다. 이런 실수는 용납되지 않는다. 다음 기사를 보면 언론의 반응과 국민의 실망감은 명확해진다.

세월호 참사 현장

그들에게 세월호란… 홍보 인증샷! (2014년 5월 1일)

세월호 참사 발생 직후 현장을 방문했던 6·4 지방선거 후보들 중 일부가 자신의 선거 홈페이지 등에 현장 방문 '인증 사진'을 올린 것으로 30일 확인됐다. 당시 "정치인들은 현장에 와도 번거롭기만 할 뿐 도움이 안 된다"는 지적에도 불구하고 현장행을 강행한 의도가 결국은 '얼굴 알리기'였음이 드러난 셈이어서 여론의 비판을 면키 어렵게 됐다. (http://www.seoul.co.kr/news/newsView.php?id=20140501008009)

이와 같은 기사에 이름을 올리느니 아무것도 하지 않는 게 더 나았다는 점은 분명해 보인다. 그런데 이 기사의 말미에는 현장에서 자원봉사를 하고도 사진을 올리지 않은 정치인의 이름이 거명되어 있다. 사진을 올린 사람과 상당히 대조적으로 평가하는데, 도대체 사진을 올리는 것과 올리지 않는 것의 차이가 무엇이기에 이렇게 반응이 극명하게 살리는 걸까? 사진을 올리는 행위에 대한 이 깊은 불신은 뭘 의미할까? 기사에

게재된 사진들을 보면 사실 아주 진지한 표정으로 침통하게 서 있는 정치인들을 볼 수 있다. 이들의 행위는 사진으로만 보면 정치인으로서 흔히 할 수 있는 어쩌면 당연한 행보인데도 기사에서는 '얼굴 알리기'였다는 혹평이 쏟아진다. 이에 대해서는 다음 장에서 더 구체적으로 살펴보겠다.

정치인들이 재해 현장을 찾을 때 심지어는 망신을 당하는 사례까지 볼 수 있다. 다음의 사례는 선거를 준비하는 정치인은 아니지만, 공무원도 예외가 될 수 없음을 잘 보여주는 사례다.

울산 태화시장 재해 현장

특별재난지역 제외 울산 중구 "화났다" (2016년 10월 13일)

박성민 중구청장이 태화시장 상황실 앞에서 피해 상황을 브리핑하려고 했으나, 송 차관의 반응이 신통치 않자 격앙된 목소리로 "여기 왜 왔느냐. 현장에 왔으면 이야기를 들어야 할 것 아니냐"고 따졌다. 상인들도 송 차관의 앞길을 막으며 "시설비가 다 날아갔다. 담보도 없어 신용대출도 어렵다. 재난보험에 가입한 상인도 몇 명 안 된다. 제발 상인들이 먹고살 수 있도록 실질적인 대책을 마련해달라"고 울부짖었다. (http://news20.busan.com/controller/newsController.jsp?newsId=20161011000275)

위의 기사에 따르면 재해 현장을 찾아 봉사활동에 나선 기재부 차관이 구청장의 '항의'를 받고 상인들의 '울부짖음'을 피해 일정을 바꿨다고 한다. 재해 현장을 찾아 자원봉사를 하려 한 공직자는 사실 순수한 마음이었을 것이다. 현장을 방문하여 피해를 입은 주민들의 현황을 직접 눈으로 보고, 관련 정책을 마련하는 데 참고하고자 했을 수도 있다. 물론 '말만 하고 가느냐'는 비난이 있을 수 있기에 자원 봉사도 할 겸 피해 복구를 위해 힘쓰는 모습을 함께 보여주려 했을 것이다. 그런데 상황은 예기치 못한 방향으로 흘렀고 당황한 공직자는 자리를 피할 수밖에 없는 해프닝으로 전개된 것이다.

대구 서문시장 화재 현장

2016년 11월 말, 대통령 비선 실세 최순실 관련 뉴스에 국민의 눈과 귀가 모두 쏠려 있을 때, 대구 서문시장에 화재가 발생해 상인들에게 큰 피해를 입혔다. 500여 점포가 전소될 정도로 큰 참화였다. 다행히도 새벽 시간이라서 인명 피해는 없었다지만 겨울을 준비하는 상인들의 재산상 피해는 엄청났다.

그런데 화재 현장을 방문한 박근혜 전 대통령과 관련된 또 다른 이슈가 불거졌다. 청와대 측에서 소방 호스를 제거하라고 했다 혹은 하지 않았다는 논란이 발생한 것이다. 일부 언론에서는 청와대 측에서 대통령이 방문할 예정인 지역의 소방 호스를 치우라 했다는데, 청와대에서는 그렇지 않다고 반박했다. 또, 대통령이 현장에서 웃는 표정이었다고 하는 이미지가 유튜브에 올라왔는데, 언론 기사에서는 대통령이 내려가면서 눈물을 보이기까지 했다는 상반된 주장이 분분했다. 더욱이 일부 언론에서는 대통령 주변에 있던 소방관들이 실제 대구 지역 소방관이 아니고 청와대에서 방문할 때 잠깐 투입된 다른 인원이라는 소문도 있었다.

개인이 미디어다, 소셜 미디어

가장 크게 문제가 된 것은 대통령이 악수를 청하는 지역 상인의 손을 잡지 않았다는 점, 지역 상인들의 어려운 점을 경청하는 시간을 갖지 않았다는 점이다. 심지어는 뉴스에 상인 일부의 인터뷰까지 등장했는데, 그 내용은 상인들이 토로하는 애로 사항을 청취하지 않았다는 데 대한 서운함이었다. 그런데 당시 대구 서문시장의 상인들도 "여기에서 사진 찍고 가고"라는 말을 남기고 있다는 것. 이게 바로 인증샷에 대한 유권자들의 인식이다.

　앞서 진정성에 대해 살펴본 바 있다. 이미지 정치 시대에 유권자들은 진정성 있는 정치인을 원하고 정치인들도 진정성을 보이고자 한다. 그런데 분명한 것은 인증샷을 찍는 정치인에 대해 유권자들은 진정성을 느끼지 못하고 심한 경우 혐오를 느끼기도 한다는 사실이다.

네거티브는 디테일에 있다, 2011년 박원순과 나경원 선거

2011년 서울시장 보궐선거는 대통령 선거를 방불케 하는 네거티브 공방으로 유명하다. 보통 재보선은 직전 공직자의 법적 처분에 의한 공직 박탈이 원인인 경우가 많아 선거 자체에 대한 유권자들의 냉소적인 혹은 회의적인 반응이나 선거법 위반 등 불미스런 이슈의 불똥이 혹시나 자신에게도 튀지 않을까 우려하는 분위기 속에 시작되는데, 이때는 달랐다. 오세훈 전 시장이 복지 논쟁 속에 자진 사퇴하는 과정에서 많은 유권자가 복지 이슈에 따라 균열되고 양분되었고 심지어 주민 투표에 대해서도 입장이 갈려 여러 주장이 분분했다. 사퇴 후에도 민주당에서는 천정배, 박영선 등 중량감 있는 인물들이 경선에 뛰어드는가 하면 시민사회의 명망가이지만 정계에서는 다소 인지도가 낮은 박원순 변호사가 레이스에 합류했다. 여기에 유력 후보였던 안철수 후보가 박원순 후보를 지지하면서 사실상 무소속 시민 후보의 조기 단일화가 성사됐다. 여권에서는 박원순 후보를 견제할 수 있는 인물로 나경원 후보가 급부상해서 야권과 단일화에 성공한 박원순 후보와 양강 구도로 선거가 시작됐다.

두 진영의 네거티브는 여론조사에서 조금 앞서던 박원순에 대한 나경원의 공격으로 시작하는 듯했다. 박원순 후보의 월세집이 상당한 넓고 임차료가 비싸다는 주장으로 네거티브 공방이 시작됐다. 박원순 후보는 미국 유학 시절 공부하던 책이나 자료가 많아서 집이 넓어야 했다고 해명했지만, 강남 61평 아파트에 거주해야 하느냐는 의심의 눈초리가 부드러워지긴 어려웠다. 닳은 구두로 서민 이미지를 보여주려던 박원순 후보 측의 초기 전술은 정면으로 도전받았고, 지지도는 조정 국면을 맞는 듯했다.

그런데 나경원 후보의 중증장애인 시설 자원봉사가 논란의 중심으로 떠올랐다. 나경원 후보가 다 큰 성인을 목욕시키는 장면이 언론에 공개된 것이 장애인의 인격을 고려하지 않은 연출이라는 공격이 뒤따른 것이다. 장애인 단체에서도 비난의 목소리를 높였는데, 결정적으로 목욕 장면은 연출이 아니라는 나경원 후보 캠프의 주장과는 달리, 조명을 설치하고 촬영을 하던 연출 현장을 찍은 사진이 공개됐다. 이 와중에도 나경원 후보와 캠프의 다른 의원의 말이 서로 달라 혼선을 빚기도 했다.

이후 나경원 후보가 연회비 1억 원을 들여 청담동 피부클리닉을 이용했다는 네거티브 정보의 확산으로 나경원 후보에 대한 지지도가 오히려 주춤하게 되면서 박원순 후보가 당선되는 것으로 선거는 끝이 났고, 몇 개월 후에 이러한 폭로는 사실무근이라는 경찰의 발표가 있었다.

선거 결과를 차치하고서라도 선거 과정에서 나경원 후보 측에서 범한 실수는 선거 결과에 중요한 영향을 미쳤다고 볼 수 있다. 장애인 시설 자원봉사는 의욕이 과잉된 결과이고 디테일에서 철저하지 못했기에 벌어진 자충수다. 후보의 진정성에 큰 상처를 남겨서 비토층의 논리를 크게 강화하는 결과를 가져왔다. 자원봉사를 하는 사진 한 장 찍자고 벌인 이벤트가 움직일 수 없는 네거티브의 증거가 된 것이다. 이후 1억 피부클리닉 이슈가 터지면서 앞선 장애인 목욕 사건으로 인한 유권자의 부정적 인식이 고착화되어 이러한 의혹이 진실처럼 확산되었던 것이다.

말 그대로 '소셜 미디어 전성시대'다. 이제 소셜 미디어는 정치와 마케팅 분야에서 기본이 된 지 오래다. 심하게 말해 '사람이 있는 곳이라면' 소셜 미디어 영향력이 미치지 않는 곳이 없는 상황이 되었다. 이 책을 쓰면서 각종 단행본과 자료, 신문 기사 등을 참고했다. 아무래도 마케팅 분야나 기업의 커뮤니케이션 활동, 정치나 선거에서 소셜 미디어 활용 방안 등을 다룬 자료와 연구 결과를 많이 참조했다. 모든 분야에서 공통되게 지적하는 내용이 있다. 여러 내용을 단편적으로 나열하기보다 간명하고 쉬울뿐더러 실용적인, 그러면서도 소셜 미디어의 본래 속성과 가치에 가장 충실하다고 판단한 책의 내용을 요약, 재구성해보았다.[53] 이 책의 목적은 실제 사례 속에서 소셜 미디어의 본래 속성과 가치를 개념적으로 정리해 이후 소셜 미디어를 쓰려는 사람들에게 핵심적인 지침을 제공하는 데 있기 때문이다.

그렇게 정리된 소셜 미디어 운용 가이드는 크게 여섯 가지다.

첫째, 예의를 갖추라는 것이다. 반말하지 말고, 잘난 체하지 말고, 강요하지 말고, 상대의 내용을 경청하고 맞장구치라는 것이다. 실생활에서의 예의를 소셜 미디어 공간에서도 똑같이 지키라는 것이다.

둘째, 자신만의 개성을 가지라는 것이다. 콘텐츠로 차별화된 개성은 가장 큰 인기 요인이다. 이를 위해서는 상대에 관심을 가져야 하며, 관심의 시작은 상대방에 대한 인지에서 출발한다고 강조하고 있다.

셋째, 대중성을 가지라고 한다. 때로는 소소한 일상이 대중성을 확보한다. 누군가의 일상은 세상에 하나뿐인 이야기다. 당신의 일상에서 자신만의 시선으로 포착했기 때문에 그만큼 특별하다는 것이다.

넷째, 실시간성을 놓치지 말 것을 주문한다. 실시간으로 올라오는 생생한 콘텐츠를 위해서는 규칙적인 업데이트를 하는 노력이 필요하다. 다른 사람들이 다 아는 사실이나 철 지난 이야기, 어디서 베껴온 이야기가 아닌 내 이야기를 할 때 상대는 관심을 보인다는 것이다.

다섯째, 적절한 빈도와 시간 안배를 할 필요가 있다고 말한다. 잦은 포스팅은 친구들에게 피로감과 짜증을 유발할 수 있다. 적은 횟수로 포스팅하되 시간 안배에는 특별히 신경을 써야 함을 잊지 말아야 한다.

여섯째, 부지런하게 하라는 것이다. 자기 나름의 규칙을 세워서 말이다. 예를 들어 매일 아침 인사를 거르지 않는 것이나 하루 세 번 정도는 포스팅할 필요가 있다고 강조한다.

선거 캠페인과
텔레비전 토론

텔레비전 등 다양한 매체를 이용한 선거운동 방법 중에서 '텔레비전 토론Televised Debate'은 후보자의 자질, 소양, 이념, 식견, 비전, 입장, 정책 등을 유권자에게 직접 알리고, 선거 비용을 줄일 수 있으며, 선거의 과열과 타락을 방지하고, 나아가 정책 대결로 이끄는 이성적인 수단으로 꼽혀왔다. 아무래도 미디어에 의해 걸러진 선거 보도와는 달리 후보자들이 직접 출연하여 그들의 육성으로, 편집 없이 생중계됨으로써 유권자들에게 직접 다가가기 때문이다.

'힘을 통해서가 아니라 토론을 통해 상충하는 이해관계나 견해를 조정하고 합의를 달성하는 과정'이 합리적 정치라 할 때, 텔레비전 토론은 가장 훌륭한 합리적 정치의 장으로 기능할 수 있다. 정치적 쟁점에 대해

● 미국에서는 텔레비전 토론회를 'Television Debate'라 하지 않고 'Televised Debate'라고 부른다. 그 이유는 미디어가 텔레비전 토론회를 수행하는 주체가 아니라 정치인과 국민을 연결시켜주는 단순한 통로 역할에 머물러야 한다고 보기 때문이다. 이에 방송사가 중계를 하지만 텔레비전 토론의 주최는 권위 있고 공정성이 확보된 기관인 대통령토론위원회Commission on the Presidential Debates, CPD가 하고 있다.

많은 국민의 이해와 의견 형성을 도울 수 있고, 국민의 정치 수준을 높여 그들을 지식과 정보로 무장한 유권자로 만들 수 있으며, 결과적으로 정치의 민주화에 기여할 수 있다는 데 텔레비전 토론만의 독특하고 우월한 위상이 있다고 해도 과언이 아니다.

중앙선거관리위원회 선거연수원에서는 선거방송 토론의 의의와 기능을 다음과 같이 정리하고 있다.[54] 선거방송 토론이란 각종 공직 선거에 출마한 후보자들이 정치 혹은 사회적 현안에 대한 정책적 대안들을 둘러싸고 상호 논쟁함으로써 타당성과 정당성을 획득하는 과정을 텔레비전 매체를 통해 유권자와 국민에게 알리며 동의를 구하는 과정이라는 것이다. 이를 통해 공직 선거 후보자들이 주어진 주제에 대한 쟁점과 서로 다른 견해를 토론 형식을 통해 제시함으로써 유권자들에게 후보자의 정책과 공약 등 자질 및 능력, 경청과 상대방 존중 등의 기본 자세를 비교·판단하는 기회를 제공한다는 것이다.

이상의 장점 및 순기능과 달리 텔레비전 토론의 단점 및 약점에 대한 지적도 많다. 먼저 텔레비전에서는 피상적인 이미지의 소구력이 크다는 점이 부정적으로 작용할 소지가 있다. 정치가의 자질 및 이념과 비전, 정당의 정강 정책과 공약, 쟁점에 대한 입장 등 정치의 본질적 내용보다는 겉으로 드러난 모습이나 태도, 또는 한두 마디의 계산된 발언만을 주로 전달하며, 시청자들은 주로 그런 것으로만 그들을 판단해야 한다는 것이다. 특히 후보자의 외양, 언변이나 제스처가 능력이나 인품, 정책 식견 등을 압도한다는 우려는 계속해서 지적되고 있다.

텔레비전 토론의 개요와 흐름

텔레비전 토론은 각급 선거방송토론위원회가 주관한다. 각급 선거방송토론위원회라 함은 중앙선거관리위원회, 광역 단체와 기초 자치단체 선거관리위원회를 말한다. 중앙선거관리위원회에서는 대통령 선거와 비례대표 국회의원 선거를 담당한다. 광역 선거관리위원회에서는 광역 단체장 선거와 광역의회 비례대표 선거 및 교육감 선거를 담당한다. 기초 단체 선거관리위원회에서는 지역구 국회의원 선거와 기초 자치단체장 선거를 맡는다.

텔레비전 토론 개최는 공식 선거운동 기간에 하게끔 명시되어 있다. 개최 시간은 1회 120분으로 규정되어 있으며 장소는 중계 주관 방송사 스튜디오나, 여건상 어렵다면 외부 시설을 이용할 수 있다고 되어 있다. 하지만 대부분은 주관 방송사 스튜디오에서 진행한다.

선거방송 토론은 생방송 진행을 원칙으로 한다. 생방송은 프로그램의 제작과 송출이 동시에 이루어지는 방송을 일컫는다. 생방송은 생생한 현장을 연결한다는 생동감으로 인해 유권자의 시선을 더욱 집중시킬 수 있다. 녹화방송은 편집 의혹이 생길 수 있으며 현장성, 시의성, 설득력이 떨어진다. 녹화로 방송할 수도 있으나 이는 중계 방송사 사정 등 특별한 경우에 한하며, 편집 없이 방송하는 것이 원칙이다. 또한 청각장애 선거인을 위하여 자막방송 또는 수화 통역을 할 수 있다.

텔레비전 토론은 개최 일시와 장소가 결정되고 나면 초청 대상 후보자와 토론을 진행할 사회자를 선정한다. 그런 뒤 진행 방식 및 주제를 결정하고 언제, 어떻게 토론을 할 것인지를 공표한 뒤 홍보한다. 이후 각 후보자 캠프를 대상으로 설명회를 개최하고 질문 사항을 뽑는다.

단계별 텔레비전 토론의 주요 내용 및 관련 규정

가장 먼저 각급 선거방송토론위원회로부터 토론회 개최 일시와 장소 및 중계 방송사 등을 통지받은 후보자는 선거 기간 개시일의 다음 날까지 참석 확인서를 제출해야 한다. 확인서를 제출하지 않으면 참석을 포기한 것으로 간주한다. 토론회 참석 포기 의사는 변경할 수 없다.

그리고 나서 확인서를 제출한 후보자나 후보자의 위임장을 받은 대리인은 설명회에 반드시 참석해야 한다. 텔레비전 토론 설명회에서는 대담·토론회의 개최 및 중계 방송 일정과 참석 후보자 및 사회자 성명과 토론 주제 그리고 진행 방식을 설명한다. 또한 후보자의 좌석 및 발언 순서를 추첨하며, 토론회에서의 후보자 준수 사항에 대해 설명을 듣는다. 대담·토론회의 질서 유지(방청객 제한, 출입증 발행 등), 토론회장 내 반입 불가능한 것들에 대해서도 숙지한다. 토론자와 사회자의 위치, 대기실 및 분장실 위치, 토론회와 관련된 음향과 영상에 필요한 주요 장비 및 시설 등 토론회장의 설비 내용에 대한 안내와 함께 분장의 여부, 토론자의 착용·부착물 및 지참물 관련 내용, 방송사 위치 및 주차장 안내 등도 설명회에 포함된다.

그리고 나서 후보자 좌석과 발언 순서를 추첨으로 결정한다. 대리인이 추천하는 경우 위임장을 제출해야 한다. 만약 후보자나 그 대리인이 추첨 시각까지 참석하지 않는다면 추첨을 포기한 것으로 간주하고, 해당 토론위원회 위원장이 지명한 사람이 그 후보자를 대리하여 추첨할 수 있다. 추첨은 먼저 후보자의 기호 순서에 따라 하되, 이로써 후보자의 좌석과 발언 순서가 정해진다.

실제 텔레비전 토론회가 진행되는 스튜디오에는 A4 용지 규격 이내 20장 이하의 낱장으로 된 자료만 지참 가능(관리 규정 제9조 1항)하다. 낱장으로 된 자료는 후보자 본인의 발언을 위한 참고 자료로 그 내용이 방송 화면에 직접 노출되지 않도록 해야 한다. 서류나 그림, 홍보 자료, 그 밖의 참고 자료 등을 소지한 채 참여할 수 없다. 또한 노트북, 태블릿 PC, 스마트폰 등 전자 기기를 토론회에 사용할 수 없다고 규정하고 있다.(관리 규정 제9조 2항) 또한 후보자(토론자)는 토론회 진행 중 벗어날 수 없으며, 임의로 토론회장을 벗어난 경우 재입장할 수 없다.(관리 규정 제10조 3항)

한편, 초청 대상 후보자가 정당한 사유 없이 토론회에 참석하지 않을 때는 불참 사실 등이 방송 자막 등으로 공개될 뿐 아니라 400만 원 이하의 과태료가 부과된다. 과태료는 선거 회계에 포함된다. 이는 비용 처리 문제를 넘어서 공직에 출마하는 자세와 관련된 사항으로, 정치적 공방의 소재로 두고두고 빌미를 제공하기 때문에 단순하게 넘길 문제가 아니다.

"전달받지 못해서"
"나가지 말래서"

2012년 19대 총선에서 경기도 A 지역에 출마한 P 후보는 실제 방송 토론회 중 제작진을 향해 손으로 'X 자' 신호를 보낸 뒤 자리를 떴다. 퇴장한 P 후보는 20분쯤 뒤 자리에 돌아왔으나 이후 공약 발표 및 상호 질의 시간에도 공약 발표만 했을 뿐 상대편 후보의 질문에 답변하지 않았다. 이 같은 돌발 행동에 대해 P 후보는 "캠프 관계자가 선관위에서 전달받은 질문지 등을 후보자에게 제대로 전달하지 못해 빚어진 내부적인 문제"라고 해명했다. 이날 토론회는 기조 연설과 공통 질문 5개항, 공약 발표, 자유 토론 방식으로 80분간 진행될 예정이었으나 30여 분 일찍 마쳤다. P 후보의 퇴장 모습이 담긴 원본은 공직선거법 규정에 따라 생중계로 방송되었다. 그날 모든 언론에서 이 사건을 다루었으며 포털 실시간 검색 상위에 랭크되었고 P 후보는 결국 낙선했다. 이 사건을 계기로 한번 퇴장한 후보는 다시 입장할 수 없다는 규정이 만들어졌다.

주관	종류	선거	개최 시기	횟수	근거
중앙	후보자 대담·토론회	대통령 선거	선거운동 기간 중	3회 이상	「공직선거법」 제82조의 2
		비례대표 국회의원 선거	선거운동 기간 중	2회 이상	
	공직 선거 정책토론회	임기 만료 선거	선거일 전 90일부터 후보자 등록 신청 개시일 전일까지	월 1회 이상	「공직선거법」 제82조의 3
	정당 정책토론회	-	연중(단, 공직 선거의 선거일 전 90일부터 선거일까지의 기간 제외)	연 2회 이상	「정당법」 제39조
시·도	후보자 대담·토론회	시·도지사 선거 비례대표 시·도 의원 선거	선거운동 기간 중	연 1회 이상	「공직선거법」 제82조의 2
		교육감 선거			「지방교육자치에 관한 법률」
구·시·군	후보자 대담·토론회 또는 합동방송연설회	지역구 국회의원 선거 자치구·시·군의 장 선거	선거운동 기간 중	1회 이상	「공직선거법」 제82조의 2

[표 5] 각급 토론위원회 주관 선거방송 토론

한편 2012년 19대 총선에서 부산에 출마한 S 후보는 선관위 주최 토론회에 불참 사유서를 제출하고 참석하지 않았다. 이에 상대 후보는 "이해타산이 맞지 않다고 방송 토론을 거부한 S 후보는 차라리 사퇴하라"고 비난하며, "지역 현안에 어둡다는 사실을 숨기기 위해서 400만 원으로 '퉁치겠다'는 심산이다"라며 분노를 터뜨렸다. S 후보 관계자는 "S 후보는 여전히 토론에 나가고 싶어하지만 참모진들이 선거 전략 차원에서 토론회 불참을 결정했다"면서 "선관위에서 불이익을 당하더라도 지금은 지역 주민 한 분 한 분을 찾아뵈면서 진정성을 알리는 게 필요하겠다는

선거별	선거 방송 토론 초청 대상 기준
대통령 선거	• 국회에 5인 이상의 소속 의원을 가진 정당이 추천한 후보자 • 직전 대통령 선거, 비례대표 국회의원 선거, 비례대표 시·도의원 선거 또는 비례대표자치구·시·군의원 선거에서 전국 유효투표 총수의 100분의 3 이상을 득표한 정당이 추천한 후보자 • 언론 기관이 선거 기간 개시일 전 30일부터 선거 기간 개시일 전일까지 실시하여 공표한 여론조사 결과를 평균한 지지율이 100분의 5 이상인 후보자
비례대표 국회의원 선거, 비례대표 시·도의원 선거	• 국회에 5인 이상의 소속 의원을 가진 정당의 대표자가 지정하는 후보자 • 직전 대통령 선거, 비례대표 국회의원 선거, 비례대표 시·도의원 선거 또는 비례대표자치구·시·군의원 선거에서 전국 유표투표 총수의 100분의 3 이상을 득표한 정당의 대표자가 지정한 후보자 • 언론 기관이 선거 기간 개시일 전 30일부터 선거 기간 개시일 전일까지 실시하여 공표한 여론조사 결과를 평균한 지지율이 100분의 5 이상인 정당의 대표자가 지정한 후보자
지역구 국회의원 선거 지방자치단체의장 선거	• 국회에 5인 이상의 소속 의원을 가진 정당이 추천한 후보자 • 직전 대통령 선거, 비례대표 국회의원 선거, 비례대표 시·도의원 선거 또는 비례대표자치구·시·군의원 선거에서 전국 유표투표 총수의 100분의 3 이상을 득표한 정당이 추천한 후보자 • 최근 4년 이내에 해당 선거구(선거구의 구획이 변경되어 변경된 구역이 직전 선거의 구역과 겹치는 경우를 포함)에서 실시된 대통령 선거, 지역구 국회의원 선거 또는 지방자치단체의 장 선거(그 보궐 선거 등을 포함한다)에 입후보하여 유효투표 총수의 100분의 10 이상을 득표한 후보자 ※ "후보 등록 마감일 기준"으로 최근 4년 이내의 선거를 말함. • 언론 기관이 선거 기간 개시일 전 30일부터 선거 기간 개시일 전일까지 실시하여 공표한 여론조사 결과를 평균한 지지율이 100분의 5 이상인 후보자

[표 6] 선거별 초청 대상 후보자

판단을 내렸다"고 밝혔다. 꼭 이 이유에서만이라고 할 수 없지만 2016년 20대 총선에서 S 후보는 낙선했다.

텔레비전 토론의 효용성

선거 캠페인을 진행하는 데 있어 공보물이나 유세, 기자 회견 등 여러 방법 중 가장 휘발성이 강하고 그만큼 파급력이 큰 게 텔레비전 토론이라 할 수 있다. 그 이유는 우선 텔레비전으로 생중계되고 있다는 점, 후보의 육성으로 질문하고 답변한다는 점, 후보 간의 직접 토론으로 내공과 면모를 바로 비교할 수 있다는 점, 언론에서 내용을 정리해 기사화하는 상기 효과, 소셜 미디어상에서의 평가가 있다는 점 때문이다. 따라서 네거티브를 배태할 좋은 토양을 가지고 있다.

물론 텔레비전 토론을 잘한다고 해서 승리를 거머쥘 수는 없다.● 하지만 토론 역량에 대한 평가와 토론 중간에 나온 발언 내용이 이후 또 다른 공방의 재료로 활용된다는 면에서 판세의 우열을 떠나 캠프 입장에서는 가장 신경이 쓰이는 방법이다.

● 미국은 텔레비전 토론이 끝나면 긴급 조사를 통해 "누가 더 토론을 잘했나?"를 묻는다. 심지어 베팅 사이트에서도 텔레비전 토론을 평가한다. 2016년 미국 대통령 선거에서 힐러리는 트럼프에 비해 '완승'했다는 평가를 받았다. 하지만 결과는 트럼프의 승리로 끝났다.

현행 '공직 선거 및 선거부정 방지법'은 선거방송토론위원회가 대통령 선거, 광역자치단체장 선거, 국회의원 선거, 기초 자치단체장 선거운동 기간 중 토론회를 개최하도록 의무적으로 규정하고 있다. 현재 텔레비전 토론의 개최를 법적으로 규정하고 있는 국가는 거의 없다. 이를 가장 먼저 도입한 미국에서조차 후보자의 자발적인 참여를 원칙으로 하고 있다. 뿐만 아니라 텔레비전 토론 개최를 주관하는 기구를 국가 기구로 두고 있는 곳도 없다.

대통령 선거부터 기초의원 선거까지 각급 선거에서 유권자들은 후보자들의 공약, 정책, 소속 정당, 도덕성 등 여러 사실을 명확하게 판단하기보다는 특정 후보자들에게 느끼는 총체적인 이미지를 통해 투표하려는 경향이 있다. 특히 레이스에서 열세를 보이는 후보들은 텔레비전 토론을 독특한 이미지 창출과 '한 방'을 통한 역전의 기회로 삼으려고 한다. 이러한 경향으로 인해 텔레비전 토론은 선거 캠페인에서 더욱 중요한 역할을 하게 되었다. 이와 관련해 유권자들은 자신이 좋아하는 후보자에게 자신의 정책 선호도를 맞추려는, 즉 인식적 일치성을 갖고자 하는 경향이 있는데, 이는 텔레비전 토론회에서 유발된 후보자와의 친화 효과 때문이며, 이는 곧 지지 후보 결정에서 매우 중요한 역할을 한다는 주장도 있다.[55]

텔레비전 토론의 효과와 관련해서는 기존 태도를 보강하는가와 태도를 변용시키는가를 두고 오랜 논쟁이 있어왔다. 실증적인 연구 결과를 보면 대체로 변화보다는 보강하는 쪽에 좀더 비중을 둔다. 하지만 이는 선거 상황과 대립 구도, 이슈에 따라 달라질 수도 있는 문제이니 일반화할 수는 없다. 정리하자면, 텔레비전 토론회의 진정한 효과는 유권자들이 후보자에 대한 지지 의견을 이리저리 바꾸는 데 있는 것이 아니라 유권자들이 후보자와 그의 정책에 대해 학습하고 후보자에 대한 태도를 형성하며, 정치적으로 식견을 넓혀나가는 데 있다.

텔레비전 토론이 피상적인 이미지 소구력에 휘둘린다는 점, 정당 정치를 후퇴시킬 수 있다는 점, 본질보다 순간적인 재치나 외모 등이 중요하게 부각된다는 지적도 있다. 하지만 미디어의 중요성과 더불어 미디어를 활용한 정치가 민주주의에 긍정적인 영향을 미치고 선거의 공명성을 기한다는 차원에서 텔레비전 토론은 더 활성화될 필요가 있다.

선거 캠페인 기획자나 후보자 입장에서 중요한 것은 텔레비전 토론의 효과가 보강이든 변용이든 유권자에게 미치는 영향이 일정 부분 있다는 데 주목하고, 그에 기반해 계획을 짤 필요가 있다는 사실이다.

텔레비전 토론 활용 방안

텔레비전 토론은 의무 조항으로 법정 선거운동 기간에 벌어진다. 투표일 기준으로 보면 표심을 적극적으로 파고들기에는 아주 짧은 시간이다. 사전 투표일을 적용하면 그 기간은 더 짧아진다. 각급 선거마다 차이는 있지만 투표일에 임박해서 이뤄지기 때문에 텔레비전 토론 하나만을 떼어놓고 볼 수는 없다. 즉, 사전 준비, 본 토론회, 사후 활용 방안 등 일련의 연속 배치(세트 플레이)를 염두에 두고 토론회 전략을 짤 필요가 있다. 실무적인 관점에서 보자면, 의상이나 제스처, 발음 훈련 같은 주변부적 요소부터 우선순위 선정, 표현 방법 등 내용적인 문제, 어느 시점에 상대를 공격할 것인지에 대한 판단의 문제, 그것을 연타로 이어갈 미디어나 소셜 미디어 화력 및 캠프 전반의 역량 등 텔레비전 토론을 준비하고 활용하는 과정은 종합적인 관점에서 봐야 한다.

먼저 텔레비전 토론회 사전 작업과 관련하여 선거 캠페인은 후보자와 캠프가 유권자들에게 '말 걸기'를 하는 작업이라 해도 과언이 아니다. 무미건조한 문자 메시지나 울림 없는 일방향성 고지보다는 유권자와 상호 이해하는 정서적 교감과 우리 공동체의 문제를 내가 제기하고 앞장선다는 이미지를 심어주는 것이 필요하다.

텔레비전 토론을 준비하는 과정에서 가장 먼저 할 일은 지지자나 주변 사람들에게 토론회 관련 조언을 구하고 방송 시청을 독려하는 것이다. 특히 소셜 미디어 등을 활용하여 토론회를 함께 만들어나간다는 점을 부각시키는 것은 '책략적 겉치레'라는 비판을 듣더라도 분명히 효과가 있다. 텔레비전 토론 준비 과정에서 논의할 의제에 대한 고민이나 시청을 독려하는 것 자체가 무관심한 유권자들과 무리 없이 말문을 트는 계기가 되고 후보자에 대한 관심과 이해를 높이는 데 효과를 보인다.

활용에 앞서, 텔레비전 토론회가 끝나면 유권자 및 언론의 반응을 확인하는 것이 중요하다. 텔레비전 토론은 토론회 그 자체도 중요하지만 이후 언론의 평가, 소셜 미디어상에서의 평가 등도 유권자에게 강력한 영향을 끼친다. 특히 텔레비전 토론을 직접 보지 않았던 수용자(유권자)들은 다른 사람의 반응을 보고 자신의 정치적 태도를 결정하는 데 영향을 받는다. 따라서 수용자의 반응을 살펴 어떻게 토론을 향상시켜나갈지 혹은 어떤 이미지를 유지할지에 대해 정보를 얻는 것이 필요하다. 이를 위해 텔레비전 토론회에 대한 자체 모니터 팀을 구성하여 자신의 말투나 표정, 시선 등을 점검할 필요가 있다.

본 토론 시 유념 사항은 대략 다음과 같이 정리할 수 있다. 당연한 이야기지만 텔레비전 토론회의 주인공은 후보 자신도, 상대 후보도 아닌 수용자들이다. 따라서 수용자를 주인공으로 상정한 뒤 표현과 단어 선택이 이뤄져야 한다. 후보자 자신의 성과나 업적 과시를 할 것이 아니라 유권자의 감수성이나 정서적 공감대와 연관지어 접근하는 것이 필요하다는 뜻이다.

부연하자면, 상대 후보를 설득하고 말싸움에서 이기는 것이 중요하다기보다 텔레비전 토론을 시청하는 수용자를 설득하는 일이 중요하다.

달리 말하면 수용자들의 인식에 호소하는 것이 중요하다. 막무가내로 상대 후보를 다그치고, 면박 주면서 몰아가는 것은 자신과 지지자들에게는 쾌감과 짜릿함을 안겨줄지 모르지만 그것을 관전하고 평가하는 수용자의 정서를 고려하지 않으면 부작용을 일으킨다. 디테일하게 들어가면, 통계나 수치도 꼭 필요한 곳에만 쓰고 전문용어는 되도록 쉬운 말로 풀어 쓰는 것도 필요하다. 또한 후보자는 유권자들에게 자신을 표현하고 있다는 점에 유의하고, 내용보다는 전체적인 느낌, 후보자의 이미지, 특정 용어가 기억에 남도록 토론을 이끄는 것이 중요하다.

텔레비전 토론 공방의 기술

텔레비전 토론에서 네거티브 공방은 대부분 후보자 상호 토론 과정에서 발생한다. 따라서 이 과정이나 시간 배분, 순서 등을 정확히 이해하고 사전에 대비할 필요가 있다.

과거에는 텔레비전 토론을 준비할 때 캠코더로 찍거나 스튜디오를 대여해서 '모의 훈련'을 했다. 지금은 스마트폰의 보급으로 편리하게 후보의 몸동작이나 시선 처리, 발성 등을 사전 모니터링해서 교정한다. 다분히 하드웨어적 준비라 할 수 있다.

반면 논박 과정에서의 메시지 작성 등 콘텐츠에 대한 준비도 해야 한다. 이와 관련된 내용을 간략히 정리하자면 공격이든 방어든 통계 수치나 자료 등을 인용할 때에는 해당 자료의 정확한 출처와 신뢰 여부를 확인하는 과정이 필요하다. 무엇보다 그 데이터가 해당 주제에 부합하는지를 따져봐야 한다. 또한 질문과 답변 등 모든 메시지는 항상 두괄식 혹은 양괄식으로 정리하고 정해진 시간 안에 마무리하는 연습이 필요하다. 그리고 상대 후보가 질문할 때는 경청하는 인상을 심어줘야 한다. 상대 후보가 질문할 때 관련 답변 자료를 허겁지겁 찾거나 냉소를 띠며 가만히 앉아 있는 것은 준비 자세 및 자질과 관련하여 논쟁의 여지를 만들기 때문에 항상 메모하며 듣는 모습을 의식적으로 연출해야 한다.

텔레비전 토론에서 네거티브 공격을 할 때는 항상 대의와 명분에 입각해서 제기한다는 인상을 줘야 한다. 텔레비전 토론은 기자 회견이나 공보물, 보도자료, 소셜 미디어를 통한 메시지와는 달리 스케일을 키워야 하며 다른 한편으로는 섬세함을 필요로 한다. 상대 후보의 문제를 무작정 물고 늘어지는 것이 능사는 아니다. 네거티브를 하는 이유를 분명히 설명해야 한다. ● 그렇지 않고 상대방의 약점만을 붙잡고 늘어진다면 언론의 혹평과 유권자들의 냉소만이 기다리고 있을 것이다.

● 2011년 서울시장 보궐선거에서는 한나라당 나경원 후보와 무소속 박원순 후보가 맞붙었다. 텔레비전 토론에서 나경원 후보는 박원순 후보의 네거티브 중단 요구에 대해 "네거티브와 검증은 다르다" "저도 네거티브에 반대한다. 근거 없는 비방은 해서는 안 될 것이다. 박 후보는 그동안 시민운동을 하셨기에 정치권에 계신 것과 달라 검증 이야기가 나오지 않았나 싶다. 정책 선거를 하고 싶은 것은 제가 더 간절한 마음"이라고 답했다.

또한 공격 시 중요하게 고려해야 하는 요인은 이슈의 일관성이다. 법정 토론을 포함해서 토론 형식과 주제에 맞게 메시지를 개발할 필요가 있으나 토론 횟수가 거듭된다고 해서 새롭게 이슈를 만들 필요는 없다. 우스갯소리로 상대방의 메시지를 가장 많이 듣는 사람은 참모도 기자도 아닌 상대 후보들이란 이야기가 있다. 유권자들은 대부분 같은 토론을 여러 차례 보지 않으므로 상대 후보의 약한 고리를 중심으로 한 집중 공략이 이뤄져야 한다.

공격 시 마지막으로 고려할 요소는 네거티브 소재의 활용 목적과 배치의 문제다. 텔레비전 토론 전에 기사화하거나 소셜 미디어 등에서 제기하여 본 토론에서 공격 수위를 높여 상대방에게 집중적으로 제기할 것인지, 아니면 토론회 자체에서 해당 이슈를 제기하고 관련 근거나 자료를 후속적으로 끌고 갈 것인지의 문제가 이에 해당된다. 사전에 뉴스나 소셜 미디어 등을 통해 예열하고, 상대의 반응이 나온 것을 염두에 두며 이를 뒤엎을 명백하고 새로운 관련 자료를 준비해야 한다. 그렇지 않고 단순히 되짚는 수준에서 전개한다면 효과는 반감된다. 마찬가지로 본 토론에서 제기하고 언론에서 관심을 보인다면 사실 관계와 관련된 자료나 근거를 제시함으로써 효과를 올려야 한다. 즉, 연타를 통해 상대 후보를 연단수로 '몰아 떨구기'로 가는 데 어떻게 배치를 할 것인지에 대한 판단과 함께, 제기하는 이슈에 대한 명백하고 설득력 있는 자료를 준비해야 한다는 것이다.

텔레비전 토론에서는 공격과 마찬가지로 방어에도 나름의 원칙 및 기법이 있다. 우선 상대의 질문 틀에 갇히지 말아야 한다. 즉, 상대 후보가 쳐놓은 프레임에 전부 답할 필요가 없다는 것이다. 어떤 때에는 성실한 답변이 자신을 옥죄는 상황으로 이어진다. 문제는 사전에 아무리 스크린을 해도 답변을 준비하지 못한 경우다. 이때는 솔직한 시인을 통한 '김빼기'와 함께 적절한 순발력도 필요하다.• 그리고 상대의 질문을 후보자의 정책과 방향으로 재규정하며 해당 질문을 자신에게 유리한 방향으로 끌고 가는 것도 때로는 유용하다.

다음으로 토론에 임할 때 여유를 잃지 말아야 한다. 전혀 뜻하지 않은 내용으로 공격

• 공격은 사전에 기획, 준비하기 때문에 순발력을 필요로 하지 않는다. 반면 방어를 하려면 순발력도 연습할 필요가 있다. 필자의 경우 이동할 때 등 자투리 시간에 약간은 황당하거나 지엽적인 질문을 후보에게 수시로 던져 연습한다. 공격에만 신경 쓰지 말고 방어에도 투자할 필요가 있다. 순발력도 훈련을 통해 단련해야 할 요소다. 단순히 후보의 언변 등 개인기에만 기댈 순 없다.

을 당했을 때 당황하는 것은 인지상정이다. 자칫 흥분해서 묻지도 않은 내용을 중언부언 답하다가 그것이 새로운 소재의 빌미가 되기도 한다. 그러므로 상황에 따라 대비하는 멘트가 필요하다. 아울러 상호 토론뿐만 아니라 개별 질문이나 마무리 발언 등을 활용하여 응수하는 것도 좋다.

상대가 자신이 주장하는 내용에 대해 부정적으로 평가하거나 반대 사실을 내세울 때는 그가 제시한 자료의 정확성과 권위, 객관적 검증 여부를 따지는 것이 필요하다. 또한 상대의 주장이 전체적 맥락과 중요성을 간과한 것이라며 의미를 축소시키는 것도 때로는 유용하다.

실제 사례로 본 유형 정리

다음은 ○○ 지역 교육감 선거에서 상대의 공격에 대비하는 멘트를 유형별로 정리한 것이다.

1. 환영형

방금 후보님께서 질문하신 그 내용에 대한 답변에 앞서 고맙다는 말씀부터 전합니다. 지금까지 정책 중심의 토론회를 하다보니 저와 관련된 근거 없는 비방, 예를 들어 "제가 #### 출신이다" "제가 **당 후보를 지지했다" 등에 대해서 유권자들에게 제대로 설명드릴 기회를 갖지 못했는데 마침 제대로 답변할 수 있는 좋은 기회를 주셔서 고맙게 생각합니다.

2. 훈계 혹은 적반하장형

방금 ○○○ 후보님께서 질문하신 내용을 들으니, 적잖이 답답하고 참으로 안타깝습니다. 이 자리는 지금 ###만 ○○도민들이 지켜보고 있습니다. 아무리 표가 중요하고 급하다 해도 후보님의 발언 하나하나가 다 역사에 기록되고, 유권자들의 마음속에 깊이 각인된다는 점을 우선 말씀드립니다.

그리고 질문을 하시려면 사실 관계부터 명확히 파악하시고, 앞뒤 상황을 제대로 안 뒤 하셔야죠. 그렇게 막무가내로, 본질과 벗어난 말씀을 하시니 언론으로부터 선거가 정책이 실종되었고, 혼탁 과열한다는 비판을 듣는 것입니다.

3. 뭉개고 가기

방금 질문하신 내용과 관련해서는 지금 토론회 규정상 말씀드리기는 시간이 너무 짧습니다. 사안의 앞뒤, 정황과 배경을 생략한 채 일부만 발췌하면 질문하신 바와 같이 오인하기 쉽습니다. 그와 관련해서는 선거 중에라도, 혹은 선거가 끝나고 나서라도 도민 여러분께 한 점 의혹 없이 명쾌하게 설명드릴 수 있는 자리와 시간을 마련하도록 하겠습니다.

우선 이 자리에서 제가 사실 관계를 중심으로 말씀드리자면 방금 후보님께서 질의하신 내용은 해석의 여지가 있다는 것입니다. 텔레비전 토론은 기억력 테스트나, 재치 문답의 장이 아닙니다. 이 토론은 누가 ○○ 지역 교육을 제대로 이끌 정책적 준비와 자질을 갖췄는가를 유권자들에게 보여주는 것이지, 단편적이고 지엽적인 논쟁과 시비를 하는 자리가 아닙니다.

4. 초점 흐리기 혹은 반문

지금 질문하신 내용은 저한테 무엇을 묻고자 하는 건지 파악이 안 됩니다.

앞서 말씀하신 것을 묻는 건지, 아니면 뒤에 언급한 내용을 묻는 건지, 이도 저도 아니면 두 사안의 연관성을 묻는 건지 알 길이 없습니다. 그럼 질문하신 내용을 제가 정리하자면 방금 후보님께서 저한테 질의하신 내용이 "이러저러한 일이 있었고, 저러저러한 결과가 나온 것에 대해 어떻게 생각하시냐?" 이렇게 정리해도 되겠습니까? 질문의 정확한 취지와 근거에 대해서 다시 한번 말씀해주십시오.

5. 기타 중언부언

이미 그와 관련하여 각 언론에서 그리고 오늘 토론회에 앞서 있었던 몇 차례의 토론회에서도 충분히 말씀드린 것으로 기억합니다. 오늘 이 자리에서 똑같은 내용을 되풀이하며 묻는 의도를 모르는 바 아니나 ○○도민의 수준을 너무 낮춰보시지는 말라는 말씀부터 전합니다.

"두 분 지금
뭐하시는 겁니까?"

지난 2014년 지방선거 당시 A 지역 교육감 선거 때 있었던 일이다. 2014년 지방선거는 '세월호 침몰 사고'의 여파로 각급 단위 모든 선거 캠페인이 정상적으로 진행되기 어려웠다. 특히 교육감 선거는 '세월호 사고' 여파에 한층 더 민감할 수밖에 없었다. 보통의 사건과 사고도 선거라는 '진공관'을 거치면 이슈 파급력이 증폭되는데, '세월호 침몰 사고'는 피해 규모나 과정, 무엇보다 피해자가 학생이라는 점에서 통상적인 여파보다도 훨씬 더 크게 선거판에 영향을 미쳤다.

A 지역 교육감 선거에는 세 명의 후보가 출마했다. 갑 후보는 중도 성향의 전직 교육감이었고, 을 후보는 보수 성향의 현직 교육감, 병 후보는 전교조 출신의 진보적 성향을 보이는 후보였다. 세 후보 모두 선거 기간 내내 팽팽한 각축전을 벌였다. 선거 결과 병 후보가 당선되었지만 갑, 을 후보도 30퍼센트 정도 득표했다.

세 후보 모두 세월호 여파의 분위기를 감안해 선거 초반에는 네거티브를 최대한 자제하는 조용한 선거를 치렀다. 을 후보는 자신과 특수한 관계에 있는 학교에서 학교 폭력 사건으로 학생이 사망하자 선거 초반부터 갑과 병 후보에게 공격을 받는 국면이었다. 병 후보는 후보자 정보 공개에서 '음주 운전' 사건이 밝혀지면서 '진보 후보'로서의 도덕성에 타격을 받았다. 갑 후보는 재임 시절 실적을 과대평가한다는 문제 제기를 두 후보로부터 받는 상황이었다. 선거는 외견상 조용했지만, 지지도나 지지층, 이슈 등이 어우러지면서 치열하게 전개되었고 역대 여느 선거와는 달리 교육감 선거가 도지사 선거만큼 관심의 대상이 되었다.

갑 후보 측은 주 타깃을 을 후보로 규정하고, 을 후보와 관련된 사고를 널리 알리며 이를 쟁점화하면 승산이 있으리라고 판단했다. 아울러 이 이슈를 병 후보가 공격적으로 제기하고 자신은 비켜서는 이른바 '차도살인지계'를 구사하는 쪽으로 캠페인 방향을 잡았다. 또한 재임 시절 높게 평가받았고 현재 몇 단계 추락한 '도덕성' '청렴도'를 세월호 국면 속에서 제시하면 지지 표를 자신이 흡수할 수 있을 것으로 판단했다. 이른바 투 트랙 전술을 구사한 것이다.

본 선거가 다가오면서 각 방송사에서 텔레비전 토론을 진행했다. 예상대로 각 후보의 약점을 서로가 공격하면서 물고 물리는 장면이 연출되었다. 그 결과 초반 선두를 달리던 을 후보는 갑, 병 두 후보의 집중적인 공격과 매스미디어 및 소셜 미디어상에서의 '학교 폭력 사고' 내용 전파로 여론조사 결과 지지도가 정체, 답보 상태에 머문 것으로 나타났다. 갑 후보 캠프 내부에서는 일단 성공적인 것으로 판단했다. 문제는 을 후보에게서 빠진 지지도가 갑 후보도, 병 후보도 아닌 부동층으로 흘러들어갔다는 것이다.

다시 벌어진 텔레비전 토론. 갑, 을, 병 세 후보 모두 지난번 토론과 달리 공격 수위를 한층 더 높였다. 갑 후보 캠프에서는 이슈가 먹히고 있으니 '좀더 확실하게 때리는' 기조로 텔레비전 토론을 준비했고, 을 후보 캠프에서는 '공격적으로 방어하는' 기조로 임했다. 당연히 토론은 뜨거워졌으며, 갑 후보 측에서는 병 후보가 이번 토론에 가세한다면 을 후보는 확실히 잡을 수 있으리라 판단했다.

이윽고 생방송으로 텔레비전 토론회가 시작되었다. 갑 후보 측에서는 텔레비전 토론 시청을 독려하고, 이를 널리 전파할 것을 주문하는 내용의 문자를 발송했다. 어차피 병 후보는 '진보 후보'와 '음주 운전'에서 비롯된 도덕성 문제로 지지도에 한계가 있으니 이번 토론에서 을 후보에 타격을 제대로 가하면 승산이 한층 높아질 것이라는 판단에 기초한 다분히 '전략적인' 지침이었다. 생방송으로 토론회가 진행되고 예상대로 서로 물고 물리는 장면이 여과 없이 전파를 탔다. 텔레비전 토론이 시작되면서 병 후보는 '음주 운전' 문제를 솔직하게 시인하고, 사과를 했다. 갑 후보와 을 후보는 서로의 약점인 '학교 폭력' 사건과 '과대평가'로 치열하게 공방을 거듭했다. 이때 병 후보가 던진 말에 텔레비전 토론을 준비했던 갑 후보 측에서 '집단 멘붕' 사태가 발생했다. 그 말은 바로 "두 분 지금 뭐하시는 겁니까? 애들 보기 부끄럽지 않습니까?"였다.

세월호 사건의 여파가 아직 남아 있는 상황과 교육감 선거의 특수성, 유권자들의 정서를 고려하지 않고 상대 후보 잡기에만 급급했던 선거 기조가 무너지는 순간이었다. 이후 메시지 방향을 선회하려고 했지만 때는 이미 늦었다. 병 후보 지지세 상승이 확연히 느껴졌으며 갑, 을 두 후보는 유권자들에게 분위기 파악 못 하고, 표에 눈먼 후보라며 한 묶음으로 인식되었다. 당연히 갑, 을 두 후보의 지지도는 제자리걸음이었으며 그 수준에서 결승선을 통과했고 병 후보가 당선되는 것을 지켜볼 수밖에 없었다.

이 사례가 주는 교훈은 다음과 같다.

우선, 아무리 좋은 네거티브 소재가 있어도 사회적 분위기나 유권자의 감수성을 고려해야 한다는 것이다. 앞서 언급했듯이 사건과 사고는 선거라는 '진공관'을 거치면서 증폭한다. 해당 사건과 관련된 각종 말이 쏟아지고, 유권자들의 관심 또한 높아진다. 따라서 네거티브의 톤과 수위, 표현에 있어 사회적 분위기를 고려하여 섬세하게 접근하지 않는다면 오히려 '독'이 되어 돌아올 수도 있다. 무조건 들이댄다고 능사는 아니다. 분위기나 유권자의 감수성을 봐가면서 들이대야 한다.

다음으로 역관계力關係를 고려해야 한다는 것이다. 맞대결이 아니고서야 내가 때린다고 그 표가 나한테 오는 것은 아니다. 설령 맞대결 상황이라 해도 상대를 때린다고 하여 내 지지도가 오르는 것은 아니다. 이와 관련해 '당랑규선螳螂窺蟬'이라는 고사성어가 있다. 사마귀가 매미를 잡으려고 엿보고 있는데 그 뒤를 참새가 노리고 있다는, 즉 눈앞의 이익만 탐하다가 뒷날의 재앙을 생각하지 못함을 비유한 말이다. 상대를 때리는 것과 그 이득을 취하는 것은 별개일 수도 있고, 아닐 수도 있다. 특히 팽팽한 다자 구도에서 네거티브 운용은 한결 섬세한 접근을 요구한다. 자칫 뜻하지 않은 '도우미'가 될 수 있다.

마지막으로, '집단 사고'의 위험성을 들 수 있나. 집단에 속한 사람들은 비논리적이고 비효과적인 방식으로 사고하며 행동할 때가 많다. 선거 캠페인에서는 특히 집단 사고의 오류와 위험을 경계해야 한다. 많은 사람이 모인 상태에서 분위기에 거슬리는 말을 하기란 쉽지 않다. 특히 우리 후보가 상대를 열심히 때리는 상황에서 딴소리하기는 어렵다. 그러다보면 동네 '뻥 축구'처럼 자기 포지션도 공간도 없이 그냥 공 가는 대로 '우~' 몰려다니게 된다. '집단 사고'는 '집단 행동'을 만드는 자양분이다. 이는 집중과 달라도 한참 다른 개념이다.

5장

네거티브 캠페인을 위한
후보의 준비,
그리고 참모

선거 캠페인의 주인공,
후보

선거 캠페인에서 후보는 매우 중요한 위치를 점한다. 비유하자면 후보는 군주이면서 장수이고, 영화감독이면서 주연 배우다. 후보는 선거 전반에 달통해야 한다. 무엇보다 인사를 통해 선거 전반에 관한 권한을 위임해야 한다. 캠프 내부의 다양한 갈등을 해결해야 하며, 상대와 맞설 때는 가장 앞서 싸워야 한다. 실제 '후보론'만으로 책 한 권을 쓰고도 남는다. 이 장은 선거 캠페인에서 후보들이 현실적으로 가장 빈번하게 부딪히며 어렵게 느끼는 대목만 압축적으로 다루려 한다. 구체적으로는 출마 동기, 판단과 결정, 명령, 신뢰가 그것이다. 경험적으로 이 네 가지 항목은 네거티브의 원천적 소재를 포함한 조직 건설 및 운용, 더 나아가 승패를 가름하는 핵심적 요인과 매우 밀접한 연관을 맺고 있기 때문이다. 심지어 어떤 경우에는 그 자체가 휘발성 높은 네거티브 소재이기도 했다. 후보는 선거의 출발점이자 최종 목표점이기도 하다. 결론적으로 이 장에서 이야기하고자 하는 내용은 후보에게 충분한 준비와 수련이 되어 있지 않으면, 그리고 사람과 상황을 보는 안목과 과단성이 갖춰져 있지 않으면 승리할 수 없다는 것이다.

당신의 출마 동기는 무엇입니까?

여론조사 업체에서 일할 때나, 선거 컨설팅 일을 할 때 후보들에게 가장 먼저 던지는 질문은 '왜 출마하는가?', 즉 출마 이유를 묻는 것이다. 그런데 이 질문에 지금까지 명쾌하게 답을 한 후보는 몇 명 없었다. 처음 보는 사람에게 속내를 이야기하는 것이 불편해서인지 아니면 정리가 덜 되었는지 그 이유는 모르겠지만 출마 동기를 분명하게 설명한 후보는 드물었다. 대부분 너무 거창하거나 너무 빈약했다. 경험적으로 볼 때, 출마 동기가 분명하고 그와 관련하여 자신 있게 이야기한 후보들이 대부분 당선되었다. 그 이유는 비단 수사학적 언변이나 자신감 이상의 그 무엇을 유권자에게 전달할 준비가 되어 있기 때문이라고 생각한다. 또 출마 동기가 분명한 후보들이 별 잡음 없이 선거를 잘 치르기도 한다. 아무래도 오랜 시간 고민하고 준비한 결과일 것이다.

다음은 대부분의 후보가 이야기하는 '출마 동기'와 관련한 내용이다. "그동안 신세진 고마움을 갚고 싶어서" "마지막으로 고향에 봉사하고 싶어서", 이른바 '보은론' '수구초심론'이다. 대부분 성공한 기업인, 관료 출신 출향 인사들이 던지는 말이다. 이따금 중앙 정치나 다른 지역에서 밀려난 인사들이 자기 고향으로 돌아가면서 하는 귀향의 변에서 듣기도 한다. "더 이상 ○○○에게 우리 미래를 맡길 수 없어서", 이른바 '심판론' 혹은 '판갈이론'이다. 동시에 '대안'으로서 자기를 슬그머니 집어넣는 경우다. 이 메시지는 특정인이나 세력, 특정 정당의 장기 집권에 따른 피로감을 건드릴 때 효과를 낸다. 상대 후보나 정당에게 대형 악재가 터지면 더 힘을 받는다. "아무리 둘러봐도 나밖에 없는 것 같아서"라는 경우도 더러 있다. 이른바 '적격론'이다. 나름 스펙이 되고 중앙 정치권에 두터운 관계를 맺고 있다고 주장하는 후보가 인물 중심의 선거를 치르고 싶을 때 주로 하는 말이다. 이외에도 "주위의 강력한 출마 권유를 뿌리치기 힘들어서"라는 '수락론'이나, "위기에 빠진 이 정부/야당에 힘을 주고 싶어서"라는 '구원등판론'도 심심찮게 등장한다. 심지어 "이 추세라면 ○○○가 될 것 같아서 할 수 없이"라거나 "이번 기회에 ○○○의 실체를 만천하에 알려야 될 것 같아서"라는 이유도 있다. 물론 대놓고 "당신 떨어뜨리러 나왔다"며 공개적인 텔레비전 토론 현장에서 씩씩하게 이야기한 후보에 비할 바는 아니지만. 어쨌든 평가는 뒤로 물리더라도 모두 나름의 대의와 명분을 갖고 있다. 공통적인 것은 자신의 입신양명과 스펙을 위해서라고 말하는 후보는 단 한 명도 없었다는 것이다.

선거 컨설팅을 하다보면 가끔씩 후보들에게 선거 치를 돈과 열정으로 지역 언론이나 시민단체에서 일할 것을 권유하는 경우도 있다. 이런 분들은 대개 선거 준비가 안 된 것이 훤하게 비치고, 승산도 없어 보이지만 열정은 가득한 이들이다. 좋게 표현하면 기본 자질은 있으나 '정치적 근육'과 준비가 좀더 필요한 경우다. 이 말은 당선 가능성이 비칠 때만 출마하라는 의미는 아니다. 선거에 나온 이상 다들 당연히 당선을 목표로 뛴다. 중요한 것은 패배의 상처, 낙천과 낙선의 아픔도 감내할 수 있으며,

낙천과 낙선 자체도 정치적 자산으로 삼을 수 있는 마음가짐과 자기 일에 대한 확신이다. 대중의 평가를 냉혹하게 받아들이고 인정하며 끊임없이 자기 가치를 설득하고 실천하는 행동 없이 선거판에 뛰어들면 안 된다는 것이다. 공동체의 발전은 꼭 '배지'를 단 사람들만 이루는 것이 아니다. '배지'들을 잘 감시하는 것도 중요하다. 이것도 우리가 속한 공동체 사랑의 한 형태이고, 발전의 일환이다.

이와 별도로 선거를 '선전 선동의 장'이나 비즈니스, 혹은 포교나 다음 단계를 위한 준비의 일환으로 여기는 사람들에게 '배지'는 별 관심사가 아닐 수 있다. 또한 벽보에 떡하니 자기 사진이 붙어 있고, 자기 이름 석 자가 사람들 입에 회자하는 것으로 희열을 느끼는 사람도 마찬가지다.

동서고금의 모든 전쟁을 둘러보면 성전까지는 아니더라도 의전義戰 아닌 전쟁은 없었다. 실상과 이면은 영토나 보물, 석유 등의 자원에 있더라도 기치와 명분은 억압받는 민중을 '해방'시키고, 민주주의의 가치를 '확립'하며, 인권의 가치를 '보호'하기 위해서라고 한다. 선거 캠페인에서 후보들의 출마 동기를 밝히는 변도 마찬가지다. 비록 그것이 책략적 겉치레라는 비난을 듣더라도 '대의'와 '명분'을 밝히는 데서 선거는 시작된다. 그리고 그것을 구현할 최적의 준비된 후보가 자신이라는 점을 강조하면서 지지를 호소한다.

컨설팅을 할 때 후보들에게 만약 면식도 없는 누군가를 3분 동안 만나 이야기 나눈다면 그 사람을 당신의 지지자로 만들 수 있는가를 물어본다. 후보 자신의 스토리와 진정성이 실려 있고, 간단명료한, 그러면서 현재의 상황과 이를 해결할 미래 비전을 제시하는 내용을 3분 내에 정리할 수 있는 메시지를 만들어보라고 주문한다. 물론 쉽지 않다. 3분은 짧으니 5분이면 할 수 있겠단다. 하지만 5분을 준들 해내지 못한다. 이는 시간의 많고 적음의 문제가 아니다. 언변이나 글 실력의 문제는 더욱 아니다. 출마 동기는 '무엇이 나를 호출했고, 나는 이런 응답을 할 것'이라는 존재 이유이자 정체성에 관한 것이다. 출마 동기와 이를 밝히는 변은 후보 자신의 고민과 노력의 집적물이다. 후보들은 지금이라도 내가 왜 출마하는지 한번 고민해보기를 바란다. 참모들은 후보에게 왜 출마하는지를 물어보길 권한다. 경험이 일천해서 그런지 출마 동기가 분명치 않은 후보들 중에서 당선된 사람은 아직 보지 못했다.

후보의 핵심 역할: 판단과 결정

후보는 고독한 존재다. 또 고독해야 한다. 판단하고 결정하는 존재이기 때문이다. 결정하는 과정에서는 다른 사람과 같이 할 수 있지만 마지막 순간은 후보 자신이 해야 한다. 후보가 하는 일 중 가장 많고, 가장 중요한 것이 결정과 관련된 일이다. "무릇 군대를 지휘할 때는 반드시 먼저 참모의 도움을 얻어 군무의 득실을 따져야 한다. 결정의 참고 자료로 활용하기 위한 것이다."[56] 선거 전반의 전략적인 판단부터 사람을 쓰고, 어떻게 대응할 것인지는 결국 후보의 몫이다. 스태프들이 제공하는 많은 자료와 조언은 판단의 근거일 뿐이다. 설령 스태프들에게 자율적 재량권을 주더라도 어느 선까지 줄지, 어느 정도 지원할 것인지도 후보의 결정 여하에 달려 있다. 그러하기에 '판단과 결정'은 후보가 가져야 할 핵심 자질 중 하나다.

이와 관련된 『한비자』의 구절은 의미가 남다르다. "일을 처리할 때 남의 눈치를 보지 않고 홀로 진상을 파악하는 것을 명明, 어떤 일이 일어나도 남의 말에 귀 기울이지 않고 홀로 판단하는 것을 총聰이라고 한다. 홀로 결단하는 사람은 가히 천하의 주인이 될 수 있다."[57]• 즉, 홀로 결단하지 못하면 천하의 주인 자격이 없다는 말이다. 그만큼 결단력 및 결단의 과정에서 자료를 보는 눈과 듣는 귀도 중요하다.

• 이 말은 한비자가 아닌 신자申子, 즉 신불해申不害가 했다. 한비자에게 큰 영향을 미친 법가 비조의 한 사람이며 술術을 강조했다. 이외에 상앙商鞅과 신도慎到가 한비자의 법가 사상에 큰 영향을 미쳤다. 상앙은 법法을, 신도는 세勢를 강조했다.

부연하자면 다른 사람은 '시視, see'하더라도 후보는 '관觀, view'해야 한다. 스태프들은 '문聞, hear'할지라도 후보는 '청聽, listen'해야 한다는 뜻이다. 즉, 겉으로 드러난 것만 듣고 보지 말며, 그 이면에 있는 의도와 맥락까지 주의 깊게 파악하라는 의미다. 또한 여러 경로를 통해 전후 정황을 고려한 사실 관계의 파악과 다양한 이해 관계자의 의견을 들을 필요가 있다. 그러한 과정을 거쳐야 "실제 필요한 것만 받아들이고, 쓸모없는 것은 버릴 수 있기" 때문이다.[58] 그런데 이 과정에서 유의할 것이 있다. 자신에게 거슬리는 말이나 비판도 겸허히 수용할 줄 알아야 한다는 점이다. 대부분의 불상사는 자신에 대한 비판을 듣지 않으려는 데서 비롯되기 때문이다.[59] 간혹 후보들 중에서 스태프와 '지혜를 다투는' 이가 있다. 최악의 경우다. 후보는 스태프의 의견을 최대한 듣고 혹 부족하다면 정확하게 지적해주면 그만이다.

판단 및 결정과 관련해 한비자가 이야기했던 '술術'은 현대 선거 캠페인에서도 후보들이 반드시 읽고 명심할 만큼 가치가 있다. 군주를 후보로, 신하를 스태프로 바꾸면 될 정도로 딱 들어맞는다. 다음은 그와 관련된 내용이다.

"군주는 신하들에게 속마음을 내보여서는 안 된다無爲術. 또한 군주는 신하들의 이론적인 주장과 행동이 부합되는지를 따져봐야 한다形名術. 군주는 남의 말만 듣지 말고 실상을 잘 살펴야 한다參伍術. 군주는 신하들이나 남의 말을 듣는 방법을 알아야 한다聽言術. 군주는 사람을 등용하는 방법에 밝아야 한다用人術."

정리하자면 군주는 신하의 말을 들을 때 반드시 여러 신하의 말을 서로 비교, 검토해봐야 한다는 것이다. 그런 다음 이야기했던 내용과 실제 결과를 비교한다. 그리하여 내용이 일치하는 자는 반드시 상과 명예로 포상하여 그들의 능력을 다하도록 하고, 일치하지 않는 자는 반드시 처벌하여 군주의 권위를 밝혀야 한다는 것이다. 이상이 한비자가 이야기한, 군주가 효과적인 판단과 결정을 내리기 위한 방법이다. 『한비자』가 제왕학의 교범으로 평가받고, 역대 군주들의 필독서가 된 데는 그만한 이유가 있다.

군주는 끊임없이 판단한다. 또 그렇게 해야 하는 위치에 있다. 현대 선거 캠페인에서도 후보들이 한비자가 이야기한 방법을 쓴다면 훨씬 더 효과적이고 명료하게 판단할 수 있으리라 생각한다. 선거에서 승패를 나누는 핵심적인 요인은 후보들의 판단이다. 후보는 무한 책임을 져야 하는 존재다. 그 시작과 끝은 판단과 결정에 있다. 누구도 대신할 수 없는 후보만의 일이다. 그래서 후보는 고독한 존재일 수밖에 없다.

다음 신문 기사는 모든 후보나 리더의 판단과 결정, 특히 인사와 관련하여 한비자가 이야기했던 중요성을 다시 깨우쳐주는 사례라 할 수 있다.

선거 캠페인의 주인공, 후보

박근혜 대통령은 '유승민 사태'를 겪은 직후인 지난 8월 핵심 측근 인사에게 "나도 이제 사람 보는 눈을 바꿔야겠다"고 말했다고 한다. "스펙만 보고 뽑았더니 국민을 위해 무엇을 할까 고민하기보다는 다들 자기 앞날만 생각하더라"는 말도 이어졌다.[60]

왜 이런 일이 빚어졌을까? 우선 "신하와 군주는 욕망을 같이하면서도 직분은 달리하는 존재"[61]라는 사실을 간과했기 때문이다. 한비자 시절에는 신분을 달리했어도 욕망은 같이했을 것이다. 하지만 현대 정치판에서는 신분과 함께 욕망도 다르다. 같은 버스를 탔다고 내리는 곳이 같지는 않다.

"공천만 의식하는 국회의원, 자기 앞가림에만 신경 쓰는 내각 인사들에 대한 불만도 담겨 있다"(친박 관계자)는 기사 내용은 이를 뒷받침한다고 볼 수 있다. 이어지는 기사 내용이다. "그동안 대통령의 국정 운영에 직간접적으로 관여했거나 국정 철학을 명확히 공유하는 사람들 중에서 발탁될 가능성이 크다."

'내 맘'이 '네 맘'과는 다르다. '스펙'은 사람을 쓰는 입장에서 판단하는 여러 근거 중 한 요소일 뿐이다. 물론 비상한 상황에서는 도덕적 흠결과 부정적 평가가 있더라도 재능만 보고 인사를 감행해야 할 때도 있다. 말 그대로 비상한 상황에서는 인사의 변이 될 수 있다. 정상과 비정상에서는 진단도 다르고 처방도 달라야 한다. 이를 뭐라 할 수는 없을 것이다.

중요한 점은 후보나 리더의 가치와 비전, 철학에 대한 참모들의 정확한 이해 및 공유다. 또 그것을 이해시키고 공유하기 위한 후보와 리더의 노력이다. 이런 점에서 노무현 전 대통령이 이야기했던 '코드 인사'는 탓할 게 못 된다. 관건은 '코드'와 일을 수행할 '역량'의 균형 및 조화라 할 수 있다.

여기서 또 하나 중요하게 인식할 대목이 있다. 실수를 인정했다는 점이다. "실수를 잘 인정하지 않는 대통령이 자신의 '판단 미스'를 인정했다는 것은 정말 이례적"이라고 했다는 대목은 '판단 착오' 못지않게 후보와 리더들이 경청할 대목이다. 누구나 실수는 한다. 후보와 리더라고 '무오류의 존재'는 아니다. 문제는 '판단 착오'를 어떻게 받아들이고, 어떤 후속 조치를 취하는가에 있다. 실수가 있으면 고치기를 꺼려서는 안 된다.[62] 더 큰 실수는 잘못하고서도 고치지 않는 것이다.[63] 일 그 자체보다 일을 대하는 인식이나 처리하는 방식이 더 큰 실수를 부른다.

위 신문 기사 내용은 많은 후보와 리더가 한 번쯤 겪었을 상황이다. 혹은 겪게 될 상황이다. 인사는 후보와 리더의 고유 권한이다. 따라서 무한 책임을 질 수밖에 없다. 후보와 리더의 '총聰'과 '명明'이 중요한 이유다.

두 개의 명령은 있을 수 없다

동서고금을 막론하고 민주적(?)으로 전쟁을 치른 사례는 단 한 번도 없었다. 앞으로도 없을 것이다. '돌진 앞으로!'의 명령이 떨어지면 돌진해야 한다. '왜 돌진하는지?' '어떻게 돌진하는지?'는 사전 교육과 훈련을 통해서 주지해야 한다. 민주적 리더십보다 더 중요한 것은 명령의 통일성이다. 왜? 생사와 존망이 걸려 있기 때문이다.

선거 캠페인에서도 마찬가지다. 선거 캠페인은 민주적 절차로 운영해서는 안 된다. 즉 민주적 방식에 의한 다수결로 결정하려 한다면 그것은 위험천만한 일이다.[64] 우리 속담처럼 '사공이 많으면 배가 산으로 가기' 때문이다. 선거 조직의 운영은 민주적이지 않다. 회의와 토론, 의견 개진에 있어서는 민주적으로 해야 하지만 실행 과정에서는 민주적일 수 없다. 단지 민주적이라는 외피를 쓸 뿐이다.

민주적 리더십과 분열된 리더십은 분명 차이가 있다. 여기서 지적하는 것은 분열된 리더십이다. 분열된 리더십이 위험한 이유는 집단에 속한 사람들은 비논리적이고 비효과적인 방식으로 사고하며 행동하는 예가 더러 있기 때문이다. 이를 '집단 사고'라 부를 수 있는데 그 위험 중 하나는 다양한 자아 사이에서 타협점을 찾으려 한다는 것이다. 그러다보면 창의성이 떨어진다. 창의성이 떨어지면 당연히 조직의 활기와 역동성도 같이 떨어진다. 또한 '집단 오류'에 빠질 개연성도 높다.

따라서 선거 캠페인에서는 명령의 통일성이 가장 중요하다.

옛 병서에서도 명령의 통일성을 강조했다. "진중에 두 가지 명이 있을 수 없다. 멋대로 명을 발하는 자는 처형한다. 명을 지체하는 자도 처형한다. 명을 어기는 자도 처형한다"[65]는 내용이 있다. 어떤 병서를 살펴봐도 전쟁에서 졌다고 장수를 처형한 예는 없다. • 또 처형하라고 한 적도 없다. 협의나 보고를 하지 않고 독단적으로 전투한 경우나, 규율과 기강을 세우기 위한 이른바 '시범 케이스'는 있다. 하지만 '명령' 위반은 즉시 처형에 해당된다. 그만큼 명령은 조직

• 흔히 아끼는 부하를 처벌한다는 뜻의 '읍참마속(泣斬馬謖)'의 사례에서 제갈공명이 양자처럼 아꼈던 마속을 처형한 이유는 마속의 독단적인 작전 때문이었다. 단순히 패배의 책임을 묻는 것만이 아니다. 또한 진중에는 개인적인 친소관계가 작용해서는 안 된다는 공명의 원칙을 보여주기 위함도 다분히 있다.

운영에서 중요하기 때문이다.

선거 캠페인에서 가장 중요한 전략적 비전을 실행하는 임무와 과제의 물질화된 형태로서의 명령은 반드시 후보에게서 나와야 한다. 후보는 그 의미를 정확히 밝혀야 한다. 그 과정에서 외형적으로는 다른 사람들이 자발적으로 동참하고 있다고 생각해야 하며, 훌륭한 아이디어는 통합하고, 나쁜 아이디어는 공손하게 변형을 가할 줄 알아야 한다. 중요한 것은 후보 자신과 조직의 비전만큼은 끝까지 신뢰해야 한다는 것이다.

명령은 또한 단호해야 한다. 결정하는 과정에서는 신중히, 다각도로 살펴봐야 하지만 일단 영이 떨어지면 우유부단하거나 의심해선 안 된다. 실제 선거 캠프에서는 일을 하다보면 이런저런 뒷말이 나오고 저항 세력도 있다. 그러다보면 자꾸 뒤를 돌아보게 된다. 후회는 의심에서 나온다.[66] 후보가 단호하지 못하고 주춤거리면 모든 스태프와 조직이 '침묵의 소용돌이' 속으로 빠진다. 『손자병법』에서도 이러한 상황을 조심할 것을 주문한 내용이 있다. "전 군사가 갈팡질팡하고 군주의 지도력을 의심하게 되면 이웃 나라가 이내 빈틈을 노려 침공하는 화가 닥친다. 이를 군심을 어지럽혀 적에게 승리를 안겨주는 이른바 난군인승이라고 한다."[67] 단호하지 못한 명령은 지도력을 의심받으며, 이는 곧 승패로 직결된다는 손자의 지적은 전적으로 타당하다.

믿음이 없으면 굳건히 설 수 없다

후보자에 대한 신뢰가 없으면 제대로 된 조직을 건설할 수도, 운용할

선거 캠페인의 주인공 후보

수도 없다. 유권자들과의 대면 접촉에 앞서 캠프 사무실 문지방도 넘어설 수 없다는 뜻이다. 실제 후보와 관련된 이런저런 부정적인 소문과 이야기들은 캠프 내부에서 나오곤 한다. 이와 관련하여 『울요자』의 다음 구절은 충분히 음미해볼 가치가 있다. "옛 군주는 백성의 신임도 얻지 못한 채 백성으로 하여금 능력을 모두 발휘하도록 독려한 적이 없다. 백성이 능력을 모두 발휘하지 않고도 능히 죽기를 각오하고 싸운 적이 없기 때문이다."[68] 군주의 신임을 백성의 능력으로까지 평가했던 대목을, 후보의 신뢰가 캠프의 활동력이라고 비유한다고 해서 결코 과하다고 여겨지진 않는다. 그만큼 군주/후보의 신뢰는 중요하며, 비약하자면 군주/후보의 신뢰가 곧 전투력/득표력이라 할 수 있다. 실제 돈이 없거나 세가 약한 후보와 같이 일하는 사람을 본 적은 있지만, 신뢰가 없는 후보와 일하는 사람은 보지 못했다. 그런 캠프는 대개 그리고 결국은 선거가 '가족 일'에 다름 아니다.

그럼 후보는 무엇으로 평가하는가? 일반 공산품이나 서비스와 달리 그 평가 근거는 '말과 행동'이다. 신문이나 방송 등 뉴스 보도 및 인터넷, 소셜 미디어 등에서 언급되는 주 내용도 결국 후보의 말과 행동에 관련된 것이다. 또한 이런 메시지 내용을 접한 사람들의 평가도 결국은 그 후보가 언제 무슨 말을 했고, 무슨 일을 했는가에 대한 내용과 관련 있다. 결국 후보의 자산brand equity은 말과 행동이 전부라고 해도 과언이 아니다.

후보자들 말의 격조와 수준, 행동의 일관성과 진정성이 중요하다는 것은 지극히 당연하다. 문제는 말과 행동이 일치하지 않을 때다. 또한 시류와 대중의 인기에 영합하는 영혼 없고, 알맹이 없는 내용이 문제다. 이보다 더 심각한 것은 선거 직전 혹은 직후에 갑자기 기존 정책이나 의견을 바꾸는 사람들flip-flopper이다.

신뢰는 언행일치에서 나온다. 그리고 그 평가는 후보들을 예전부터, 평소에 잘 아는 사람들에게서 시작된다. 선거판에서의 '신용평가 기관'은 매스미디어가 아니다. 예전부터, 평소에 잘 아는 주변 사람들에게서 평가가 시작된다. 언론은 자화자찬하는 이야기를 별로 좋아하지 않는다. 인물평은 주변 사람들을 취재하면서 쓰지, 후보 가족들을 대상으로 쓰지 않는다. '신용 등급'은 자기가 매기는 게 아니라 주변 사람들이 매긴다. 서운해할 일이 아니다.

신뢰는 말과 행동의 일치에서 나온다고 했다. 이런 점에서 『중용』은 말과 행동의 관계를 명료하게 정리하고 있다. "말은 행동을 돌아보고, 행동은 말을 돌아봐야 한다."[69] 여섯 글자에 불과하지만 심오하기 이를 데 없다. 이 구절은 "할 수 있는 말만 하고, 했던 말은 해야 한다"는 의미다. 그게 곧 '언행일치'다.

대부분의 후보가 말을 먼저 해서 혹은 필요 이상으로 해서 고생한다. 이른바 '설화舌禍'다. 후보들은 머리보다 혀가 먼저 작동해서 늘 문제를 일으킨다. 그 기저에는 먼저 나서야 기사에 실릴 수 있다는 유혹이 있다. 선거판에서는 빨리 말해서 얻는 '득점'보다 말 잘못해서 잃는 '실점'이 더 크다. 또한 말을 많이 하다보면 감당을 못 해 어려움에 처하기도 한다.[70] 세 치 혀舌로 무너진 신뢰를 복구하고자 몸行이 고생하는 사람을 숱하게 보지 않았는가? 물론 그렇게 해서라도 복구가 되면 다행이다. 현실은 그렇지 않을 때가 더 많음을 우리는 경험을 통해 알고 있다. 항상 말을 할 때는 그에 상응하는 행동을, 행동할 때는 과장되지 않은 말을 해야 한다. 인지도는 단기간에 올릴 수 있지만 신뢰도를 올리는 것에는 왕도가 없다. 한번 올라간 인지도는 완만히 떨어지지만, 신뢰도는 폭락할 수도 있다. 날개가 있어도 추락하는 것이 신뢰도다.

다른 한편으로 신뢰와 관련해서 '관계'의 엄중함을 들 수 있다. 특히 선거 캠페인에서 스태프와의 관계를 들 수 있다. 앞의 언행일치가 대외적으로 신뢰를 쌓고, 평가받는 문제라면 스태프와의 관계는 내적이며 신뢰를 유지하는 문제라 할 수 있다. 스태프들은 후보와 늘 함께하다보니 민감하고도 '불편한 진실'을 많이 알고 있다. 따라서 스태프를 구성할 때는 믿을 수 있는 정도가 업무 처리 능력보다 우선시되곤 한다. 특히 선거 캠페인에서는 이 대목에 더욱더 신경 써야 한다. 그러므로 사람을 쓸 때 의심스러우면 쓰지 말고, 일단 쓰면 의심하지 말아야 한다.

오래가고 깊은 관계를 유지하기 위해서는 배려와 예를 다해야 한다. 이와 관련하여 옛 성현은 "군주는 예로써 신하를 대하고, 신하는 충성으로써 군주를 섬기라"[71]고 했다. 이 구절은 신하의 충성이 군주의 예에서 시작된다고 볼 수 있으며, 거꾸로 해석하면 '무례의 대가는 불충'으로 올 수도 있다는 의미다. 결과가 어떻든 '자업자득'이다.

가끔 뉴스에 나오는 보좌진과 의원 혹은 후보 간의 '사고 기사'를 보면 대부분 후보의 '무례' 때문에 발생한다.● 미국 선거에서도 마찬가지다.●● 이 문제에 있어서는 동서양의 차이가 없는 듯하다. 사람의 감정에 지역과 문화의 차이는 없다.

● 새누리당 P 의원의 수행 보좌진이 현금 가방을 들고 검찰에 신고했다. 그 결과 P 의원은 정치자금법으로 구속되었고 의원직을 박탈당했다. 수행 보좌진은 언론과의 인터뷰를 통해 "숨 쉬는 것조차 힘들었다"며 무례와 고충을 토로했다. 새정치민주연합 H 의원은 보좌진에게 개털을 깎으라고 시켜 구설수에 올랐다.

●● "미국 민주당의 유력 대선 후보인 힐러리 클린턴 전 국무장관이 퍼스트레이디 시절 비밀 요원들을 무시하고 무례하게 대했다는 증언이 나오면서 지지율 하락으로 고민에 빠진 그의 선거 캠프를 더욱 긴장시키고 있다."(조선일보, 2015년 10월 5일자 기사)

레이블링labeling, 네거티브 딱지 붙이기

정치인들을 풍자해 만든 별명도 네거티브의 의미를 띠는 경우가 많다. 꼭 네거티브 성격을 갖지 않는다 해도 입에 착 붙어서 떨어지지 않으므로 이런 별명이 나오지 않도록 주의해야만 한다.

- 송영길 – 닝기리
- 유시민 – 빽바지
- 천정배 – 천사인 볼트
- 강기갑 – 공중부양
- 이인제 – 피닉제
- 안철수 – 간철수
- 추미애 – 추다르크

유시민 전 장관의 **빽바지**라는 별명은 2003년 4월 재보선에서 당선된후 국회 첫 등원 때 흰색 면바지를 입고 갔다는 데서 비롯됐다. 그때까지 양복 정장 차림으로 국회에 들어가는 것이 일반적이었는데, 유시민 의원이 면바지를 입고 들어갔을 때 몇몇 의원이 '복장 불량'이라는 식으로 질타했으며 한나라당 소속 의원들은 퇴장하기까지 했다. 그때부터 **빽바지**라는 별명이 붙었다.

지금은 유시민 전 장관을 **빽바지**라고 부르는 이가 거의 없지만 한때 그 별명은 그의 자유분방한 사고를 대변하는 듯 굳이 네거티브한 의미만 담고 있다고 할 수도 없다. 다만, 정장을 해야 할 자리에 아무렇게나

하고 다닌다는 점에서 '무례'하다고 여길 수도 있겠으나, 이는 긍정과 부정의 양면을 지니고 있어서 그리 나쁘지 않다.

난닝구는 새천년민주당으로부터 열린우리당이 분당해서 나가는 과정에 신당 창당 표결이 있던 회의장에 민주당 사수파들이 러닝셔츠 차림으로 진입하는 소동을 보고 붙여진 이름이다. 이후에도 열린우리당 내에서 난닝구라는 용어는 당내의 민주당과 협력해야 한다는 실용파를 지칭하는 말이 됐다. 반대로 빽바지는 당시 유시민 의원을 추종하는 열린우리당 내 계파를 가리키는 용어로 통하기도 했다. 이렇게 당내 특정 흐름을 난닝구네 빽바지네 하면서 비하하자 급기야 열린우리당 내에서는 당원 게시판에 이런 단어를 쓰지 못하도록 금칙어 처리를 해두었다.

송영길 전 인천시장의 별명은 닝기리. 이 별명을 기억하는 사람들은 꽤 있다. 이는 단순히 이름에서 비롯됐는데, '송영길 → 영길이 → 닝기리'로 변한 것이다. 그다지 좋은 어감도 아니고, 사실 이름을 변형시켜 부르는 것이기도 해서 긍정적일 리가 없다. 이 별명은 사실 열린우리당 내의 계파 간 갈등 속에서 당시 송영길 의원에 대한 공격의 의미를 띠던 것이라서 이런 별명을 만들어 붙인 세력에 대해 눈살이 찌푸려지기도 한다.

천정배 전 장관의 별명은 한때 천사인 볼트였다. 오세훈 전 서울시장이 무상급식 이슈를 두고 서울시장직을 잃게 됐을 때, 안산에서 국회의원을 하던 천 전 장관이 서울시장 출마를 선언하고 나서는 속도가 거의 단거리 육상 선수 우사인 볼트와도 같다고 해서 붙여진 별명이다. 더군다나 2011년 대구 세계육상선수권대회에서 우사인 볼트는 부정 출발을 해서 실격당했는데, 천정배 전 장관의 출마 선언이 당내 협의 없이 먼저 출발한 것이라는 뜻에서 비아냥댄 것이다.

물론 당시 민주당 내의 경선과 무소속 박원순 후보와의 단일화 과정을 거치면서 박원순이 단일 후보로 정해지는 과정이 있었고, 천정배 전 장관의 출마 선언은 잊혔지만, 아직도 유권자의 인식 속엔 천정배 전 장관의 희화화된 별명이 떠나지 않고 있다.

강기갑 전 대표는 2004년 제17대 국회 민주노동당 비례대표로 국회에 입성해서 농민을 대표하는 의원이라는 확고한 이미지를 대중에게 심어줬다. 수염과 한복이 상징하듯 꼿꼿한 이미지는 농민운동의 세월을 말해주는 듯 보였다. 그런데 의정활동을 하면서 강기갑 의원이 보인 이미지는 여기에서 좀 멀리 나간 측면이 있다. 의사당 내에서 몸싸움을 해야 할 일이 많았던 그 시절 강기갑 의원도 유감없이 몸싸움에 나섰는데, 언론사 카메라에 잡힌 게 독한 표정으로 몸싸움에 열중하거나 공중에 붕 떠서 발차기를 하는 모습이었다. 이때 붙여진 별명이 '공중부양'이다. 강기갑 의원의 모습은 텔레비전 개그 프로그램에서도 패러디할 정도가 됐는데, 국민적인 인지도는 높았는지 모르지만 많은 사람이 그를 '폭력적'이라고 인식하게 됐다. 이러한 이미지를 한순간에 바꾸기란 쉽지 않았다.

피닉제라는 말도 재미있게 등장한 말이다. 이인제 의원이 정계를 떠나지 않고 꾸준히 대선 주자로 등장할 때마다 등장하는 딱지다. 간철수라는 딱지가 붙은 안철수 전 대표의 경우에는 억울할 법도 하다. 뚜렷하게 자신의 입장을 피력하지 않고 '이것도 아니고 저것도 아니라는 식으로 간 본다'는 비아냥이 담긴 간철수라는 별명은 사실 신중한 성격과 좀더 대중적인 최소 공봉분모를 고민하는 모습일 수도 있는데 이게 꼬리표가 돼서 붙었다.

추다르크라는 별명은 어쩌면 좋은 의미다. 추미애 의원이 잔다르크처럼 위기에 빠진 자신의 당을 구했다는 의미이니 말이다. 그런데 문제는 추미애 의원이 추다르크가 되어야 한다는 강박을 가진 것으로 해석되면 조금 달라진다. 자신의 행보가 갖는 정치적 의미를 깊게 생각하지 않는다는 의미가 되기 때문이다. 2016년 11월 최순실 파문으로 정계가 연일 갑론을박 하고 있을 때에 추미애 대표가 청와대와 영수회담을 갖겠다고 해 논란이 일었다. 이때 추미애 대표의 행보를 추다르크병이라고 해석하기도 했다.

3명이 모여 브랜드화? 싸잡아 비난하기

우리나라의 현대 정치사에서 3김을 빼놓을 수 없다. 군부 독재에서 민주주의로 이행하는 과정에서 김영삼, 김대중 두 인물이 미친 영향은 절대적이었다. 여기에 박정희 정권 시절 정부를 이끌던 김종필씨까지 포함해 3김은 '시대'를 이끈 세 명의 정치인을 일컫는 고유명사가 됐다. 기업 마케팅 현장에서도 big 3라는 이름으로 주요 브랜드 3개를 꼽곤 하는데, 정치에서도 이처럼 3명의 인물을 묶어서 하나의 브랜드를 만들곤 한다.

대표적으로 '천신정'이라는 말이 언론에 자주 등장했었다. 2003년 열린우리당 창당 당시 천정배, 신기남, 정동영 세 명을 지칭했던 말이다. 이들은 새천년민주당으로부터 빠져나와 새롭게 열린우리당을 만든 주역으로서 참여정부 시기 그야말로 정계를 주름잡던 인물들이다. 개혁적이라는 평가도 받았고 열린우리당 창당뿐 아니라 그 이후 노무현 대통령 탄핵 등 요동치는 정국의 중심에 서 있던 이들이다.

'남원정'이라는 브랜드도 들어봤을 것이다. 남경필, 원희룡, 정병국은 2000년부터 한나라당 소장파의 중심이었던 인물들이다. 이들은 사실 천신정과 겨주어 정치권에서 결코 비중이 적지 않았는데, 지금까지도 세 인물 모두 광역단체장이나 국회의원을 맡고 있으며 꾸준한 활동으로 한나라당, 새누리당의 쇄신을 이끌었다는 평가를 받고 있다. 오세훈 선거법도 사실 이들의 영향이 크게 미쳤다는 평가다. 2000년에 미래연대를 비롯해 차후에는 초선 모임인 수요모임을 이끌어 소장파라 할 만했지만, 지금은 사실 모두 중진 이상의 중량감 있는 인물이 됐고 그만큼 비중 있는 역할을 요구받고 있다. 최순실 국정농단 상황에서 남경필 지사가 당을 탈당하는 첫 발걸음을 뗀 것도 이런 역사의 연장선상에서 이해할 수 있겠다.

최근 정의당에서는 '노유진'이라는 브랜드도 꾸준히 노출되고 있다. 정의당 소속 인물 중 유명세를 타온 노회찬, 유시민, 진중권 세 명의 인물이 고정 등장하는 팟캐스트인 '노유진의 정치카페'가 인기를 끌고 있는 것이다. 노 의원은 '노회찬 어록'을 남길 정도로 대단한 입심을 자랑하며, 유시민 전 장관은 글솜씨로 유명하고, 진중권 교수는 진보 진영의 논객으로 잘 알려져 있다. 이들 세 명이 하나의 브랜드로 뭉쳐 팟캐스트를 이끈다는 점에서 상당히 인상적이다.

이렇게 여러 명의 인물이 뭉쳐 하나의 브랜드를 만듦으로써 좋은 이미지를 구축했던 예를 보면, 유권자들의 뇌리에 조금 아쉽게 포지셔닝되었던 인물까지도 시너지 효과를 이끌어내 좋은 이미지를 공유하게 되고,

그래서 각자가 따로 활동하는 것보다 더 긍정적으로 인식된다. 아무래도 정치는 세력을 이루느냐의 여부가 중요해서 '독고다이'식이나 혹은 '광야의 외침'으로는 부족함이 느껴진다. 세 명 정도 뭉쳐서 한목소리를 낼 때에는 '뭔가 일이 벌어진다'는 인식을 주기 시작한다. 결국 PI를 구상하는 단계에서도 이와 같은 시너지를 생각하지 않을 수 없다.

그러나 이와는 반대로, 피해야 할 딱지 역시 세 사람, 다섯 사람을 엮어서 부르는 경우가 흔하다. 이른바 '○○ 3인방' '○○ 5적' 등 특정 사건을 중심에 두고 부정적 원인이 된 사람들을 싸잡아 비난할 때 쓰는 딱지 붙이기를 조심해야 하는 것이다. 사실 그 혐의가 확정적이거나 그 사람의 언행이 분명한 경우가 아니면 싸잡아 비난하기 쉽지 않은데, 언론에서는 하나의 무리로 만들어야 스토리 구성이 흥미롭기 때문에 주저하지 않고 이러한 딱지를 사용한다. 2014년 언론을 떠들썩하게 장식한 '문고리 3인방'이네 '십상시'네 하는 용어가 이런 식의 스토리텔링 재료가 됐는데, 놀랍게도 입에 착 붙어서 떨어지질 않는다. 사실 십상시로 언급된 이들이 실제 박근혜 전 대통령을 지근거리에서 보좌하면서 권력을 휘둘렀다는 것은 그리 신빙성도 없고 대단한 정보도 아닌데, 왜냐하면 이들 대부분은 대통령실의 행정관이었기 때문이다. 그런데도 '십상시'라는 딱지는 국민에게 당시 청와대를 바라보는 프레임을 만들어버렸다.

이처럼 '싸잡아 비난하기 위한 딱지'에 걸리기 전에 독자적인 인물 브랜딩, 즉 PI 수립 전략을 고민했어야 한다. 평소 만들어진 PI 전략에 따르는 전술적 지침을 준수하며 적절히 방어해야만 한다.

후보의 3수: 수도修道, 수덕修德, 수학修學

이상 후보가 선거 캠페인에서 맞닥뜨리거나 중요하게 다뤄야 할 출마 동기, 판단과 결정, 명령, 신뢰에 대해 간략하게 살펴보았다. 선거 캠페인에서 후보가 차지하는 비중과 영향은 무척 크다. 이외에도 후보가 겸비할 요소와 덕목은 많다. 의상이나 몸짓과 같은 이미지 연출, 연설 등 상품성 및 경쟁력을 높이는 기능적인 방법 등도 중요하다. 또한 체력이나 자금 모금 방안 등 기반을 다지는 요소도 무시할 수 없다. 현안 파악이나 정책 내용에 대한 연구도 반드시 해야 할 대목이다. 하지만 개인적·경험적으로 이야기하건대 위의 요소가 더 중요하다고 생각한다. 다른 요소들은 단기적으로, 주위에 도움을 청하거나 혹은 금전을 통해 풀 수 있지만 위의 요소는 후보가 오랜 기간 스스로 노력해야지만 성취할 수 있기 때문이다.

선거 캠페인에서 후보와 관련하여 수도修道, 수덕修德, 수학修學이라는 3수를 제시하면서 결론을 갈음하고자 한다.

먼저, 수도란 자신이 선거에 출마하는 이유와 정치를 하는 목적, 즉 위정자로서 정치 본령의 의미를 잊지 말라는 것이다. 이와 관련하여 중용의 가치와 의미를 되새길 필요가 있다. 중용에서의 중中이란 물리적·상대적 중간 지점이 아니다. 자기가 하고자 하는 바의 궁극적인 목표, 즉 그 과녁의 중심에 정확하게 이르려는 것을 의미한다. 용庸이란 그 과녁 한가운데 가까이 가기 위한 부단한 노력과 도전, 열정을 의미한다. 마치 외발자전거를 탈 때처럼, 자전거 페달을 밟지 않으면 쓰러진다. 정리하자면, 수도란 위정자로서의 자기 정체성과 중심을 견지하기 위한 부단한 노력을 뜻한다.

다음으로, 수덕이란 사고를 통해 지성으로 획득하고 실천을 통해 얻어진 자기 인격의 원천, 즉 인간다움인 덕을 행하는 것이다. 이는 자기를 올곧게 세우기 위한 내면의 힘을 기르는 것이라 할 수 있다. 따라서 재능을 갖추기에 앞서 덕을 연마해야 한다. 덕이 재주를 부려야 하며, 재주는 덕이 발휘된 결과여야 한다. 우리는 덕을 닦지 않고 재주만 부리다가 망가진 정치인을 숱하게 봐왔다.

마지막으로, 수학이란 끊임없이 고구하고 자신을 계발하는 것을 말한다. 공부는 경전을 암송하는 것이 아니다. 가장 좋은 학교는 현장이고, 가장 좋은 스승은 전문가나 관계자다. 세상은 변한다. 변하는 만큼 현재 상황에 혹은 특별한 상황에 자신을 맞춰야 한다. 공부는 시간 나면 하는 게 아니라 시간을 내서 하는 것이다. 공부도 습관이다. 대독代讀 후보는 대독 정치인이 된다. 공부해야 살아남고, 공부해야 오래간다.

후보가 겪는
선거 3대 질환

후보들이 겪는 선거 관련 질환 중 대표적인 것으로 '의심병'을 들 수 있다. 이와 함께 '조급증'과 '불감증'이 있다. 이른바 모든 후보가 한번은 겪는 '선거 3대 질환'이다. '조급증'이 과민성 증세라면, '불감증'은 둔감성 증세라 할 수 있다. 선거 캠페인에서는 때로 적절한 수준의 '의심병' '조급증' '불감증'이 필요하다. 하지만 지나친 증세는 선거 캠페인을 꼬이게 만들뿐더러 당락을 결정짓는 치명적인 결과로 작용할 수 있다. 심지어 당선되더라도 후폭풍의 요인이 되기도 한다. 다음은 이와 관련된 사례다.

경남 A 지역 단체장 선거 때 있었던 일이다. 이 일은 동시 선거가 아닌 재보선 때 있었던 일이다. 동시 선거와 달리 재보선은 사망이나 사퇴 등으로 인해 갑자기 발생하곤 한다. 물론 선거법 등으로 기소가 되고, 재판이 진행되는 순간 어느 정도 선거 실시 여부가 보이지만, 대법원 판결까지는 적극적으로 움직일 수 없다. 특히 농어촌 지역에서는 지역 정서상 대놓고 적극적으로 움직이지 못한다. 그러다보니 후보들이 충분히 준비되어 있지 못할 때가 많다. 이런 상황은 '선거 3대 질환'이 창궐하기에 딱 좋은 토양과 환경을 제공한다.

지역사회 공무원 출신의 갑 후보는 현직 군수의 선거법 위반으로 공석이 된 군수 선거 출마를 두고 고심에 고심을 거듭했다. 주변의 거듭된 요청을 뿌리치기도 힘들었고, 현재의 난맥을 풀기에 딱히 적절한 인물이 없었던 점이 고심을 거듭하게 한 요인이었다. 보통의 경우와 마찬가지로 당연히 출마 여부를 가족 회의를 통해 결정했으며, 각자가 역할 분담을 하는 것으로 첫발을 내딛었다. 급히 선거 자금을 조달하기 시작했고, 정책 및 공약 준비와 함께 선거를 도와줄 사람을 모으기 시작했다.

이때 갑의 동생이 친구인 을을 데리고 왔다. 농촌 지역사회에 귀촌한 을은 귀촌하면서 알게 된 갑의 동생과 친구가 되었으며, 정치 및 선거 경험이 많은 것으로 알려져 있었다. 그 외 이름을 들으면 아는 몇몇 프로젝트도 자신이 관여한 것이었다. 당연히 갑의 동생은 제일 먼저 친구인 을에게 달려가 도움을 요청했고, 을은 흔쾌히 부탁을 들어주었다.

몇 년 동안 교분을 가지면서 갑의 동생은 을을 신뢰하고 있는 상태였고, 갑은 을과 두텁지는 않더라도 서로의 얼굴과 이름 정도는 아는 사이였다. 자기 일을 도와주러 왔기에 당연히 고맙게 생각했고, 더군다나 선거 경험도 있었기에 선거 초반의 일은 을이 주도했다.

하지만 일을 맡겨보니 진행 속도나 내용 면에서 경험자답지 않게 미숙한 점들이 하나둘씩 보이기 시작했다. 또 선거가 공식화되면서 지역사회

'선수'들이 캠프에 합류하고 기획사가 붙으면서 을은 조금씩 캠프 중심에서 밀려나기 시작했다. 처음에는 선거 전반을 맡다가 정책과 기획에서 밀려나고, 유세와 홍보 파트에서 밀려나더니 결국은 조직과 운동원 관리를 하는 것으로 정리되었다.

어쨌든 우여곡절 끝에 캠프가 나름 짜임새 있게 구성되었고 각자의 역할이 맡겨지며, 호흡도 맞춰가면서 공식 선거운동 기간이 되었다. 그러자 갑의 캠프가 기세를 잡았고, 지역사회 분위기도 우호적으로 돌아가며 낙관적인 분위기가 형성되었다. 하지만 사흘도 채 못 가서 분위기가 싸늘해졌다. '불법 선거운동' 관련 악재가 터진 것이다. 방송사 카메라와 기자들이 사무실로 들이닥쳤고, 관련자들의 줄 소환이 이어졌다. 잔칫집이 순식간에 초상집으로 변한 순간이었다. 이 사건과 관련하여 을은 '총책'으로 구속되었다. 모든 사태를 자신이 책임질 것이라는 비장한 말을 남기면서 구치소로 향했다. 이후 이를 '공모'한 갑의 동생이 구속되었다. 군수에 당선된 갑도 나중에 구속되었고, 군수 직을 상실하게 되었다.

이후 재판 과정에서 이른바 '불법 선거운동'의 전모가 하나둘 드러나기 시작했다. 갑자기 치르게 된 선거 자금 문제로 고심하던 갑의 동생에게 을이 적지 않은 돈을 제공했다는 사실이 밝혀졌다. 을은 사전에 운동원들에게 일정 정도 지급해야 한다며 갑의 동생에게 이야기했고, 관련 법규를 잘 모르는 갑의 동생이 운동원으로 일할 사람들에게 '미리' 준비금 조로 일정 금액을 지불했다는 사실도 드러났다. '불법 선거 행위' 관련 내용도 안에서 같이 일하지 않으면 모르는 정황과 자료들이어서 '내부자 소행'으로 의심받았고, 또한 지역 선관위에 '불법 선거' 포상금 관련 문의가 있었다는 사실도 밝혀졌다. 결정적으로 포상금을 수령하면 나눠 받기로 한 사람 중 한 명의 '양심선언'이 캠프로 전해졌다. 이른바 사건의 성격이 불법 상황을 연출해서 그 자료와 정황을 선관위에 신고하여 포상금을 노린 '자뻑'이었고, 을과 연결된 '기획 침투'였음이 드러난 것이다.

이후 재판 과정에서 갑과 변호인단은 사건이 '기획 침투'였음을 주장했지만 재판부는 이를 참작 요인으로만 받아들였을 뿐 법정 구속이라는 엄중한 선고를 내렸다. 재판부 입장에서는 갑의 동생과 을의 관계, 을의 캠프 내 역할과 여러 정황을 보았을 때 후보인 갑이 어느 정도 관여 내지 인지를 했다고 여겼다. 갑과 변호인단은 '기획 침투'에 자신들이 당했다고 주장했지만, 재판부는 '기획 침투'와 불법 행위는 무관하며, 원인이 어떠하든 불법 행위가 있었다는 것은 사실일 뿐 아니라, 궁극적으로는 후보인 갑에게 귀책 사유가 있다는 취지로 판결을 내렸다.

이 사례가 시사하는 바는 다음과 같다.

먼저, '일단 의심하라'는 격언을 무시했다는 것이다. '의심병'은 역기능도 있지만 순기능도 있다. 이른바 '돌다리도 두들겨보고 건너라'는 속담이 말하듯 미리 확인해서 나쁠 것은 없다. 자기 눈에는 꽃밭처럼 보이지만 실상은 그것이 지뢰밭일 수도 있다. 부비트랩은 꽃밭에 설치한다. 꽃밭일수록 탐지기를 들이대야 한다. 특히나 선거판에 조건 없는 후의는 없다. 같은 유니폼을 입었다고 무조건 우리 편은 아니다. 반드시 확인해야 한다. 특히 금전과 관련해서는 더더욱 그러하다. 단, 의심을 하되 그것이 말과 표정에 드러나거나 상대의 기분을 거스르게 해서는 안 된다. 개중에는 실제 선의로 오는 지지자들도 간혹 있기 때문이다. 후보들이

'후흑학厚黑學'을 연마해야 하는 이유다. 겉으로는 '박백'한 척 보여도 안으로는 '후흑'으로 무장해야 한다. 표정 관리나 언행도 갈고닦아야 한다. 이도 저도 아니면 모든 후의를 정중하게 거절하든지, 공개적인 자리에서 합법적인 범위 내에서 도와줄 것을 역으로 요청하는 것이 낫다.

　적절한 '의심병'은 대형 사고를 미연에 방지해주는 순기능도 한다. 위 사례에서도 을이 갑의 동생에게 거액을 빌려줬을 때, 무조건 고마워할 것이 아니라 '왜 나에게 이런 거액을 줬을까?'를 생각했다면 다른 장치를 마련했든지 아니면 거절했을 것이다. 한번만 생각해도 대답은 나오기 때문이다. 한번 생각해보고 가는 것. 이것이 선거에서 '의심병'의 순기능이다. 반면 무조건 의심하고, 모두를 의심하고, 표정에서 드러나거나 은밀하지 않게 다른 사람들을 조회해보는 것은 '의심병'의 역기능이다. 결론적으로 '의심스러우면 같이하지 말고, 같이하면 의심해서는 안 된다.' 사전에 충분히 확인하며, 한번 생각하고 넘어가는 것을 아껴서는 안 된다. 이것은 다른 사람이 해줄 일이 아니다. 후보가 할 일이다.

　다음으로, '마음과 일은 별개'라는 것이다. 이른바 '조급증'과 관련된 대목이다. 마음이 급하다고 일이 빨리 되는 것은 아니다. 일이 잘되는 것은 더더욱 아니다. '빠르게' 하는 것보다 '바르게' 하는 것이 더 중요하다. '장타'보다 '정타'가 중요하다. 선거 캠페인 상황에서 후보와 그 가족, 캠프 책임자는 항상 마음이 바쁘다. 모든 것이 답답하고 느리게 보인다. 이 질환을 다스리는 유일한 처방전은 미리 '준비'하는 것뿐이다. 선거는 멘탈 게임이다. 상황은 누구에게나 어렵게 보인다. 실제 어렵기도 하다. 평정심을 가지고 임하면 보이는 문제들이, '조급증'이 발동하면 뒤죽박죽 엉켜 보인다. 당장 눈앞의 표만 보이고, 달콤한 말만 귀에 들어온다. 사전에 예상되는 요소나 문제점을 얼마만큼 점검했으며 해결책을 '준비'했는가에 '조급증' 치료 여부가 달려 있다.

위의 사례에서도 볼 수 있듯이 과연 다른 사람의 돈을 빌릴 만큼 그 상황이 긴박했는지 혹은 지금 운동원들에게 선금을 주지 않으면 다른 후보에게 간다는 말이 얼마나 중요했는지는 들었던 사람이 판단할 문제다. 실제 이런 말을 듣고도 담담할 후보나 관계자는 별로 없다. 윤리적으로 탓할 성격의 문제는 아니다. 하지만 급한 마음에 공식적으로 상의하지 않은 점에서 사달이 났다. 또한 충분하지는 않더라도 어느 정도 준비하지 않은 점이 '조급증'을 키웠다는 것도 부인할 수 없는 현실이다. 면밀하지 못한 상황 파악과 부족한 준비 상태는 '조급증'을 키우는 슈퍼 바이러스다. 조급증은 심인성 질환이 아니다.

마지막으로, '그게 무슨 문제인가'에 대한 개념 정립이다. 이른바 '불감증'이다. 선거는 정해진 법 안에서 다투는 전쟁이다. 법은 성문화되어 있다. 세상 살면서 사람들 간에 오가는 예제와는 다르다. 개인적으로 선거 캠페인을 진행하면서 가장 먼저 하는 것이 후보와 캠프 관계자의 선거법 교육이다. 또 지역 선관위에 요청하면 선거법 관련 교양 교육을 시켜준다. 그런 일 하라고 국민 세금으로 운영되는 조직이 선관위다. 선관위는 완장 차고, 간섭하고, 딱지 끊는 조직이 아니다. 캠프에서 기획하고 준비한 모든 일은 항상 관련 법규를 검토하고 실행해야 한다. 잘 모르면 선관위에 물어보고 진행해도 늦지 않다. 선관위는 싸우고 경계할 대상이 아니라, 친해지고 활용할 대상이다. 선거 관련 '불감증'을 치료해주는 전문 진료소가 선관위다. 선거에서 '불감증'의 원인은 주로 무지와 배짱에서 나온다. 둘의 차이는 몰라서 하는 것과 알고도 하는 것 정도다. 배짱은

'설마 내가' 하는 요행과도 맞물려 있다. 그건 당사자들 사정이고 법의 잣대에는 눈이 없다. 사실 관계를 우선해서 볼 뿐이다. 무지는 참작이 가능하고, 배짱은 가능하지 않은 정도다. 선거판에서는 무식해서도 안 되고, 용감해서도 안 된다. 둘은 결코 미덕이 아니다.

이와 관련한 위의 사례를 살펴보자. 후보자 갑의 동생은 친구인 을로부터 운동원들을 섭외하고 준비하기 위해서 미리 돈을 주자는 의견을 들었을 때 어떤 생각을 했을까? 평소부터 알고 지내던 지역민들에게 어차피 줄 돈을 미리 준다고 해서 '무슨 문제가 될까?'라고 생각했을 것이다. 선거를 치르지 않는 상황에서는 참으로 아름다운 미풍양속이다. 하지만 법은 법이다. 결국 갑의 동생은 선거법 135조 '선거사무관계자에 대한 수당과 실비보상' 및 230조 '매수 및 이해 유도죄'로 처분을 받았다. 운동원들도 마찬가지로 벌금을 내는 처지에 놓였다. 좋은 뜻으로, 흔쾌히 한 행동이었지만 법의 잣대는 마음과는 달랐다. 수십 명이 법정에 서야 했고, 벌금을 물어냈으며, 좁은 지역사회에서 서로 얼굴 붉히고 마주치며 살아야 했다. 이 모든 게 '불감증'이 빚어낸 참사였다. 사건의 발단이 인간적으로는 충분히 이해되지만 법률적으로는 허용되지 않는다. 선거가 무섭다는 것을 알아야 한다. 그러기 위해서는 알아야 하고, 배워야한다. 변명은 통하지 않는다.

승패를 가르는
리더의 정신

병력 수 90만 대 8만. 보유 비행기 300 대 0. 이 숫자는 1930년대 중국에서 국민당과 공산당 간의 국공내전 당시 양 진영의 세력 차이다. 비교도 안 될 만큼 현격한 차이다. 여기에 탱크나 야포까지 계산에 넣는다면 그 차이는 훨씬 더 벌어질 것이다. 또한 다섯 차례에 걸친 '포위 토벌'로 인해 공산당 세력은 이제 끝장나는 장면만 남았다고 해도 과언이 아니었다. 하지만 공산당의 승리로 길고 긴 전쟁은 막을 내렸다. 도대체 이 현상을 어떻게 설명할 수 있을까?

이와 관련하여 『한비자』의 경구를 새삼 떠올릴 필요가 있다. "천하에는 확실한 도리가 세 가지 있다. 첫째는 지혜롭다고 해서 공적을 세울 수 있는 것이 아니고, 둘째는 힘이 있다고 해서 들어올릴 수 있는 것은 아니며, 셋째는 강하다고 해서 이길 수 있는 것이 아니라는 점이다."[72]

한비자가 이야기한 강함은 병력의 수나 무기의 양 등 다분히 조건이나 물리적인 측면에 관한 것이고, 그것만으로 이길 수 없다 함은 정신력이나 지도력 등 상황과 심리적인 측면으로도 충분히 승산이 있음을 역설적으로 표현한 것으로 해석할 수 있다.

대대적인 토벌 작전으로 중국 공산당은 생존을 위한 '대장정'에 나서게 된다. 1934년 10월부터 이듬해 1935년까지 368일 동안 11개의 성省을 지나고, 산맥 18개를 넘고, 강 24개를 건너 1만5000킬로미터를 행군한 끝에 목적지인 옌안延安에 도착했을 때는 8만 명의 병력 중에서 8000여 명만 살아남았다. 10 대 1의 병력 차가 100 대 1로 더 벌어졌다. 이제는 세력이라 부르기도 민망한 수준으로 쪼그라들었다.

그러나 '대장정' 기간 공산당은 쭌이遵義 회의를 통해 마오쩌둥을 새로운 리더로 선출했고, 대응 전략 또한 전면적으로 바꾸었다. 그들은 살기 위해 도망치면서도 미래에 대한 희망과 열정을 포기하지 않았고, 사람들을 만날 때마다 의식화, 조직화 작업을 게을리하지 않았다. 옌안은 그들에게 약속의 땅이었고, 마오쩌둥은 리더로서 비전을 제시하면서 조직을 이끌어나갔다.

다음은 1944년 9월 4일자 『장제스 일기』의 내용이다.[73] "오늘 아침에는 동이 트기도 전인 5시에 일어나 기도를 했다. 공산주의자 마오쩌둥이 깨달음을 얻어 마음을 고치고, 그래서 이 나라가 진정으로 평화로운 통일을 이룩할 수 있기를 기원한다."

한쪽은 이를 갈면서 악착같이 싸우고 상대를 잡아먹을 준비를 불철주야 하고 있는데, 다른 한쪽은 상대가 깨닫기를 바라는 기도를 하고 있있다. 아이러니다. 여유라 하기엔 썰렁하고, 황당하다고 하기엔 지나치게 진지하다. 전쟁에서 이기고 상대를 잡아놓은 다음 회개를 시켜도 늦지 않다. 한창 전쟁 중에 상대가 바뀌기를 기도하는 저 장면을 어떻게 받아들이고 이해해야 할까?

참고로 장제스의 손에는 늘 『주역』이 있었고, 마오쩌둥은 『자치통감』과 『손자병법』을 끼고 있었다고 한다. 전쟁에 임하는 장수가 현재 상황을 어떻게 인식하며, 그들의 사고방식mentality이 조직 운용과 문화에 어떤 영향을 미쳤는지가 읽는 책에서도 확연히 드러난다. 전쟁의 최종 책임자는 장수가 아니라 리더다. 리더의 정신이 승패를 가름한다는 것이 이 사례가 주는 교훈이다. 정신은 전쟁의 모든 요소에 스며들어 있고, 전투력을 움직이고 지휘하는 의지와 매우 밀접하게 관련되어 있다.[74]

선거라고 예외는 아닐 것이다. 2002년 초 각 언론에서 발표한 후보 지지도에서 노무현은 아주 낮은 수준이었다. 그해 말 대선의 승자가 되리라 예측한 사람은 아무도 없었다. 심지어 지지층 내에서도. 다른 후보들이 '대세론' 분위기에 젖어 있을 때 노무현과 '노사모'는 밑에서부터 준비를 하고 있었다. 전쟁은 끝나야 결과를 알 수 있고, 선거는 투표함을 다 열어봐야 결과를 알 수 있다.

틀리면 안 되는 것과
조심해야 할 것

네거티브 공격을 당하지 않기 위해 조심하고 또 조심해야 하는데, 그 중에는 표현이나 행실에 있어서 틀리면 안 되는 것이 있다.

틀리면 안 되는 것

태극기

태극기 모양을 잘 알아야 한다. 태극기의 건곤감리 위치가 특히 중요한데, 이것을 헷갈려해 문제가 되곤 한다. 교육부가 국정교과서를 홍보하는 웹툰을 만들면서 태극기를 잘못 그려 사과한 사건이 있었다. 한 언론에 따르면 국민의당 이동섭 의원은 교육부 공식 페이스북의 국정교과서 홍보글에 첨부된 태극기가 '감'과 '이' 괘의 위치가 바뀌었다고 지적했다. 국정교과서를 만들어서 국민에게 홍보를 제대로 해야 하는 교육부에서 나라 국기인 태극기를 제대로 그리지 못했다고 하면 많은 사람에게 실망스러운 일이 아닐 수 없다.

그런데 네이버에 검색해서 나오는 태극기 이미지와 구글에 검색한 결과는 다르다. 네이버는 공식 사이트 혹은 공식적인 문양 등을 정확하게 보여주는 데 반해 구글의 검색 결과는 일반인들이 만들어서 온라인 공간에 올리는 이미지를 검색해서 결과를 보여준다. 따라서 문제가 있는 태극기 모양이 그대로 검색되어 나온다는 점을 알아야 한다.

컴퓨터나 모바일 기기를 옆에 두고 있지 않은 상태에서 바로 태극기 이미지에 오류가 있는지를 파악해야 한다면, 좌상 좌하 우상 우하 순서로 괘의 조각 개수를 3, 4, 5, 6으로 세어보면 된다. 그렇게 해서 괘의 위치가 정확한지를 먼저 파악하면 태극은 그리 어렵지 않을 것이다.

독도와 동해

독도를 다케시마라고 해서는 절대 안 된다는 정도는 상식이다. 그렇지만 이런 실수가 가끔 나오는데, 특히 일본어를 잘 구사하는 정치인에게 해당될 것 같다. 일본 언론인과의 인터뷰 상황에서는 더욱 조심해야 한다. 과거 노무현 대통령에게 일본 기자가 "다케시마 몬다이"에 대해 물었을 때, "독도 몬다이"라고 바로잡아서 이야기한 것은 유명한 일화다. 그때 다케시마 몬다이라는 일본 기자의 표현을 그대로 말로 옮겼다면 많은 사람이 노무현 대통령을 비난했을 것이다. 다행히도 노 대통령은 "다케시마"를 "독도"로 제대로 옮겼다.

이와 같이 다른 나라의 단어 그 자체인데도 정치적 의미가 내포되어 있어 조심해야 하는 단어들이 있다. 독도의 또 다른 이름인 '리앙크루 록'이라는 용어도 국제법적 맥락에서 사용하지 않으면 독도에 대한 국민의 자존감을 훼손할 수 있으니 조심해야 한다.

마찬가지로 동해와 조선해, 일본해가 그렇다. 자신이 쓰고 있는 지도에 만약 일본해 혹은 'Japanese Sea'가 프린트되어 있다면 명백하게 그 이유가 있어야 한다. 이 문제 역시 사람들을 매우 혼란스럽게 하고, 결과적으로 일본해라는 명칭을 쓴 인물은 언론에서 매도된다. 사실 대부분은 실수라고 하는데, 실수가 지나치게 잦거나 반복적이라면 문제가 될 것이다. 일본해라는 단어를 보면 반사적으로 문제가 있다는 심각한 제스처를 보여야 한다.

욱일승천기

일본의 욱일승천기 문제는 아주 잘 살펴야 한다. 왜냐하면 나치의 SS 문양과는 달리 욱일승천기가 전범기라는 것에 대해 충분히 알지 못한 까닭에 곳곳에 욱일승천기 문양을 따라 한 디자인이 적용되고 있기 때문이다. 놀라운 점은 욱일승천기 자체를 일본의 공식적인 국기 혹은 역사적으로 활용해온 정당한 깃발 정도로 생각하는 사람도 상당수 있다는 데 있다. 어쨌건 그 나라 국기와 같은 것인데 문제될 게 있느냐는 식이다. 그런 주장 자체가 말이 안 되는 것은 당연하고, 그런 주장 끝에는 일본이 힘이 셀 때 침략하면 어떻냐는 식으로 논리가 귀결될 수 있기 때문에 정치인 입장에서 이를 받아들인다는 건 논란 속에 스스로를 던져넣는 꼴이 된다. 또한 욱일승천기에 대해 잘 알고 있는 사람도 있기 때문에 이를 배경으로 사진을 찍는다든지 하면 반드시 문제를 지적당하게 된다.

최근에도 욱일승천기를 배경으로 사진을 찍은 연예인이 문제된 적이 있다. 그런가 하면 일본 내 공연 중 욱일승천기를 찢어서 다시는 일본에서 불러주지 않는 연예인도 있다고 한다. 연예인이라면 문제가 그리 크지 않을 수도 있겠지만, 정치인이라면 집요한 네거티브 공세에 시달릴 수 있다는 점을 잊어서는 안 된다.

조심해야 할 것

다문화와 인종차별

이제 우리나라는 본격적인 다문화 사회가 됐다. 조금만 둘러보면 어렵지 않게 다문화 가정을 볼 수 있고, 여행이나 비즈니스를 목적으로 한국을 방문하고 있는 외국인을 쉽게 접할 수 있다. 서울역 롯데마트에서 음식료품을 파는 곳을 가면 중국어나 일본어를 능숙하게 구사하는 이들이 시식 코너에서 안내를 담당하고 있다. 명동이나 광화문에서는 중국어를 모르면 노점을 운영하기도 어렵다. 이제 유권자들 중 상당수는 다문화 가정 구성원이거나 혹은 그들의 이웃이다. 이런 상황에서 다문화에 대한 모욕적 언행을 하면 당연히 문제가 될 것이다.

김무성 새누리당 전 대표는 겨울나기를 준비하는 빈민촌을 방문하여 대학생 자원봉사단과 함께 자원봉사를 한 적이 있다. 그 과정에서 흑인 학생에게 피부색을 주제로 농담을 했다. 이것이 문제의 발단이 됐다. 당연히 언론에서는 김 전 대표를 비판했고 읽는 사람들, 특히 젊은 학생들에게는 김 전 대표에 대해 좋은 감정을 갖기 어려운 사안이 됐다. 김 전 대표가 악의를 가지고 그런 말을 하지 않았으리라는 점을 모든 사람이 알고 있더라도 누구도 그에 대해 관심을 두지 않는다. 김 전 대표의 짧은 발언은 그 사람의 인격을 대변하고 다문화 시대를 역행하는 사고방식을 가진 사람으로서 그를 네거티브 공격하는 데 활용됐던 것이다.

여혐과 여성 비하

남녀 상호 혐오 문제가 그 어느 때보다도 뜨겁다. 이렇게 여혐이 사회적 이슈가 된 이유를 누군가는 여성 인권의 신장에 따른 현상이라고 할지 모르지만, 반대로 인터넷의 특정 커뮤니티를 중심으로 여혐을 상징하는 단어가 급속히 퍼지고 있기 때문이라고 해야 맞겠다. 이런 단어들은 보통 지나치게 심한 혐오를 담고 있어서 보통의 정치인이라면 이를 공식적인 자리에서 입에 담는다는 것은 말이 안 된다. 사석에서도 그런 단어를 사용해서는 안 될 것이다. 누가 녹음하고 있을지 알 수 없는 사회에 살고 있다는 명백한 사실을 잘 기억해야 한다.

여성 방송인들을 상대로 말실수를 해서 곤욕을 치른 정치인이 있다. 여성 아나운서협회는 법적인 대응을 했고, 그에 대해 대가를 치르게 만들었다. 그 정치인이 고의로 모욕하기 위해 그런 발언을 한 게 아니라고 한들 그건 그리 중요하지 않다. 결과적으로 기억되는 것은 그 정치인이 여성 모욕적 발언을 해서 문제가 됐다는 사실뿐이다.

그런데 또 다른 여성 비하 용어가 있다. '미스 박'이라는 표현이 여성을 비하하는 단어라는 사실을 2016년 말 촛불시위 관련한 언론 기사를 통해 알게 된 사람이 적지 않을 것이다. 미스에 성을 붙인 미스 김, 미스리, 미스 박 등은 사회 여러 곳에서 미혼 여성을 지칭하면서 흔히 쓰던

틀리면 안 되는 것과 조심해야 할 것

말이었다. 그런데 힙합 그룹 DJ DOC가 시국을 비판하며 부른 노래 '수취인분명'에 등장하는 '미스 박'이 여성 혐오적 표현이라며 여성단체들이 지적한 것이다. 여성 단체들은 미스 ○이 사회적으로 지위가 낮은 여자를 지칭하는 단어이기 때문에 불평등한 젠더 구조를 반영한다고 주장했다. 결국 이 노래는 문제가 된 표현을 전면적으로 수정하고서야 촛불 시위 중 무대 위에서 불릴 수 있었다.

이렇게 문제 제기를 받아야 알 수 있는 비하 표현이 있는데, 이러한 표현을 각별히 조심하지 않으면 문제에 휘말리게 된다. 남성들로만 구성된 참모 집단에서는 이와 같은 주장에 대해 미리 잘 알 수 없을 것이다. 따라서 참모들을 성별, 지역별, 연령대별, 정치 성향별로 다양한 사람으로 구성하여 후보자 본인은 몰랐던 사실이라도 참모들에게 도움을 받아 문제 소지를 사전에 없애야 한다.

빨갱이 vs. 수꼴

빨갱이라는 말은 20~30년 전까지만 해도 많이 듣던 것이다. 유명한 정치인을 두고 "누구누구는 빨갱이다"라는 말이 서슴지 않고 쓰였으며, 그 말은 거의 상대를 해서는 안 되는 '불순분자' '사상범' '국가 전복 세력' 등을 의미하는 아주 나쁜 단어로 새겨졌다. 마치 미국의 매카시즘을 연상케 할 정도로, 빨갱이 딱지가 제대로 붙으면 사회생활이 매우 어려워지고 이웃들도 수군거리던 시절이 있었다. 그 단어가 어느 순간 '좌익 사범'이라는 말로 대체되어 좌우익 중 좌익은 사상적인 범죄인 양 되더니, 또 언제부터인가 '좌빨'로 대체됐다. 좌익 빨갱이 혹은 좌파 빨갱이를 의미하는 좌빨은 색깔론의 딱지 붙이기 중 대표적인 단어가 됐다.

반대로 보수에 대한 딱지도 만만치 않다. '꼴보수' '수꼴'이라는 말로 대표되는 딱지는 '친일' '매국' 등으로 이어져 매우 치명적인 공격력을 보이고 있다. 이 때문인지 보수 진영 정치인들은 스스로를 '합리적 보수주의자' '따뜻한 보수주의자' '애국적 보수주의자' 등으로 새롭게 포지셔닝하고자 시도하는데, 보수에 따라붙는 수식어가 사실 듣기에도 거북하고 연상 이미지가 매우 극단적이기 때문일 것이다.

이와 같은 양극단의 색깔론 딱지 붙이기가 건전한 경쟁이나 성숙한 토론 문화를 좀먹고 우리 사회의 공론장을 파괴하는 양상으로 치닫고 있는 듯 보이기도 한다. 결과적으로 이런 극단적인 표현을 쓰지 말아야 한다. 간혹 진영 논리에 호소해야 할 때가 있을지도 모른다. 상대 진영에 대한 극단적인 매카시즘의 선봉장이 되어야 선명하게 등장하고 급부상하리라는 조바심이 생길 수 있다. 또는 대중적으로는 이미지 손실을 감내해서라도 당내 노선과 정책에 헌신하는 모습을 보여야 할 경우도 있겠다. 그런데 대부분 그런 시도는 그다지 유효하지 않다. 왜냐하면 당내 계파나 정파 간 갈등 및 경쟁으로 인해서 대부분 진보 보수 양 진영에 대한 극단적 태도는 차후 지속적으로 인기의 기반이 되기 어려울뿐더러 결국에는 대중적으로 네거티브 공격을 받을 수 있는 흔적만 남기기 때문이다.

지역 비하

한국 정치에서 지역 균열과 갈등은 어제오늘 일이 아니다. 우리 사회의 정치적 과제 해결이 어려운 이유를 지역주의 때문으로 해석하는 사람도 상당히 많다. 다른 이슈를 모두 무력화시키고 지역주의 하나에 의해 표의 향방이 결정된다는 부작용을 지적하는 것인데, 최근 이러한 지역적 갈등이 사이버 세계에서는 더욱 뒤틀린 방향으로 전개되는 것 같아 안타깝다.

과거에는 영호남의 갈등에 가끔 충청도를 멍청도라 부르는 정도였지만, 이제 지역적 갈등이 도를 넘어 호남인을 홍어로, 영남인을 흉노로 부르는 등 극단적인 혐오 표현이 경쟁적으로 튀어나오고 있다. 홍어는 호남인들뿐 아니라 우리나라 사람 상당수가 즐기는 음식이고, 흉노는 고대 북방 민족을 지칭하는 단어다. 그럼에도 이제는 사석에서라도 홍어네 흉노네 하는 역사적인 단어를 쓴다면 듣는 이들의 기분을 살피고 부가적인 설명을 해야 한다. 온라인 공간에서 불쾌한 반응을 불러일으키도록 경쟁적으로 네거티브의 원천으로 악용했기 때문이다.

공직 후보자들이 이런 단어를 쓰는 데는 당연히 조심스러워야 한다. 특정 지역민을 지칭해서 홍어나 흉노라는 단어를 쓴다는 것은 있을 수 없고, 혹시라도 이런 단어를 쓰게 된다면 맥락에 주의해야 한다. 그렇지 않으면 그 단어를 말하는 그 짧은 몇 초를 편집해서 어디에 악용할지 알 수 없기 때문이다.

종교 비하

박근혜 전 대통령의 종교에 대해 '기불릭' 혹은 '기불천교'라고 했다 한다. 기독교, 불교, 가톨릭 등 우리나라 다수 인구가 신앙하는 종교를 종합했다는 의미를 담고 있는 신조어 기불릭은 박근혜 전 대통령에게뿐 아니라 곳곳에서 쓰인다. 어느 특정 종교에 치우치지 않았다는 의미로 쓰이기에 좋은 기불릭이라는 단어는, 박근혜 전 대통령의 비선 실세로 2016년 후반기 정국을 뒤흔든 최순실씨가 무속인이냐에 대한 논란이 있기에 그리 좋은 연상 이미지를 남기고 있진 않다.

특정 종교를 신앙하는 사람이 타종교인을 비방하는 예를 심심치 않게 볼 수 있다. 그런데 특정 종교의 신앙인이 아닌 그야말로 '기불릭'인 사람들이 특정 종교를 비난하는 일이 자주 있는데, '개독교'라는 비하어가 이를 대표한다. 기독교라는 단어에 개를 붙여서 만들어진 이 비하어를 기독교 신앙인이 듣는다면 매우 불쾌할 것임은 두말할 나위가 없다. 그럼에도 유명 교회의 목사와 관련된 좋지 않은 언론 기사가 뜨거나 혹은 그런 인물들이 정치적 발언을 할 때에는 댓글에 어김없이 등장한다. 이런 댓글이야 종교인에 대한 일반의 염증을 담은 것이니 이해할 수 있지만 공직 후보가 이런 단어를 쓰면 결코 안 될 것이다. '기독'이라는 단어 자체가 '그리스도'인데, 이를 변형해서 비하한다면 국민 중 많은 수를 차지하는 기독교 신앙인들에게는 매우 모욕적으로 들릴 것임이 분명하다.

이러한 기독교 비하는 이른바 '김용민 막말'로 언론지상에 떠올랐다. 2012년 19대 총선에서 노원갑의 후보로 경쟁하던 김용민 후보는 나꼼수의 유명한 고정 진행자였다. '한국 교회는 척결 대상'이라는 과거의 발언이 문제되었고, 이에 대해 사과하기도 했지만 후보 직에서 사퇴하지 않고 완주했다. 19대 총선이 이명박 정부 집권 5년차라는 시기상의 특성으로 인해 정부를 평가하고자 하는 회고적 투표 성향이 강하게 나타날 것으로 예상한 야권은 '정권 심판론'을 전면에 내걸었지만, 애초 기대했던 것보다는 부진했다. 이러한 부진에 대한 대표적인 이유로 꼽혀 지탄의 대상이 됐던 것이 바로 김용민 후보의 막말 사건이다. 목사의 아들로 태어나 신학을 전공하기까지 한 김용민씨의 종교관 자체를 뭐라 하긴 어렵고, 후보로 출마하기 전에 피력한 종교적 비판 발언을 문제 삼는 것도 적

틀리면 안 되는 것과 조심해야 할 것

절한지 논란의 여지가 많다.

그럼에도 공직 후보자는 과거 자신의 발언 때문에 엄청난 네거티브에 휩싸일 수 있다는 사례를 남겼다.

노인 비하

동방예의지국이라는 자부심이 국민 개개인의 마음속에는 아직도 자리 잡고 있는 모양이다. 노인 폄하 문제의 중심에 선 정치인이 매우 혹독한 대가를 치른 바 있기 때문이다. 2004년 17대 대선을 앞두고 정동영 당시 열린우리당 의장은 "60~70대는 투표 안 해도 된다. 집에서 쉬셔도 된다"고 발언한 것으로 알려졌다. 사실 정동영 전 장관은 당시 그에 대해 노인 폄하 의도가 아니고 젊은 층의 투표를 독려하기 위한 맥락이었다고 하는데, 원래 발언의 맥락이나 앞뒤 말을 다 해석해서 인용하는 언론 기사는 없다고 봐야 맞다. 그야말로 '거두절미'하고 글자 그대로의 뜻에 충실하게 인용하는 언론을 탓하기는 어렵다.

어쨌든 정동영 전 장관은 노인층의 투표에 대한 2004년의 발언 때문에 심지어는 당시 김근태 장관과 함께 노인단체 대표급 인사에게 큰절로 사죄했지만, 총선 부진의 책임을 떠안게 된다. 당시 총선에서 180석 정도로 예상되던 의석이 150석을 조금 넘는 수준으로 마무리되자 정동영 전 장관에게 책임을 돌렸던 것이다. 그런데 2012년에도 문제가 됐다. 비슷한 맥락의 언급이었고 젊은이들의 투표를 독려하기 위한 리트윗이었는데, "꼰대들 늙은 투표"라는 표현이 나왔고 이 때문에 대한노인회에서는 문재인 대선 후보의 사과까지 요구하기도 했다. 그런데 사실상 이 트윗의 원문에서 꼰대는 노인을 의미하지 않고 오히려 386세대를 가리

켰다고 한다. 그러니 정동영 전 장관의 입장에서는 억울하기 짝이 없을 것이다. 그럼에도 과거 노인 폄하 발언의 연장선에서 '아직도 정신 못 차렸다'는 식으로 비난받게 된 것이다.

그런데 2012년 노인 폄하 관련 발언은 정동영 전 장관 이전에 총선에서도 있었다. 통합민주당 노원갑 후보였던 김용민 후보가 노인들이 시청에서 시위하지 못하도록 시청역 에스컬레이터, 엘리베이터를 모두 없애자는 내용의 발언을 했다고 하여 논란이 됐다. 김용민 후보는 앞서 종교 비하 발언으로도 유명했는데, 노인 관련 발언은 어버이연합 등 보수 진영의 시위를 염두에 둔 것이 분명해 보이고 그와 관련 발언을 했던 시기는 2004년 정도로 거슬러 올라가는 듯하다. 어쨌든 인터넷 방송에 출연하여 이야기한 내용을 누군가가 공개한 것이다.

이러한 노인 폄하 발언의 역사는 참으로 많은 것을 남긴다. 첫째, 특정 계층을 폄하하고자 하는 의도가 없더라도 다른 계층에 대한 투표 독려활동이 또 다른 계층에게는 폄하로 인식될 우려가 아주 높다는 것. 둘째, 이러한 투표 독려활동은 긍정적인 효과를 확인할 수 없는 반면 부정적인 효과는 뚜렷하고 책임론에 휩싸이게 된다는 점. 셋째, 광범위한 인구가 포함될 수 있는 계층에 대한 폄하 발언 내지 혐오 표현은 영향력 또한 광범위하여 사과를 하더라도 지속적으로 부정적인 영향을 미친다는 점이다.

공직 후보자는 가급적 세대 혹은 계층 비하로 인식될 소지가 있는 발언은 절대로 삼가야겠다.

벌레 蟲

사람에게 벌레 충蟲 자를 붙여서 만든 대표적인 말은 식충이었다. 특별히 하는 일 없이 먹기만 하는 사람을 두고 식충이라고 불렀던 것은 대놓고 비난하는 말은 아니었다. 어찌 보면 건강하게 밥을 잘 먹는다는 의미도 담고 있어서 밥을 먹었으면 밥값을 하라는 애교 있는 핀잔이었을 수도 있다. 그런데 이제는 좀 달라졌다.

무뇌충이라는 단어가 등장해서 뇌가 없는 벌레라는 극단적인 비난으로 쓰이더니, 급기야 특정 계층이나 성향을 싸잡아서 벌레라고 비난하는 단어들이 쏟아졌다. 일베충, 메갈충 등 특정 커뮤니티 혐오 표현에도 쓰이는가 하면, 진보충, 수꼴충 등 정치적 성향에 대해서도 붙여 쓴다. 워낙 가리지 않고 붙여 쓸 수 있어서 혐오 표현 접미사 중 애용되는 말이다.

공직 후보들로서는 이런 말을 쓰면 당연히 안 될 것이고, 다른 사람의 말을 인용 할 때에도 조심해야 한다. 특정 세력, 정파, 계파, 계층에 이렇게 벌레 충을 붙인다는 것은 해당 진영에 대한 매우 강한 혐오를 내포하므로 그 대립되는 진영 소속이라는 것을 대놓고 밝히는 역할도 할 것이라며 우리 측 유권자들에게 지지를 얻으리라고 생각하면 오산이다. 이런 극혐 단어의 사용은 소속 진영에서도 환영받지 못할 것이 분명하다.

일베 용어

일베 용어 중 여성 비하 용어 외에 호남 비하, 전직 대통령 비하 용어도 잘못 따라 하다가는 사과를 해야 할 좋지 못한 상황에 처할 수 있다. 노무현 전 대통령을 두고 노운지라 비하하고, 김대중 전 대통령을 두고는 핵슨상이라고 부르는 등 비하적 표현은 삼가야 한다.

노운지는 노무현 전 대통령을 심하게 비하하는 단어이고, 핵슨상은 김대중 전 대통령을 폄하하는 단어다. 이렇게 전 대통령을 깎아내리는 단어 중에는 박정희 전 대통령을 다카기 마사오라는 일본 이름으로 부르는 것이 있는데, 이 이름은 거의 변형되지 않고 쓰이며 공식적으로도 언급되는 반면, 노운지나 핵슨상은 일베라는 커뮤니티를 중심으로 쓰인다는 점이 다르다. 또한 다카기 마사오라는 이름이 과거 박정희 전 대통령이 실제 사용했던 이름이라는 점에서 역사적 사실에 기반한 반면, 노운지나 핵슨상은 그야말로 호남 말투 등을 조합하여 비아냥거린다는 점에서 차이가 있다.

한편 이렇게 두 전직 대통령을 비하하는 단어뿐 아니라 민주화라는 단어에 대한 일베식 해석도 조심해야 할 것이다. 민주화라고 하면 보통 군부 독재라는 권위주의 체제를 탈피하는 과정으로 이해되므로, 굳이 긍정과 부정을 말하자면 긍정적 연상을 가져와야 하지만 일베식으로는 선진화에 대치되는 단어 혹은 하향 평준화를 의미하기도 한다는 것을 기억해야 한다.

빠돌이 빠순이

'빠'라는 접미어는 놀랍게도 흔히 쓰이지만 상당히 경멸적 딱지의 재료다. '노사모'를 '노빠'라 불렀을 때 달라지는 이 놀라운 프레임 효과는 불과 한 글자에서 비롯된 것이다. 마찬가지로 '박사모'를 '박빠'로, '친문'을 '문빠'로 글자 하나 바꿔서 강력한 경멸과 혐오를 담을 수 있다. 이렇게 '빠'를 붙여서 만든 말 중에는 '유빠' '진빠' '환빠'도 있다. 유빠는 유시민 지지층, 진빠는 진중권 혹은 진보 지지층, 환빠는 환단고기 등 민족주의 추종자들을 의미한다.

본래 '빠'라는 말은 언론에서 쓰던 은어로서 '빠돌이' '빠순이' 등으로 쓰였다. 이는 '빨아주는' 기자나 기사 혹은 그런 주장이나 이데올로그 등을 비아냥거리는 혐오 표현이었는데, 어쩌다보니 특정 인물 혹은 주장을 지지하거나 추종하는 무리를 경멸하는 데 쓰이게 된 것이다. 이 '빠'라는 단어가 매우 경멸적인 이유는 '지지'한다는 의미를 벗어나서 거의 '맹종'한다는 의미를 담고 있기 때문이다. 따라서 '친노'나 '친박'에는 포함되어도 '노빠'나 '박빠'에는 끼고 싶지 않은 사람이 다수 있을 수 있다.

결국 '빠'라는 단어는 대상의 진심을 왜곡한다. 그러므로 되도록 써서는 안 되는 단어다.

말실수가 아닌 막말, 그 의도는 '진영' 결집

기독교 비하, 노인 폄하의 과거 발언을 빌미로 논란이 됐던 김용민 후보의 2012년 총선 득표율을 보자. 후보 사퇴를 하지 않고 끝까지 완주한 그의 득표율은 44.2퍼센트였다. 새누리당 후보의 득표율이 50퍼센트를 살짝 넘었으니, 크게 봐서 6퍼센트포인트 정도 격차가 났다. 2012년 19대 총선 최악의 막말이라고 언론에서 연일 보도되며 갑작스레 유명해졌던 김용민 후보가 낙선하긴 했지만 언론의 뭇매를 맞은 후보치고는 많은 표를 얻은 셈이다. 44퍼센트 정도의 지지도라면 구도에 따라서는 당선될 수도 있는 득표다. 김용민 후보에게 이것은 과거 발언이었고 사실 맥락에 따라서는 그러한 발언을 했던 인물이 적지 않다. 다만 문제는 공직 후보자의 신분이 됐고, 민감한 시기에 폭로되었다는 점이다.

이와 같이 '막말'이라며 언론이 비판의 칼날을 들이대는 많은 발언 중에는 진영 내에서 용인되는 언급이 있는 반면, 그야말로 '망언' 수준의 막말도 있다. 어쩌면 과격한 발언들은 다른 진영의 감정을 고려하지 않고 소속 진영의 응집력을 높이거나 혹은 진영 내에서 인지도와 호감도를 단시간에 극대화하려는 목적을 갖고 의도적으로 퍼뜨려지기도 한다. 위의 김용민 후보는 과거 발언이 문제 된 것이라서 그런 의도를 갖고 있었다고 보기 어렵지만, 적어도 발언했던 시기에는 분명 상대 진영에 대한 비아냥의 의미를 담고 있었다고 봐야 한다.

2012년 대선 당시 논란이 됐던 김무성 전 새누리당 대표의 발언이 대표적이라고 할 수 있다. "우리 전략은 중간층의 투표 포기"라는 발언을 한 김무성 선대본부장의 발언은 사실 진영 결집이라는 표면적 의도가 너무 솔직하게 드러난 것이라 '막말'이라고 할 수 없는데도 당시에는 막말이라며 논란이 됐다. 사실 노무현 전 대통령이 부정을 감추기 위해 자살했다는 발언이 진영 논리에 더 충실한 발언인 듯했다. 2012년 대선 당시에는 여야를 막론하고 육두문자까지 내뱉는 수준의 막말이 등장했는데, 이와 같은 막말을 하는 데는 사실 국민적 호감을 희생해서라도 선명성을 드러내 인지도를 높이고 진영 내에서 기여를 인정받아 지지도를 높이려는 이유가 있을 것이다. 더군다나 대선 막판 선거운동 시기에는 표가 양분되어 양쪽 진영으로 부동층이 이동해 중간층이 많지 않기 때문에 사실 상대 진영 지지표에 호소할 여지도 없으니, 과감히 넌지스는 발언으로 발 딛고 선 진영에서부터 확실히 인정을 받자는 계산이 깔렸을 것이다.

그러나 '막말'로 낙인찍힌 대부분의 발언은 부메랑이 되어 날아오기 마련이다. 나중에 누군가가 네거티브 소스로 활용하게 될 것이다. 위의 김용민 후보에게 논란이 된 것은 과거 발언이었다. 새롭게 한 발언이 아님에도 누군가가 녹음해놓은 음성을 재생한 것이다. 낡은 녹음테이프를 재생하듯 혹은 먼지 쌓인 사진을 다시 들추듯 자신이 던진 막말이 네거티브의 비수가 되어 등에 꽂힐지도 모르는 게 정치의 생리다. 지금 당장은 자신의 등 뒤에서 든든하게 버텨줄 진영 내 정치인과 유권자들에게 선명하고도 섹시하게 인식되고 싶겠지만, 진영은 선거 때마다 이합집산을 거듭하여 피아 구분이 크게 의미가 없는데 정치를 너무 근시안적으로 본 것이 아닌가 싶다.

가령 남경필 지사는 2014년까지만 해도 박근혜 전 대통령을 지키겠다고 공언했으나 2016년 11월에는 탈당하면서 박근혜 전 대통령과 결별을 선언하게 된다. 이렇게 정치인들 간 합종연횡은 정세에 따라 살아 움직일 수밖에 없는데, 마치 고정불변의 암반 위에 서 있는 양 독설을 뿜어내다가는 언젠가 발목이 잡힐 함정에 스스로를 빠뜨리는 격이 될 수 있다.

네거티브 대응
캠프의 핵심, 참모

참모는 누구인가?

　실제 전쟁과 선거 캠페인을 수행하는 데 있어, 특히 네거티브 캠페인을 진행하는 데 있어 가장 중요한 요소 혹은 주체는 누구인가? 단연 참모와 후보라고 할 수 있다. 그 이유는 이들이 네거티브 캠페인에서 공방의 원천적 소재 제공자이며 동시에 해결자이기 때문이다. 미디어 관계나 소셜 미디어 활동, 조직이나 자금 등은 부차적 요인이다. 그렇기에 이들이 차지하는 위상이나 역할 등에 대한 정확한 이해는 선거 캠페인 전체판을 짜는 데 있어서 필수적인 사항이라 할 수 있다.

　전쟁은 누가 하는가? 군주가 하는가, 병졸이 하는가, 백성이 하는가? 단언컨대 전쟁은 장수가 한다. 이 말을 현대 선거 캠페인 상황으로 해석하자면 '선거는 누가 하는가?'가 된다. 선거는 후보가 하는가, 운동원들이 하는가, 지지자가 하는가? 단언컨대 선거는 참모staff들이 한다고 할 수 있다. 전쟁을 선거로, 왕을 후보로, 병졸을 운동원으로, 장수를 참모로 치환하면 마치 데칼코마니처럼 절묘하게 맞아떨어진다.

왜 전쟁은 장수가 하며, 선거는 참모가 한다고 극단에 가까운 단언을 하는가? 역대 병서와 사서, 전쟁사뿐만 아니라 언론에 보도되고 인구에 회자되는 각급 선거에서의 성공과 실패 사례, 그리고 필자의 개인적인 경험에서 이는 한 치의 오차 없이 입증되었고 앞으로도 입증될 것임을 확신하기 때문이다.

현실로 들어가보자. 후보와 관련된 내용을 다룬 서적과 자료는 주제도 다양하고 분량도 많다. 후보들의 의상, 제스처, 화법, 심지어 분장 등의 이미지부터 인터뷰 요령, 텔레비전 토론, 유권자를 만날 때 행동 지침 등의 실천 가이드까지 정리된 내용은 다양하다. 또한 중앙선거관리위원회에서는 '후보자의 선거운동방법'이라는 매뉴얼을 선거 시기에 배포하기도 한다. 아무래도 선거에서 후보가 차지하는 무게와 위상이 중요하기 때문이다.

그러나 참모와 관련된 내용은 많지 않다. 캠페인 관련 서적을 살펴보면 실력 있고 검증된 '컨설턴트'를 채용하라, '좋은 기획사'를 선택하라, '선거 전문가'를 영입하라는 등의 조언이나 감별법이 대부분이다. 이들은 캠프 입장에서 보자면 용병 내지는 외인부대라 할 수 있다. 즉, 표현이 어떠하든 '객客'이나 다름없다. 물론 이들의 역량이나 조언도 선거 캠페인에서 보면 매우 중요한 요소임에 틀림없다. 관건은 이런 외부 인사들의 의견을 구름 잡는 소리인 '고담준론'으로 만들지, 승리를 위한 '만전지책'으로 만들지를 결정짓는 요소는 후보가 아닌 참모에게 달려 있다는 것이다. 전문가인 외부 인사와 이를 실행하는 참모를 단지 성격이나 스타일 등의 관점에서 파악할 '케미' 차원의 문제가 아니라는 의미다. 참모의 실무 역량, 철학과 자세, 이해 수준과 경험의 자질, 물질적 뒷받침 등이 이른바 '케미'보다 더 중요하다. 테니스 선수가 공을 치는 시간보다 공을 줍는 시간이 더 많으면 선수가 아닌 볼보이라 하듯이, 이런 요소들이 선결되지 않으면 선거 '일'보다 '교육'받는 시간이 더 많아질 뿐이다.

본격적인 논의에 앞서 예전 병서에 언급된 '장수'와 관련된 구절을 살펴보자. "장수가 북을 울리며 호령을 발하는 것은 위난의 시기에 적과 결전을 벌여야 하기 때문이다. 양군이 교전할 때 장수가 지휘를 잘해 승리하면 공명을 얻을 수 있고, 지휘를 잘못해 패하면 자신도 죽고 나라도 망한다. 이처럼 나라의 흥망과 안위가 장수의 지휘 여부에 달려 있으니 어찌 장수를 중시하지 않을 수 있겠는가?"[75] 장수가 해야 할 일과 그 동기, 결과와 의미까지를 명료하면서도 실제적으로 서술한 탁견이다.

또한 병경이라 일컬어지는 『손자병법』은 장수와 군주의 관계, 그리고 국가의 명운을 다음과 같이 정리했다. "장수는 군주를 보필하는 기둥이다. 장수의 보필이 온전하면 그 나라는 반드시 강해진다. 장수의 보필에 틈이 생기면 그 나라는 반드시 약해진다."[76] 이 말을 현대 선거 캠페인 상황에서 풀어보자면, '참모는 후보를 보좌하는 핵심적인 존재다. 참모의 보좌가 올바르면 당선되고, 올바르지 못하면 낙선한다'로 정리해도 전혀 다르거나 이상할 바 없다.

비단 전쟁 시기에만 군주와 장수의 관계를 이토록 중시한 것은 아니다. 평상시에도 마찬가지다. 『순자荀子』에 나오는 관련 구설이다. "군수는 홀로 있어서는 안 되고 경상이 보좌해야 한다. 그들은 군주의 기반이

네거티브 대응 캠프의 핵심, 참모

며 지팡이인 것이다."[77] 이를 보면 어찌 군주와 장수의 관계를 전시와 평시로 나눌 수 있겠는가? 마찬가지로 후보와 참모, 단체장·의원들과 보좌진의 관계를 전시 따로, 평시 따로 구분할 수는 없다. 전시에 그 역할과 가치가 특별히 달라질 뿐 평시라고 해서 그 관계가 결코 약한 것은 아니다.

그러면 장수라고 다 같은 장수인가? 어떤 장수가 소중하고, 도움이 되는가? 손무는 "오로지 백성을 보호하고 군주의 이익에 부합하도록 행보하는 장수야말로 나라의 보배"[78]라고 했다. 현대적 의미로 해석하자면, 손무는 머리 좋고, 스펙 좋고, 재주 좋은 사람을 좋은 장수라 하지 않았다. 지역 유권자들의 이해와 요구를 수렴하고, 그들의 이익을 위해 노력하면서, 단체장이나 의원들의 정치적 이해와 목적을 충분히 파악하고 이를 실천하는 참모가 좋은 참모라는 것이다. 참모 일은 자신의 경력상에서 스쳐가는 직책 중 하나가 아니다. 손무의 지적은 참모를 준비하는 사람들에게 '왜 내가 참모가 되려는가'에 대한 근본적인 동기를 분명히 인식할 것을 주문한다. 동시에 단체장, 의원 혹은 지망생들이 참모를 선발할 때 반드시 명심해야 할 첫 번째 원칙이다.

여러 병서와 실제 사례를 중심으로 참모의 역할과 존재 가치, 가져야 할 덕목과 자질, 의미에 대해서 논해보고자 한다.

선거 집행자, 참모

앞서 전쟁은 장수가, 선거는 참모가 한다고 했다. 여기에는 전제가 깔려 있다. 바로 왕과 후보, 병졸과 운동원, 국민과 지지자 모두 각각의 존재와 역할에 충실하다는 전제다. 장수와 참모만 똘똘하며 충실하다고 해서 목적을 달성할 수 있는 게 아니다. 전쟁과 선거는 장수와 참모의 개인기나 열정만으로 치를 수 없기 때문이다. 보유하고 있는 자원과 역량을 화학적으로 결합하고, 매끄럽게 조율하고, 상황을 판단하고 그에 맞춰 지휘하고, 모든 책임을 지는 존재가 바로 장수와 참모이므로 그 가치와 비중은 클 수밖에 없다.

정리하자면, 병졸과 운동원들은 상대와 마주하는 전방에서 첨예하게 맞부딪치는 존재다. 국민과 지지자들은 후방에서 전쟁과 선거를 지지하고 지원하는 존재다. 장수와 참모는 물리적 거리뿐만 아니라 심리적인 면에 있어서도 중심에서 전선과 보급선, 현재와 미래를 통찰하고 판단하며 실행하는 존재다. 구체적으로는 "아군의 전력을 최대한 집중시키고, 적정을 정확히 헤아리고, 상하가 합심해 싸워서"[79] 상대를 이기는 역할을 하는 존재가 바로 장수와 참모다.

군주와 병졸의 연결 고리로서, 현장의 리더로서 장수의 역할과 '케미'를 위한 구체적인 내용을 병서에서는 다음과 같이 적시하고 있다.[80] "군주의 신임을 얻지 못하면 군사를 거느리고 싸울 수 없다. 첫째가 신뢰, 둘째가 충성, 셋째가 용맹이다. 어떻게 해야 병사의 충성을 고취시킬 수 있는가? 장수가 군주에게 충성하는 모습을 보여야 한다. 어떻게 해야 병사의 신뢰를 얻을 수 있는가? 장수가 상벌을 엄하고 공정하게 시행해야한다. 어떻게 해야 병사의 용맹을 북돋울 수 있는가? 장수가 선하지 못한 행위를 버려야 한다. 장수가 군주에게 충성하지 않으면 그 군대를 부릴 수 없고, 상벌이 공정하지 않으면 병사의 지지를 얻을 수 없으며, 선하

네거티브 대응 캠프의 핵심, 참모

지 못한 행위를 버리지 않으면 병사들은 복종하지 않는다.”

'구슬이 서 말이라도 꿰어야 보배'라는 속담이 있다. 구슬을 꿰는 실이자 꿰는 기술, 꿰는 사람이 바로 장수와 참모다. 옛 병서에서는 다음과 같은 구절로 그 역할을 설명하고 있다. “무릇 군사를 통솔하며 전세의 우위를 유지하는 것은 장군의 몫이다. 아군이 승리를 거두고 적을 격파하는 것은 병사의 몫이다.”[81] 더 나아가 승패를 초월하여 국가의 명운까지도 장수에게 달려 있다고 한 구절을 접하면 장수와 참모의 존재 및 위상이 어느 정도인지를 새삼 느낄 것이다. 이상 장수와 참모의 위상 및 가치를 정리하자면 “무릇 장수는 장병의 생사와 군대의 성패뿐만 아니라 국가 안위 및 백성의 화복과 직결된 중차대한 전쟁 수행의 임무를 지는”[82] 존재라 할 수 있다.

전쟁은 장수가 치르고, 선거는 참모가 치른다.

좋은 참모란

“세 명만 있어도……”

선거를 하다보면 후보들에게서 꼭 이런 말을 듣는다. “내 마음처럼 뛰어주는 사람이 세 명만 있어도 당선될 것 같다.” 그 말을 듣는 컨설턴트의 입장은 참으로 민망하고 난감하다. 당장 필요해서 데리고 왔지만 막상 일을 하다보면 도대체 왜 있는지 모르겠다는 경우도 더러 있다. 자기일을 하려고 오는지 선거를 도와주려고 오는지, 심지어 안 오는 게 도와주는 거라고 토로하는 후보도 있었다. 역설적이게도 그런 사람들은 본인이 핵심이고 측근이라고 생각한다. 저 혼자 생각이면 모르겠지만 남한테 자랑을 빙자한 강요를 하고, 위세를 부린다. 그런데 남 탓할 문제는 아니다. 그런 사람들을 데리고 온 것은 후보 자신이 아닌가? 사람을 알아보는 눈이 후보에게 가장 필요한 이유다.

그러면 후보들이 원하는 참모는 어떤 사람인가? 이는 캠프의 위원장이나 고문 등 직급에 따라 차이가 있지만 여기서는 실무적인 일을 하는 사람을 중심으로 살펴보고자 한다. 이와 관련해 경험적으로 크게 세 가지 유형으로 나눌 수 있다.

첫째, 후보들은 믿을 수 있는 사람을 필요로 한다. 참모를 선택할 때 '신뢰'를 우선시해야 한다. 『손빈병법』에서도 장수가 군주의 신뢰를 얻기 위한 첫째 덕목을 믿음이라 했다.[83] 과거 전쟁에서와 마찬가지로 현대 선거에서도 후보와 참모의 관계에서 첫 번째 고려 요인은 '믿음'이다. 이는 보안과 직결되는 문제이기 때문이다. 후보가 어디에 가는지, 누구를 만나는지, 어떤 이야기를 나누는지, 캠프의 결정 사항이나 민감한 대목을 다른 사람에게 '정보'랍시고 퍼 나르거나, 심지어 자신의 목적을 달성하기 위한 겁박의 도구로 쓴다면 그로 인한 손상은 상당하다. 후보를 수행하는 위치나 캠프의 중요 위치에 있는 사람일수록 그 영향은 더 크다. 그래서 후보는 사람을 쓸 때 의심된다면 쓰지 말아야 하고, 일단 쓰면 의심하지 말아야 한다. 또한 참모를 대할 때는 '예'를 갖추어야 한다. 사고를 미연에 방지하는 데는 오랜 기간 지켜보면서 서로에 대한 이해를 높이거나, 주변 사람들의 평판을 통해 관계를 맺는 방법밖에 없다. 결코 단기간에 위세나 금전으로 해결할 문제는 아니다.

둘째, 열정적으로 일하는 사람을 필요로 한다. 이는 '충성'심과는 별개의 문제다. "작은 충성이 큰 충성을 해칠 수도 있다"[84]는 사례에서 보듯 맹목적이고 섣부른 충성심은 후보를 곤경에 빠뜨릴 수도 있다. 이를 달리 풀어보자면 심기 경호에 신경 쓰느라 상황 파악과 이슈 경호에 실패할 수도 있다는 뜻이다. 그냥 자기 일에 충실하면 된다. 후보는 자기 일을 묵묵히, 열정적으로 감당하는 사람을 좋아한다. 일에 대한 진정성은 자기 입으로 평가하는 것이 아니라, 다른 사람의 마음속으로부터 인정받게 되는 것이다. 진정성을 가지고 열정적으로 일하는 사람과 그렇지 않은 사람의 차이는 캠프 사무실에서 하는 행동을 보면 바로 안다. 일을 하지 않는 사람들의 주된 관심사는 '지금 어디 계시는지' '어제 누구를 만났는지' 등 주로 후보와 관련된 내용이며 '독대' 신청도 많이 한다. 이런 이들이 사무실에서 주로 하는 일은 '판세 분석'과 상대 '동향' 수집이다. 후보들은 사람을 뽑을 때 선거 경력이나 겉모습, 들고 오는 리스트 숫자에 혹하지 말아야 한다. 선거 경험이 적더라도 자기 지역이나 모임에서 충실히 일하는 사람이 필요하다. 때로는 선거 경험이 없는 사람이 더 열심히 할 때도 많다. 사무실에는 표가 없다. 표는 현장에 있다.

셋째, 실무적인 일을 잘하는 사람을 필요로 한다. 이른바 실무 역량이다. 병서에서는 다음과 같은 역량을 첫째로 꼽는다. "폭포수가 떨어지듯 언변이 뛰어나고, 예측 불허의 기모가 넘치고, 견문이 넓고 깊어 재주가 많은 다예다재를 자랑하는 자는 만인이 우러러보는 자다. 끌어다가 상급 막료로 삼을 만하다."[85] 실제 이런 사람은 드물다. 정확하게는 없다고 보는 게 맞다. 이왕이면 위의 구절에서 이야기한 바와 같이 참모가 두루 달통한 인물이면 좋겠지만, 자기 분야에 정통한 사람이거나 그 분야를 야무지게 책임질 수 있는 역량이 있어야 같이할 수 있고, 또한 같이해야 한다. 선거에도 실무적인 기술과 전문성이 요구되는 분야가 많다. 소셜 미디어와 인터넷 이용자의 급증으로 컴퓨터 운용능력과 마인드가 대표적인 분야다. 이제 각 캠프에서는 인력을 구성할 때 가장 먼저 소셜 미디어, 앱이나 DB, 인터넷 운용자를 구하는 시대가 되었다.

참모, 현장 지휘관

참모는 현장의 지휘관이다. 많은 운동원, 지지자와 함께 현장에서 표를 일구고, 단속하고, 방어하는 실제적인 일을 하는 사람이다. 실제로 후보보다 유권자들을 더 밀도 높게, 빈번하게 만나는 존재가 참모다. 그러다보니 실무적인 역량 못지않게 사람들과의 '관계'를 풀어가는 인성이나 조직 장악력, 현장 대처 능력, 위엄 등에 대한 자질을 중요하게 고려해야 한다.

일선 현장에서 뛰는 운동원과 지지자들에게 가장 중요한 것은 '사기'라 할 수 있다. 사기를 진작하고 관리하는 것도 참모의 중요한 역할 중하나다. 병서에서 이는 장수의 위엄으로부터 나온다고 이야기한다. "장수의 위엄은 명을 번복하지 않는 데서 나온다. 부하에게 베푸는 은혜는 적시에 이루어져야 한다. 임기응변으로 재치 있게 대처하는 기략은 상황의 변화를 좇아 그에 맞는 대응책을 구사할 때 나온다. 전투의 요체는 사기 유지에 있다."[86] 참모가 부하들을 대하는 이유와 방법, 상황 판단과 명령의 궁극적인 목적이 '사기' 유지에 있다는 것이 전투의 요체라는 지적은 전적으로 타당하다. 어떤 일이든 결국 사람이 하는 것이기 때

네거티브 대응 캠프의 핵심, 참모

문이다. 특히 선거 캠페인에서 운동원과 지지자들의 사기는 매우 중요하다. 미디어와 인터넷을 통해 후보를 알게 되지만, 결정하는 과정에서는 운동원과 지지자들이 하는 이야기와 그들의 행동 및 모습에서도 적잖은 영향을 받기 때문이다.

그러면 참모와 운동원들의 관계 및 기강은 어떻게 봐야 할까? 이와 관련해 『손자병법』에서는 이렇게 지적한다.[87] "병사들은 강하고 용감하지만 지휘관이 나약해도 문제다. 이런 상황에서는 기율이 해이해진다. 반대로 지휘관은 강한데 병사들이 나약해도 마찬가지다. 이런 상황에서는 병사들이 더욱 움츠러들어 함몰할 수밖에 없다. 마지막으로 명령에 불복하고, 울분을 참지 못하고 적과 싸우는 경우는 장수가 장병들의 능력을 제대로 파악하지 못한 탓이다. 당연히 조직과 명령 체계는 무너져내릴 수밖에 없다." 참모는 운동원들보다 실무 역량이나 자세에서 뛰어나야 한다. 그래야 '영_슈'이 선다. 참모가 운동원, 지지자들에게 끌려다니면 그 선거는 힘들게 전개된다. 당연히 좋은 결과는 기대하기 힘들다. 현장 책임자로서 참모는 자기 조직과 지역 내에서 '후보' 역할을 대신하는 존재다. 따라서 그만큼의 역량과 마음가짐, 판단력 등이 있어야 한다. 좋은 참모는 좋은 후보를 만든다. 또한 좋은 후보가 좋은 참모를 만든다.

손무는 장수에게 위험한 다섯 가지 사고를 다음과 같이 제시했다.[88]

먼저, 죽기로 싸울 것을 고집하지 말아야 한다. 또한 기어코 살겠다고도 하지 말라고 했다. 다음으로 급한 성미로 화를 내는 것을 자제하라고 했다. 그리고 지나친 명예심도 경계할 요소라고 했다. 마지막으로 지나친 사랑도 주의할 것을 당부한다. 공통적으로 주문하는 내용은 평정심 유지라 할 수 있다. 그것이 상황 파악에서 오는 대처든, 개인과 관련된 것이든 평정심을 유지하지 않으면 판단이 흐려지고, 판단이 흐려지면 행동은 중심을 잃고 극단으로 치닫는다. 참모의 판단 착오는 자기가 책임지는 파트를 흔들며, 이는 선거 전체에 영향을 미치므로 대단히 중요하다. 평정심이 중요한 이유다.

이상 '참모'와 관련된 내용을 정리하고자 한다. 이와 관련하여 장수와 병사 간의 인화人和를 강조하면서 '부자지병父子之兵'이라는 개념을 제시했고, '오기연저吳起吮疽'●라는 고사성어의 주인공인 오기가 지은 『오자병법』에서는 장수가 늘 경계하며 지켜야 할 기본자세를 다음과 같이 제시하고 있다.[89] 오기가 이야기한 내용은 현대 선거 캠페인에도 그대로 적용해도 될 만큼 심층적이면서 주요 내용을 망라하고 있다. 관련 내용은 다음과 같다.

● 오기가 종기를 빤다는 말이다. 이 말의 유래는 다음과 같다. 한 병사가 종기로 고생하자 오기가 종기를 빨았다. 그러자 그 소식을 전해 들은 병사의 모친이 통곡을 했다. 지나가는 사람이 묻자 "예전 오공(오기)이 내 남편의 종기를 빨아준 적이 있소. 이에 내 남편은 감복한 나머지 분전하다가 마침내 죽었소. 이제 내 아들 종기를 빨았으니 언제 죽을지 모르게 되었소. 그래서 우는 것이오"라고 했다. 이후 '오기연저'라는 말은 장수가 병사를 지극히 돌본다는 뜻으로 쓰이게 되었다.

첫째, 통솔력과 관련한 것이다. 수많은 병사를 마치 소수의 병사를 다루듯 지휘해야 한다. 캠프 운동원의 규모는 숫자에 불과하다. 일사불란하게 운동원과 지지자들을 이끌어나가는 것이 현장 책임자인 참모가 갖춰야 할 가장 중요한 자질이다.

둘째, 준비 태세와 관련한 것이다. 문밖에 적이 있는 것처럼 대해야 한다. 현대 선거의 특징 중 하나가 '항구적인 선거 시대'라는 것이다. 정보통신 기술ICT의 발달로 이제는 예비 후보자나 현역 모두 일상적인 조직관리, 메시지와 이미지 관리를 하는 시대가 되었다. 미리 준비되어 있지 않으면 선거를 치르기 힘들다. 선거운동 기간은 그동안 갈고닦은 표를 수확하는 시기다. 그 시기에는 새로운 무언가를 기대하기 힘든 것이 현실이다. 준비한 후보가 이긴다. 참모는 늘 자기 지역과 모임에서 태세를 갖춰야 한다.

셋째, 과단성과 관련한 것이다. 적과 싸울 때 살겠다는 생각을 버리고 전장에 뼈를 묻겠다는 각오를 말한다. 참모의 마음가짐은 후보의 그것과는 또 다르다. '내 맘'이 '네 맘'과 다르다. 후보처럼 뛸 수 있는 참모, 후보와 같은 마음가짐을 가진 참모를 구하는 것도 후보의 능력이고 복이다. 이는 후보가 만드는 것이다. 후보가 무언가를 보여주고 제공해줘야 참모는 각오를 다진다. 그럴 때에야 운동원과 지지자들의 결의 수준 또한 높아진다.

넷째, 신중함과 관련된 것이다. 승리 후에도 싸움을 시작할 때의 마음가짐을 잃지 않는 것을 말한다. 선거는 물질적인 싸움일 뿐 아니라 정신력의 싸움이기도 하다. '멘탈'이 강한 쪽이 이긴다. 선거판에서 요구되는 가장 중요한 멘탈은 신중함이다. 특히 참모의 멘탈은 참모 혼자만의 차원으로 그치지 않는다. 자칫 '집단 멘붕'으로 가면 걷잡을 수 없이 무너진다. 참모들은 항상 신중하게 보고, 들어야 한다. 후보들은 참모가 전해준 자료에 기반하여 판단한다. 신중에 신중을 기해야 한다.

마지막은 간결성과 관련된 것이다. 군령이 간단명료하여 복잡하지 않은 것을 일컫는다. 정치 커뮤니케이션 측면에서 보자면 참모는 수신자인 동시에 송신자다. 후보에게서 임무를 전달받으면서, 동시에 운동원과 지지자들에게 전달해줘야 하는 사람이다. 좋은 메시지는 짧으면서 이해하기 쉬워야 한다. 커뮤니케이션 능력도 참모가 필수적으로 지니고 배워야 할 요소다.

네거티브 담당 참모의 정보력

선거 시기 캠프 조직 내에는 누가 됐든 네거티브 담당자가 있기 마련이다. 네거티브 관련 공방이 워낙 중요하기 때문에 후보와 선대본부장이 모두 관여하지만 전문적으로 상대 후보에 대한 검증을 수행하는 부서 및 담당자를 두는 예도 종종 있다. 대통령 선거와 같이 큰 선거에 참여하는 캠프에서는 당연히 준비 초기부터 주요 경쟁 후보들에 대한 검증 작업이 가장 먼저 이뤄진다고 봐도 좋다. 실제로 선거운동을 수개월 남겨놓은 준비기에는 대부분의 캠프가 상대 후보에 대한 네거티브 검증에 총력을 기울이곤 한다. 이 과정에서 여론의 뭇매를 맞고 본선 출발선 앞에 서보지도 못한 채 낙마하는 후보도 숱하게 본다. 때로는 지속적인 공방 속에서도 본선 진출에 성공한다. 결국 그 누구도 네거티브 공방에서 자유롭지 못하다. 앞으로도 그럴 것이 분명하다.

결국 캠프 내에 네거티브 공방에 유능한 참모를 두고 있는가의 여부가 선거 승패에 결정적인 영향을 미친다고 볼 수 있다. 그렇다면 네거티브를 다루는 참모의 핵심적 역량은 무엇일까? 두말할 나위 없이 정보력이다. 법적 해석능력, 언론 홍보능력, 여론 분석능력 등 다른 감각과 역량도 무시할 수는 없겠으나, 결정적 정보를 잡아내지 못한다면 다른 능력을 발휘할 기회조차 얻을 수 없기 때문이다.

그런데 상대 후보에 대한 정보를 얻는 소스가 날이 갈수록 다양해지는 데다 누구나 접근할 수 있는 정보의 양도 많아지는 추세다. ICT 기술의 발달에 따른 정보화 트렌드는 현대인의 삶을 송두리째 바꾸고 있는데, 그 변화의 핵심은 뉴스 미디어의 다변화와 개인 미디어의 등장에 따른 커뮤니케이션의 양적 확대 및 질적 변화다. 이에 따라 선거 시기에도 활용할 수 있는 정보 소스와 정보량이 엄청나게 늘었다. 그 안에 네거티브 정보가 다량 포함되어 있음은 물론이다.

그렇다면 이와 같이 접근할 수 있는 공개된 정보량이 많아졌다고 해서 이를 모두 선거에 활용할 수 있을까? 또는 경쟁관계에 있는 후보들이 서로 공방을 주고받는 데 효과적인 정보라고 할 수 있나? 이에 대해 다음의 주장을 들여다볼 필요가 있다.

"나만의 정보를 얻으려면 나만의 노력이 필요하다. 나에겐 4~5명의 '빨대'(내부 협조자)가 있다. 국정원·검찰·감사원·국세청 등 주요 사정 기관마다 그만큼씩 있다는 뜻이다."(「베테랑이라면 '빨대' 서너 개는 있어야지」, 한겨레, 2015년 7월 5일자)

국회 보좌관으로 생존하기 위해서는 자신만의 정보통이 있어야 한다는 내용이다. 언론사 기자들과 나누는 정보도 유용하지만 그것을 '나만의 정보'라고 하기에는 부족함이 많으니, 주요 국가 기관에 정보 협력자를 두고 있어야 한다는 주장이다. 엄밀한 법적 잣대로는 뭔가 선을 넘은 듯 보이는 이런 주장을 두고 사실과 다른 허위라고 치부할 독자는 없을 듯하다. 오히려 일반 대중에게 알려지지 않은 더 많은 내막이 숨어 있다는 음모론이 설득력을 갖는 세상이다.

결국 핵심적인 정보는 온라인과 같이 누구에게나 공개된 공간에서 유통되는 정보가 아닐까? 독점적으로 정보를 취합하고 생산하는 기관에서 흘러나온 것쯤은 되어야 쓸모 있는 정보인가? 물론 그렇기도 하지만 실제로는 인터넷에서 접할 수 있는 정보도 유용하게 쓸 수 있을 뿐 아니라 기관의 정보와도 상호 보완적으로 활용될 수 있다. 이른바 '정보통'을 참모로 둔다면 더할 나위 없이 훌륭하겠지만, 선거 캠페인에서 유통되는 정보들은 대부분 인간 정보Human Intelligence다. 사람이 두 눈으로 확인하는 정보라는 의미다. 인터넷으로 접하는 정보들도 언론 매체의 기사가 아니라면 발품을 팔아서 확인해야 하는 경우가 많다. 적어도 관련자에게 전화를 걸어 확인하는 성실성은 보여줘야 한다. '정보통'도 하루아침에 정보력이 쌓인 것은 아닐 테고, 위의 베테랑이 갖춘 '빨대'는 더욱더 오랜 시간을 두고 만들어진 인간관계에서 우러나오는 정보일 것이다.

네거티브 캠페인에서 더욱 빛나는 텐스맨의 존재

텐스맨Tenth Man이라는 역할은 「월드 워 Z」라는 영화를 통해 널리 알려졌다. 세계적으로 좀비 바이러스가 창궐하는 비상 시기에 이스라엘은 어떻게 미리 알고 대책을 마련할 수 있었느냐는 주인공의 질문에 이스라엘 정보 담당자의 답이 바로 열 번째 사람이라는 텐스맨의 역할이었다. 설명에 따르면 중대한 의사 결정에서 정책 결정자들은 모두 같은 정보를 같은 방법으로 분석하여 비슷한 결론에 도달하게 되는데, 그렇게 도출된 결론이 의외로 현실과는 다르다는 것이다. 이를 극복하기 위해 아홉 명이 같은 주장을 하면 미리 정해놓은 열 번째 사람은 무조건 다른 방법을 적용해서 다른 주장을 펼치도록 하는 룰을 적용하게 됐다는 것이다. 결국 영화에서는 좀비가 등장했다는 타국의 정보를 은유적 표현으로 해석한 아홉 명과는 달리 열 번째 사람으로 인해 다른 해석을 검토할 수 있었다.

이와 같은 텐스맨의 역할은 미스터리 스릴러 「데블스 애드버킷」으로 잘 알려진 비판자의 소임과도 같은데, 바로 이러한 존재가 조직에 있어 잠재된 위험을 포착하고 대비케 함으로써 조직을 더 강하게 만들 수 있다. 이른바 확신의 함정, 전문가의 저주에서 벗어나는 방법이기도 하고, 나아가서는 진영 논리에 빠져 정치적 판단을 흐릴 수 있는 많은 위험 상황도 회피 가능하도록 해결책을 준다. 기업 마케팅 관련 의사 결정에서도 마찬가지이지만 정치 마케팅에서도 동일한 오류가 반복되는데, 그것은 바로 그룹 내 다른 목소리를 내는 존재들을 배제하는 행태다. 마치 단일한 목소리로 통일되어야 한다는 강박에 사로잡힌 사람들처럼 소수의 목소리를 배척한다. 결국 다른 주장을 냈던 사람들은 될 대로 되라는 식으로 논의 자체를 거부하거나 비아냥거리게 되든지 아니면 끝까지 주장하다 조직에서 축출된다. 그런 다음에는 충성스럽게 하나의 결론을 주장하던 모든 사람이 당황스러운 상황을 경험하는 예를 심심찮게 목격해왔다. 조직이 건강성을 유지하기 위해서는 백신 역할을 해줄 소수의 텐스맨들이 필수적이다. DNA의 동질성이 지나치게 높은 생물은 순식간에 멸종될 확률도 더 높다는 사실을 잊으면 안 된다.

네거티브 캠페인을 준비하는 캠프에서는 텐스맨이 더욱더 절실하다. 그 이유는 첫째, 네거티브 캠페인 관련 정보야말로 다수의 목소리만큼이나 소수의 목소리가 중요하기 때문이다. 소수만 아는 핵심 정보가 더 비판적인 역할을 할 때가 많다. 둘째, 네거티브 공방에 대한 반응은 다양할 수밖에 없기 때문이다. 캠프 내 구성원들의 반응이 너무 비슷하고 그래서 추가적으로 구상할 수 있는 전략·전술적 수단과 지침이 협소해 진다면 무능한 조직인 것이다. 셋째, 선거 캠페인에서 네거티브 정보는 후보 개인과 관련된 내용이 많은데 이는 측근이라 하더라도 허심탄회하 게 꺼내놓고 논의하기 어려울 수 있기 때문이다. 논의 그룹 내에서 이처 럼 알고도 침묵하고 눈치 보는 분위기가 형성되면 솔직하고 책임성 있는 논의 및 생산적 행동을 기대하기 어려워진다. 이때 필요한 존재가 바로 텐스맨이다.

가령 대한항공 땅콩 회항 논란에 대응하던 한진그룹 내에 텐스맨이 한 명이라도 있었다면 어땠을까? 기업 소유주들의 눈치만을 살피기보다 국민 감정을 우선 파악하고 향후 파장이 커질 수 있다는, 다소 비관적이 라서 오너 일가의 심기를 불편하게 할지라도 현실적인 시나리오와 대응 방안을 제시하지 않았을까? 텐스맨을 제도적으로 적극 도입하든지 혹 은 외부의 텐스맨에게 신속히 자문을 구할 수 있는 조직 문화가 필요했 던 사안이다.

이처럼 텐스맨 역할을 하는 스태프가 부재하거나 소수의 목소리를 묵 살하고 맞장구만 치는 스태프들의 충성심에 취한 결과는 급박한 순간 뼈아픈 경험으로 남게 된다. 충성심은 복지부동으로 바뀌고 뒤늦게 쓴 소리를 하던 스태프를 찾는다 해도 냉소적 반응만 돌아온다. 네거티브 캠페인에서는 더 심하다. 상대 진영의 네거티브 공격에 대해 대응 전략 을 마련하기 위해서는 우리 쪽 약점을 우선 파악해야 하는데, 자사의 브 랜드와 상품 혹은 후보의 약점을 파헤치다가 자칫 역린을 건드려 눈 밖 에 나지 않을까 두려워할 수밖에 없다. 기업, 국가 기관 등 공조직, 국회 의원실이나 크고 작은 캠프를 막론하고 대부분의 의뢰처 담당 스태프들은 컨설턴트에게 꼭 한 가지를 부탁하곤 한다. 평소 자신들이 말하기 힘들어하던 것을 대신 건의해달라는 주문이다. 이들은 정책적인 제안이나 조직 내의 문제점을 에둘러 언급하는 등 중간 혹은 최종 보고서에 자신들의 입장과 의견을 꼭 반영하고자 한다. 평소 말하기 껄끄러운 뜨거운 감자를 입에 물고 살았다는 것이다. 컨설턴트의 입을 통해서 조직 내에 유포하고 공론화하고자 하는 것인데, 사실 그런 요구를 접할 때마다 불길함을 느낀다. 분명 캠페인 성공에는 불리한 징조인 것이다. 반드시 콩가루라고 할 수는 없으나, 어떤 현안에 대해 터놓고 말할 분위기가 안 된다는 것이고, 이는 외부의 네거티브 공격에 신속하고도 효과적으로 대응할 만한 탄력성을 잃었다는 점을 방증하는 것이나 마찬가지다.

이 책을 덮을 때 독자들은 스스로의 캠페인, 특히 네거티브 캠페인을 효과적으로 준비하기 위한 조직 문화가 형성되어 있는지 먼저 점검해봐야 할 것이다.

새로운 캠페인 문화를
위한 제언

　네거티브 캠페인을 이제 제도화해야 한다고 주장하면 너무 섣부른 일일까? 그러나 2017년 대선을 앞둔 한국 정치의 현주소와 국민적 열망을 이해한다면 꼭 과한 주장이라고 할 수는 없다. 국민과 언론은 언제나 날카로운 검증의 칼날에 초미의 관심을 보여왔다. 그러나 대의제 민주주의를 지탱하는 제도 중 하나인 정당은 과연 당의 후보에 대한 네거티브 검증에 어느 정도 관심을 보였던가. 경선과 공천 룰을 결정하는 논의에 선거 준비기의 상당 기간을 소모하지만, 실제 경선과 공천을 위한 후보 검증에 관련된 국민의 뜨거운 관심에는 둔감했다는 지적이 일고 있다. 오히려 들끓는 국민과 언론의 검증 요구, 그리고 캠프의 해명과 대응에서 각 당은 뒷짐 지고 관망하는 경우가 더 많지 않았던가.
　대의제 민주주의 정치 체제에서 정당의 존재 이유는 정치권력의 장악에 있음은 주지의 사실이다. 그러나 민주주의 체제의 건강성과 향상성 유지를 위한 정당의 가장 중요한 역할은 정치인의 훈련과 양성을 통해 국민에게 선택받을 공직 후보자를 배출하는 것이다. 정당 자체에 부여된 가장 본질적이고도 핵심적인 역할을 방기하여 결과적으로 함량 미달의 인물을 국민에게 들이댄 결과는 역사적으로 참담하기 짝이 없었다. 정치권력을 장악하기 위해서는 평소 적극적으로 여러 인물을 새로 모집하여 정치 훈련을 통해 역량을 강화함과 동시에 당내의 제도화된 네거티브 검증 시스템을 통해 최종적으로 공직 후보자로 내놓을지를 결정해야 할 것이다. 네거티브 검증 기능의 당내 제도화라는 제안이다.

나아가 예비 후보로 등록하여 캠페인이 시작된 이후에도 가식적인 이미지 정치보다는 정치적 노선과 정책 대안을 통한 정체성 확립으로 이미지 개선을 시도해야 할 것이다. 이 과정에서 불거지는 네거티브 공방에 대해서는 철저히 공익이라는 관점에서 접근하길 제안해본다. 본문에서 살펴본 바와 같이 네거티브 캠페인이란 넓게는 유권자의 인식 속에 자리 잡은 상대 후보에 대한 진정성을 훼손하는 행위라고 할 수 있으며, 과열되면 인격을 훼손하는 언동으로 이어져 법정으로 가게 된다. 또한 좁게는 정책이나 공약이 아닌 상대 후보나 당의 실수 혹은 부정적인 면만을 집중적으로 제기하는 것에서, 공동체의 보편적 가치나 윤리 체계를 훼손하는 언동까지 그 개념과 범위가 다분히 포괄적이다. 결론적으로 네거티브란 다양한 미디어 자원을 이용하여 '상대 후보가 되어서는 안 될 이유'를 법 테두리 내에서 적극적으로 커뮤니케이션하는 행위라고 정의할 수 있다. 반대로 포지티브 캠페인은 내가 당선되어야 할 이유를 설명하고 동의와 지지를 구하는 행위다. 이를 공직선거법 제58조에서는 "당선되거나 되게 하거나 되지 못하게 하기 위한 행위"로 정의하고 있다.

정리하자면, 포지티브 캠페인이 내가 당선되어야 할 이유와 관련된 '적격론'이라면 네거티브 캠페인은 당선되지 말아야 할 이유와 관련된 '불가론'이라 할 수 있다. 앞서 말한 바와 같이 네거티브 캠페인은 공직선 거법 등 법 테두리 내에서 진행되어야 한다. 그것이 불법·탈법 선거와 다른 점이다. 이 차이는 실로 크다. 그 법적 경계가 없다면 선거판이 힘과 음모만 난무하는 '정글'과 하등 다를 바 없게 되기 때문이다. 마키아벨리가 『군주론』에서 짐승의 방법인 '힘'과 인간의 방법인 '법'을 구분했듯 그 경계를 구분하지 못한다면 폐해는 오롯이 유권자들에게 돌아갈 것이다. 이와 관련하여 공직선거법 제7조에서는 "공정하게 경쟁해야 하며, 정당의 정강·정책이나 후보자의 정견을 지지·선전하거나 이를 비판·반대함에 있어 선량한 풍속 기타 사회질서를 해하는 행위를 해서는 안 된다"고 규정하고 있다. 공정하게 경쟁하되 우리 공동체의 보편적 가치나 질서를 훼손하지 못하게 한 것이다.

또한 '검증' '알 권리'라는 외피를 쓰고 진행되는 네거티브라도 그것이 사실에 기반하고 공공의 이익과 부합될 때만 허용된다고 규정하고 있다. 공직선거법 제110조에 "누구든지 선거운동을 위하여 후보자(후보자가 되고자 하는 자를 포함한다), 후보자의 배우자와 직계 존·비속이나 형제자매의 출생지·신분·직업·경력 등, 재산·인격·행위·소속 단체 등에 관하여 허위 사실을 공표할 수 없으며, 공연히 사실을 적시하여 사생활을 비방할 수 없다. 다만, 진실한 사실로 공공의 이익에 관한 때에는 그렇지 않다"며 객관적 사실과 공익적 가치 두 요소를 충족시킬 때 가능하다고 분명히 규정하고 있다.

결론을 대신하여

위에서 언급한 것은 네거티브 캠페인과 관련된 실정법 조항이다. 네거티브 캠페인이라는 말에는 분명 '빛'과 '그림자'가 상존한다. '빛'이라 함은 상대 후보가 선출직 공직을 수행하기 힘들다고 주장하는 근거로서 자질이나 도덕성, 공약의 허술함 등의 문제를 제기하여 유권자들의 '알 권리'를 충족시켜주고 그것이 '의미 있는' 판단의 근거로 작용하여 선거라는 제도적 틀 내에서 합법적으로 배제시키는 효과를 말한다. 네거티브의 존재 가치는 '빛'에 있으며 그것은 '검증'의 다른 표현이라고 해도 좋다. 통상적으로 본선보다는 예선이라고 하는 당내 경선에서 네거티브가 더 심하다. 그 이유는 신상과 도덕성 등이 '검증' 대상이고 그것이 유권자들의 머릿속에 쉽게 각인되기 때문이다. 대부분의 후보가 낙마하는 이유도 여기에 있다. 설령 이 기간을 통과하더라도 본선에서 '검증'은 재차 거론된다. '검증', 특히 후보의 주변 및 신상과 도덕성에 대한 검증은 매우 중요하다. 준비되어 있지 않고, 다른 사람들 입방아에 올라 망신당할 사람이라면 아예 출마할 생각부터 접어야 한다.

반면 '그림자'는 선거를 정책이나 공약, 미래 비전 중심의 논쟁이 아닌 신상이나 실수 등을 부각시켜 선거를 불필요하게 과열, 혼탁하게 하고 결국 '최악보다 차악의 선택'만 남겨 우리 공동체의 통합과 발전을 저해하는 것을 말한다. 역대 선거를 돌이켜보았을 때, 아니 어쩌면 선거 속성상 '빛'보다 '그림자'가 더 짙게 드리워진 것은 부인하기 힘든 사실이다.

네거티브 캠페인은 앞서 공직선거법 등 실정법에서 이야기한 정의나 범위, 방법보다 실제 선거 캠페인 현장에서는 훨씬 더 광범위하게, 음습하고 교묘하게, 지능적으로 진행되고 있다. 특히 인터넷과 스마트폰의 확산으로 인한 소셜 미디어의 진화 및 폭발적인 이용 추세는 네거티브 캠페인의 양상과 성격을 근저에서부터 변화시키고 있다. 대검찰청 발표 자료에 따르면 2010년 제5회 지방선거 전체 입건 사범 4666건 중에서 흑색선전은 774건으로 전체의 16.6퍼센트에 불과했다. 반면 금품 선거는 1733건으로 전체의 37.1퍼센트, 불법 선전은 359건으로 7.7퍼센트에 달했다. 2014년 제6회 지방선거 전체 입건 사범은 4450건으로 5회 때와 큰 차이는 없었지만 흑색선전은 1325건(29.8퍼센트)으로 5회 대비 건수에서는 551건, 비율로는 13.2퍼센트포인트 증가했다. 금품 선거는 1111건으로 5회 대비 622건, 12.1퍼센트포인트 감소했고 흑색선전은 170건, 3.9퍼센트포인트 감소했다. 단순하게 봤을 때 금품 선거와 불법 선전의 자리를 흑색선전이 대체하고 있으며, 이는 '막걸리와 고무신'이라는 전통적 방법과 기술을 루머 및 괴담 등 '네거티브'가 이어받았다고 해도 과언이 아니다. 선관위나 경찰 등에 적발된 것만 이 정도인데 적발되지 않은 것은 얼마나 많겠는가? 어쨌거나 우리 선거 수준을 보여주는 '민낯'이며 부끄러운 '자화상'이다.

　다른 한편 선거꾼들campaign machine의 '기술'과 준비 안 된 후보들의 '한 방'에 대한 요구 등이 맞물리는 불편한 진실(?)은 네거티브가 창궐하고 번성하는 토양을 제공하고 있다. 승리지상주의에 도취되어 '안 들키면 그만' '이판사판' '못 먹는 밥 재라도 뿌리는' 식의 무모함과 배짱은 유권자들을 대상으로 벌이는 '인질극'에 다름 아니다. 지역에 대한 이해나 자질 등 준비 안 된 후보들은 선거에 나서지 말아야 한다. 선거는 개인의 공명심과 포트폴리오 완성을 위한 '자아실현의 장'이 아니기 때문이다. 지역과 유권자를 사랑하는 열정은 굳이 선거가 아니더라도 표출할 곳이 많다.

필자들은 이 글에서 결코 네거티브를 옹호하거나 조장, 권유하지 않는다. 선거 캠페인에서 네거티브는 더럽다고 피할 것이 아니고, 목청 높여 규탄한다고 없어질 성격의 소재가 아니다. 선거 캠페인에서 네거티브를 없애거나 그 '그림자'를 걷어내려면 우선 네거티브에 대한 정확한 이해가 필요하다. 이 글을 쓰게 된 것은 지금까지 네거티브 캠페인에 대한 제대로 된 논의와 분석, 그 생리와 흐름에 대한 실증적인 연구가 부족하다는 인식에서 비롯되었다. 따라서 나름대로 네거티브 캠페인과 관련된 선행 연구와 자료를 통해 네거티브 캠페인을 개념화, 유형화했으며 이를 실제 사례와 결부하여 공격과 방어의 속성 및 원칙, 기술 등으로 정식화했다. 향후 정치권이나 언론계 및 기타 선거에 관심 있는 이들이 네거티브 캠페인 관련 연구를 진행하고 더 나은 방안을 찾는 데 미약하게나마 도움이 되기를 바란다.

네거티브 캠페인을 근절하거나 혹은 '격조 있는' 네거티브 캠페인을 하기 위해 다음과 같은 제언을 하고자 한다.

먼저 언론과 관련된 대목이다. 언론의 주요한 기능은 환경 감시다. 속보 경쟁과 특종 경쟁을 뭐라 할 바는 아니지만 자칫 잘못된 사실을 전달하면 그 파장은 여타의 선거운동보다 더 크다는 게 자명한 이치다. 반드시 사실 관계가 확인된 연후에 보도해야 한다. 이제는 뉴스 사이클이 소셜 미디어에서 이슈나 인물이 오르내리고 그것을 유력 이용자들이 받으면서 실시간 검색어에 오르면 인터넷 언론사가 받고, 그것이 다시 검색어에 오르면 또 신문이나 종편, 지상파가 받는 상황이다. 특히 종편에서는 '뉴스 소재'가 발생하면 각 전문가(?)가 곧바로 심층 분석에 들어간다.

이 역시 뭐라고 할 계제는 아니다. 전제는 각 과정에서 사실을 점검하고, 공익과 본질에 부합하는가를 따지는 방침이나 노력이 있느냐. 개인이 소셜 미디어로 전파하는 것과 언론이 지면이나 시간 등을 할애해서 보도하는 것에는 큰 차이가 있다. 특히 네거티브 이슈는 그 자체가 수용자(유권자)들의 관심과 사회적 반향을 크게 불러일으키기에 이 유혹을 끊는 게 쉽지는 않을 것이다. 그렇기에 언론의 책임이 더더욱 요구된다.

다음은 유권자와 관련된 대목이다. 그 사회 선거 문화의 수준은 곧 유권자의 인식 수준이라 해도 과언이 아니다. 과거 생활수준이 낮고 교육과 미디어 인프라가 빈약했을 때 네거티브는 거침없이 횡행했다. 어쩌면 네거티브라는 말이 고급스러울 정도로 폭력적인 방식의 선거가 때로는 국가 권력의 이름으로 자행된 적도 있다. 이제는 지식과 정보로 무장한 비판적 유권자들이 나서야 한다. 정치 정보와 선거 관련 정보를 접할 때 무비판적으로 수용하는 것과 숙려하여 수용하는 것은 차이가 크다. 항상 뉴스의 이면과 전체적인 맥락을 상대화하여 살펴봐야 한다. 특히 지역주의와 이념 문제 등 특정 이슈는 진영 논리의 연장에 서 있고 이는 동원 정치로 귀결됨을 역대 선거에서 익히 경험했다. 또한 상대를 조롱하며, 근거 없는 매도가 결집 기제로 작용하는 것은 디지털과 소셜 미디어 시대에 이른바 '가짜 뉴스'라는 형식을 갖춘 채 버전을 달리해서 나타난다. 모두 우리 공동체를 병들게 만드는 암적 요소다. 특히 소셜 미디어 시대에 뉴스와 정보를 소비하면서 동시에 확산시키는 주체로서 유권자의 책임 있는 행동과 윤리의식은 더더욱 요구된다.

마지막으로 법과 제도와 관련된 대목이다. 우리 선거는 승자 독식 구조다. 이는 '전부 아니면 전무'라는 인식을 가질 수밖에 없기에 '죽자 사자' 덤벼든다. 이미 네거티브라는 '폭탄'을 안고서 레이스 선에서 출발하는 구조다. 심지어 당 지도부나 책임 있는 인사가 "왜 순진하게 선거를 치르느냐?"며 닦달도 했다는 대목에서는 정치 염증과 불신을 넘어 정치 무용론까지 들고나오게 한다. 앞에서는 '국민과 민생' 운운하며 뒤에서는 온갖 궤계와 음모, 공작을 짜는 현실에서 정당 문화와 정치 구조 혁신 없이는 네거티브를 근절하기 힘들다. 물론 서구라고 해서 네거티브가 없는 것은 아니다. 단언컨대 네거티브 없는 선거 캠페인은 동서고금을 막론하고 없다. 네거티브를 피할 수 없다면, 그것이 변수가 아니라 상수라면 이를 어떻게 관리 및 조절하고, 사전·사후 규제를 엄격히 해서 발호하지 못하도록 하는 데 초점을 맞춰야 할 것이다. 아울러 공동체의 가치나 질서 및 통합을 저해하는 언동에 대한 강력한 제재와 퇴출을 사회적 합의 및 힘을 통해 실현해야 한다. 이를 위해 '공직선거법'이나 '개인정보보호법' '통신비밀보호법' 등도 디지털 시대 선거 환경에 맞게끔 법적 구성과 타당성을 재검토해야 할 것이다. 그리고 엄격한 법 집행을 통해 네거티브 선거를 해서는 안 되며, 설령 당선되더라도 무효가 됨을 분명히 인지시켜야 한다. 또한 선거운동 등록 전에 선관위나 정당 등에서는 예비 후보들이나 가족, 캠프 관계자들을 대상으로 선거법 교육을 의무적으로 이행하는 프로그램을 실시하는 방안도 필요하다.

이상 네거티브 캠페인과 관련한 글을 마치고자 한다. 책 내용에 부족한 점이 있다면 그것은 전적으로 필자들의 몫이다. 이 책을 읽고 선거의 본질, 네거티브의 속성에 대해 조금이라도 이해가 높아졌다면 이는 독자들의 역량 때문이다. 이 책이 우리나라 선거문화를 발전적으로 개선하고 진일보시키는 데 조금이라도 도움이 되기를 바란다.

언제든 독자들과 함께 공부와 토론하는 것을 마다하지 않겠습니다.
궁금한 점이 있으시면 이메일로 문의를 주시면 고맙겠습니다.

배철호·김봉신 올림

주

1_ 로널드 A. 포첵스, 『정치 캠페인 솔루션: 선거 천재의 캠페인 기술』, 전광우 옮김, 나남 출판, 2010, 63쪽.

2_ 리링, 『전쟁은 속임수다: 리링의 '손자' 강의』, 김숭호 옮김, 글항아리, 2012, 35쪽.

3_ "太宗曰, 朕觀千章萬句 不出乎多方以誤之一句而己!"(「唐李問對」「論攻守」)

4_ 제임스 하딩, 『알파독: 그들은 어떻게 전 세계 선거판을 장악했는가?』, 이순희 옮김, 부키, 2010, 339쪽.

5_ 안종기·박선령, 「네거티브 정치캠페인의 성공과 실패: 연구 흐름의 정리 및 케이스 비교 분석」, 『인문사회』 21, 제7권 제1호, 401쪽.

6_ 김창남, 『선거캠페인 커뮤니케이션』, 커뮤니케이션북스, 2014, 74쪽.

7_ 강원택, 「2007년 대통령 선거와 네거티브 캠페인의 효과」, 『한국정치학회보』 제43집 2호, 2009, 143쪽.

8_ 커윈 C. 스윈트, 『네거티브, 그 치명적 유혹』, 김정욱·이훈 옮김, 플래닛미디어, 2007.

9_ 강원택, 앞의 논문, 132~135쪽.

10_ 장훈, 「한국의 정당개혁: 엘리트 중심의 폐쇄적 정치조직으로부터 시민 중심의 개방적 조직으로」, 『사상』 41, 1999, 11쪽.

11_ 함성원, 『소셜 미디어와 위기관리 PR』, 커뮤니케이션북스, 2013, 53쪽.

12_ 언급량을 측정하기 위해 네이버 혹은 구글의 트렌드 분석을 적용해도 좋겠지만, 네이버

와 구글의 해당 언급량은 상대적 지수를 의미하기 때문에 적용할 때 주의를 요한다.

13_ 한국갤럽 데일리 오피니언 231호부터 239호. http://www.gallup.co.kr/gallupdb/report.asp

14_ 빅카인즈. http://www.bigkinds.or.kr

15_ 네이버 데이터랩. http://datalab.naver.com/

16_ 맥스웰 맥콤스, 『아젠다 세팅』, 정옥희 옮김, 엘도라도, 2012, 175~176쪽.

17_ 맥스웰 맥콤스, 위의 책, 249쪽.

18_ 장훈, 『20년의 실험: 한국 정치개혁의 이론과 역사』, 나남, 2010, 272~279쪽.

19_ 조지 레이코프는 다음과 같이 충고하고 있다. '상대편의 관점에 의해 프레임으로 구성된 질문에 절대로 대답하지 마라.' 프레임을 재구성해야 한다는 주장을 반복해서 강조한다. 조지 레이코프, 『코끼리는 생각하지마』, 유나영 옮김, 삼인, 2006, 212쪽.

20_ 강준만, 『싸가지 없는 진보』, 인물과사상사, 2014.

21_ "故其戰勝不復, 而應形于無窮." (『孫子兵法』「虛實」)

22_ "夫兵者, 非士恒勢也." (『孫臏兵法』「見威王」)

23_ "兵之情主速, 勝人之不及, 由不虞之道, 攻其所不戒也." (『孫子兵法』「九地」)

24_ "攻守者一而己矣, 得一者百戰百勝." (『唐李問對』「論攻守」)

25_ "攻是守之機, 守是攻之策, 同歸乎勝而己矣. 若攻不知守, 守不知攻. 不惟二其事, 抑又二其官." (『唐李問對』「論攻守」)

26_ "夫攻者, 必有攻其心之術焉. 守者, 必也守吾氣而有待焉." (『唐李問對』「論攻守」)

27_ "故三軍可奪氣, 將軍可奪心." (『孫子兵法』「軍爭」)

28_ 조셉 나폴리탄, 『정치컨설턴트의 충고』, 김윤재 옮김, 리북, 2003, 75쪽.

29_ "攻而必取者, 攻其所不守也. 守而必固者, 守其所不攻也." (『孫子兵法』「虛實」)

30_ "吾所與戰之地不可知, 不可知, 則敵所備者多." (『孫子兵法』「虛實」)

31_ "攻在於意表." (『尉繚子』「權道」)

32_ "彼衆我寡, 以方從之. 從之無息, 雖衆加服." (『吳子兵法』「應變」)

33_ "故爲城郭者, 非特費於民聚土壤也." (『尉繚子』「權道」)

34_ 조셉 나폴리탄, 앞의 책, 70쪽.

35_ "則莫能測我攻守之計矣. 善用兵者, 先爲不測, 則敵乖其所之也." (『唐李問對』「論奇正」)

36_ "此所謂多方以誤之之術也." (『唐李問對』「論奇正」)

37_ "故善攻者, 敵不知其所守. 善守者, 敵不知其所攻." (『孫子兵法』「虛實」)

38_ "善戰者, 致人而不致於人." (『孫子兵法』「虛實」)

39_ 조셉 나폴리탄, 앞의 책, 52~53쪽.

40_ 『중앙일보』 2011년 10월 22일자 기사.

41_ "夫兵者, 非士恒勢也." (『孫臏兵法』「見威王」)

시작

42_ 클라우제비츠, 『전쟁론』 제1권, 김만수 옮김, 갈무리, 2010, 159쪽.

43_ "故知兵者, 動而不迷, 舉而不窮."(『孫子兵法』 「地形」)

44_ 조지 레이코프, 앞의 책 참조.

45_ 로널드 A. 포첵스, 앞의 책, 122~123쪽.

46_ 조셉 나폴리탄, 앞의 책, 165쪽.

47_ Harold D. Lasswell, *The Future of Political Science*, Atherton Press, 1963, chap 1.

48_ 임동욱, 『설득 커뮤니케이션의 이해』, 커뮤니케이션북스, 2003, 2쪽.

49_ 린다 리 케이드 엮음, 『현대 정치 커뮤니케이션』, 송종길·이호영 옮김, 커뮤니케이션북스, 2007, 331쪽.

50_ 이두희, 『광고론: 통합적 광고』, 박영사, 2002, 458쪽.

51_ 『데일리안』 2012년 12월 20일자 기사.

52_ 새누리당, 『희망의 국민행복 시대를 열다: 대한민국 제18대 대통령 선거 백서』, 드림, 2013, 151~152쪽.

53_ 김철환, 『페이스북 장사의 신』, 블로터앤미디어, 2014.

54_ 선거연수원, 『2015 선거아카데미: 선거운동부터 방송토론까지』, 중앙선거관리위원회, 2015, 122쪽.

55_ 유세경, 『매스미디어와 현대정치』, 나남출판, 1996,187~207쪽.

56_ "夫三軍之行也, 必有賓客, 群議得失, 以資將用."(『將苑』)

57_ "申子曰, 獨視者謂明, 獨聽者謂聰, 能獨斷者, 故可以爲天下主."(『韓非子』 「外儲說 右上」)

58_ "故明主舉實事, 去無用."(『韓非子』 「顯學」)

59_ "不祥在於惡聞己過."(『尉繚子』 「戰威」)

60_ 『조선일보』 2015년 10월 15일자 기사.

61_ "故臣主同欲而異使."(『韓非子』 「功名」)

62_ "過則勿憚改."(『論語』 「學而」)

63_ "過而不改, 是謂過矣."(『論語』 「衛靈公」)

64_ 조셉 나폴리탄, 앞의 책, 64쪽.

65_ "軍無二令, 二令者誅, 留令者誅, 失令者誅."(『尉繚子』 「敎令」)

66_ "悔在於任疑."(『尉繚子』 「戰威」)

67_ "三軍旣惑且疑, 則諸侯之難至矣, 是謂亂軍引勝."(『孫子兵法』 「謀攻」)

68_ "古率民者, 未有不信其心, 而能得其力者也. 未有不得其力, 而能致其死戰者也."(『尉繚子』 「制談」)

69_ "言顧行 行顧言."(『中庸』 「不遠」) 이어지는 구절은 다음과 같다. "군자기 이찌 독실히지 않을 수 있겠는가君子胡不慥慥爾." 결국 군자의 독실함은 언행일치에서 온다는 것이다.

70_ "多言數窮."(『道德經』 5장) 원문의 전체 문장은 "비어 있는데도 다함이 없고, 움직일수

록 더욱 (바람소리가) 나오는구나. 말을 많이 할수록 자주 궁하게 되니, 빈속을 지키는 것만 못하다_{虛而不屈, 動而愈出, 多言數窮, 不如守中.}"

71_ "君使臣以禮, 臣事君以忠."(『論語』「八佾」)

72_ 『韓非子』「觀行」

73_ 신동준, 『후흑학_{厚黑學}』, 위즈덤하우스, 2011, 167쪽.

74_ 클라우제비츠, 앞의 책 참조.

75_ "夫將提鼓揮枹 臨難決戰, 接兵角刃, 鼓之而當, 則賞功立名, 鼓之而不當, 則身死國亡. 是存亡安危在於枹端, 奈何無重將也."(『尉繚子』「權道」)

76_ "夫將者, 國之輔也. 輔周則國必強 輔隙則國必弱."(『孫子兵法』「謀攻」)

77_ "人主不可以獨也, 卿相輔佐, 人主之基杖也."(『荀子』「君道」)

78_ "惟人是保, 而利合于主, 國之寶也."(『孫子兵法』「地形」)

79_ "足以倂力, 料敵, 取人而已."(『孫子兵法』「行軍」)

80_ "一曰信, 二曰忠, 三曰紺. 安忠, 忠王. 安信, 信賞. 安敢, 敢去不善. 不忠於王, 不敢用其兵. 不信於賞, 百生弗德, 不敢去不善, 百生不畏."(『孫臏兵法』「見威王」)

81_ "夫統軍持勢者, 將也. 制勝敗敵者, 衆也."(『三略』「上略」)

82_ "夫將者, 人命之所懸也, 成敗之所繫也, 禍福之所倚也."(『將苑』)

83_ "一者, 信."(『孫臏兵法』「見威王」)

84_ "行小忠, 則大忠之賊也."(『韓非子』「十過」)

85_ "有詞若懸流, 奇謀不測, 博聞廣見, 多藝多才, 此萬夫之望, 可引爲上賓."(『將苑』)

86_ "威在於不變, 惠在於因時, 機在於應事, 戰在於治氣."(『尉繚子』「權道」)

87_ "卒強吏弱 曰弛. 吏強卒弱 曰陷. 大吏怒而不服, 遇敵懟而自戰, 將不知其能. 曰崩."(『孫子兵法』「地形」)

88_ 『孫子兵法』「九變」

89_ 『吳子兵法』「論將」

선거에 대한
근본적 질문을 생각게 하는 책

정의화 전 19대 국회 국회의장

아무리 좋은 정치 개혁을 기획하고 아무리 국민의 뜻을 제대로 이루고 싶어도 선거에서 이기지 못하면 탁상공론이다. 이 책은 여론조사, 선거 경험에서 얻은 저자의 통찰력뿐 아니라 『논어』『무경십서』『전쟁론』『군주론』 등 동서양의 고전에서 새겨들어야 할 구절을 통한 인문학적 소양도 담고 있다. 좋은 정치를 바라는 사람들이나 선거를 처음 준비하는 후보나 기획자에게는 나침반이 될 것이다.

이미 선거를 오래 경험한 후보나 기획자들도 선거 캠페인의 개념을 새롭게 정립할 수 있을 것이다. '선거란 무엇인가?' 우리 공동체를 제대로 발전시키는 합리적 방법과 도구로서 선거에 대한 근본적 질문을 생각게 하는 책이다.

정연호 변호사·전 정책네트워크 '내일' 소장

네거티브 캠페인은 그 부정적 이미지에도 불구하고 유권자들에게 필요한 정보를 제공하고, 후보자를 검증하기 위한 하나의 수단으로 널리 이용되어왔다. 문제는 선거운동 기간이 짧고 상대 후보자가 결정적인 시기에 불의의 일격을 가하기 때문에 본래 의도와는 다르게 선거를 왜곡할 수 있다는 점이다. 따라서 사전에 네거티브 가능성을 차단하고, 만약에 대비한 다양한 대응 전략을 마련해두지 않으면 안 된다.

동서고금을 막론하고 수많은 선동, 음모, 계략 등과 같은 일종의 네거티브가 있었지만 그 부정적 이미지 때문에 대부분 이에 대한 논의 자체를 기피해왔다. 저자들은 그간 국내 여러 선거에서 쌓은 많은 경험, 동서양 고전에 대한 풍부한 독서, 선거 이론에 대한 해박한 지식으로 네거티브 캠페인을 탐구한 주목할 만한 성과를 이루어냈다. 이 책을 읽다보면 인문학이나 처세학을 공부하는 듯하다가, 정치학이나 선거론을 공부하는 것 같은 느낌도 든다. 대단한 경지다. 저자들의 노력으로 네거티브 캠페인이 이제 비로소 그간의 멸시를 딛고 유용한 선거운동의 한 방법으로서 제자리를 찾은 것 같다.

안진걸 참여연대 공동사무처장·성공회대 외래교수

네거티브 캠페인은 무조건 '네거티브'하게 평가받는 경향이 있다. 하지만 이 책을 본다면 네거티브에도 격조와 원칙이 있음을 알 수 있다.

이 책이 더욱 귀하게 느껴지는 것은 우리 모두 네거티브와 제대로 된 검증이 생략된 선거가 얼마나 파괴적인 결과를 야기하는지 최근 경험했기 때문이다. 그것은 바로 박근혜-최순실 게이트를 통해서 드러난 박근혜 전 대통령 관련 검증의 철저한 실패다.

그렇다고 이 책이 네거티브의 빛만을 조명하는 것은 아니다. 신상이나 실수 등을 부각시켜 선거를 불필요하게 과열, 혼탁하게 하는 잘못된 네거티브의 문제점도 제대로 적시한다. 네거티브가 만능이 되어서도 안 되고, 모든 네거티브가 긍정적인 것은 결코 아니다. 최근 탄핵 정국에서 나온 가짜 뉴스의 문제점을 우리는 잘 알고 있다. 잘못된 네거티브는 가짜 뉴스를 만나 선거판을 더욱 혼탁하게 할 수 있다. 이 책은 네거티브를 둘러싼 모든 이야기를 들려주는 '네거티브의 A to Z'라고 해도 과언이 아니다. 선거와 정치, 홍보 및 여론조사 전문가인 배철호·김봉신 두 분의 책이라서 이 책을 더욱 강력 추천하게 된다.

장혜영 중앙대 정치국제학과 교수

네거티브 선거 캠페인은 양날의 칼과 같다. 유권자들은 네거티브 캠페인에 부정적인 견해를 보이면서도 동시에 그 내용에 대한 호기심을 감추지 않는다. 정책 선거의 당위성을 표방하는 측면에서 네거티브 선거 캠페인은 지나친 인물 중심 선거의 폐해를 지속적으로 돌이켜보게 만든다. 그럼에도 현실 선거 캠페인 속에서는 네거티브를 피할 수 없는 것이 사실이다. 그렇다면 네거티브 선거 캠페인이 줄 수 있는 다양한 효과들 중 부정적 측면을 최소화하고 긍정적 측면을 극대화시킬 수 있는 방안은 없을까?

이 책은 기존 네거티브 선거 캠페인에 대한 부정적 이미지를 넘어 네거티브 선거 캠페인을 분석함으로써 이에 관한 이해와 부정적 효과에 대한 방지책을 모색하는 참신한 기획 의도를 갖고 있다. 선거 당사자뿐 아니라 일반 시민들이 일상에서 접하는 네거티브 캠페인의 여러 측면을 다양하게 이해하고, 유권자로서의 권리 행사에 도움이 되는 입문서가 되길 기대한다.

홍진표 「시대정신」 상임이사·국가인권위원회 전 상임위원

수도권과 지방의 격차가 너무 크다는 비판은 선거문화에도 적용된다. 선거법 위반 사례를 보면 지방 특히 기초단체장선거의 네거티브는 근대 문명의 지체를 실감하게 한다. 더구나 선거는 천당과 지옥으로 갈리는 승패의 명암 차이가 너무나 크다. 패배자는 4년 또는 5년을 기다려야 하고 그사이 기약도 없는 투자를 해야 한다. 마치 4~5년마다 시험 기회가 다시 오는 '공시족'(공무원 시험 준비자) 신세라면, 영혼이라도 팔고 싶은 유혹에서 자유로울 수 없다.

선거에 발을 디디는 순간 도저히 피해갈 수 없는 네거티브를 집중 조명한 책이 나왔다. 하수도의 영역처럼 보이는 네거티브를 공론의 장에서 다루었다는 것만으로 흥미롭다. 말 그대로 동서고금의 병법과 정치학의 유산들과 선거의 실제 사례들을 접목했으니 놀랍다. 필자들이 밝히듯이 이 책은 이른바 '선수'들을 위한 책이지만 비록 관전자라도 선거에 관심 있는 근대 시민에게 정치학 교양서가 될 수도 있다고 믿는다. 물론 선수들에겐 필독서라고 확신한다.

하태경 바른정당 국회의원

이 책은 네거티브 캠페인에 대한 이론적 분석과 함께 실증적 사례를 제시하여 네거티브 캠페인에 대한 인식의 지평을 넓히는 데 많은 도움을 준다. 책을 읽는 동안 선거에 대한 깊은 통찰력과 다양한 경험이 묻어 있음을 거듭 느꼈다. 틈틈이 병서와 사서 등 고전을 새롭게 해석하는 재미도 있다. 선거를 준비하는 후보들이나 기획자들에게 필독을 권한다.

네거티브 아나토미

ⓒ 배철호·김봉신

초판 인쇄   2017년 4월 3일
초판 발행   2017년 4월 10일

지은이   배철호 김봉신
펴낸이   강성민
편집장   이은혜
편집   박세중 박은아 곽우정 한정현 김지수
마케팅   이연실 이숙재 정현민
홍보   김희숙 김상만 이천희

펴낸곳   (주)글항아리
출판등록   2009년 1월 19일 제406-2009-000002호
주소   10881 경기도 파주시 회동길 210
전자우편   bookpot@hanmail.net
전화번호   031-955-8891(마케팅) 031-955-2663(편집부)
팩스   031-955-2557

ISBN 978-89-6735-422-0 (03340)

* 글항아리는 (주)문학동네의 계열사입니다.
* 이 도서의 국립중앙도서관 출판예정도서목록(CIP)은 시지정보유통지원시스템 홈페이지(http://seoji.
nl.go.kr)와 국가자료공동목록시스템(http://www.nl.go.kr/kolisnet)에서 이용하실 수 있습니다. (CIP제어
번호 : CIP2017007520)